KB197489

Bankruptcy, Restoration to daily life

도산,
일상으로의
회복

전대규

法文社

제3판 머리말

> "
>
> 네 살 아들이
> 스마트 폰으로 게임을 하다가
> 'fail'이 뜨자 좋아했다
>
> 의아해진 아버지가 묻는다.
> 'fail이 무슨 뜻인지 아니?'
> '응, 아빠, 실패라는 뜻이잖아.'
> '그러면 실패가 무슨 뜻인지는 아니?'
> '그럼, 아빠. 다시 하라는 거잖아'
>
> "

소설가 김연수의 산문집 「소설가의 일」에 나오는 이야기이다. 게임 속이 아닌 현실에서 실패하면 남는 것이 빚(debt)이고, 다시 시작하려면 빚으로부터 해방시켜 주어야 한다. 빚을 사라지게 하는 도구가 「채무자 회생 및 파산에 관한 법률」(이하 '채무자회생법'이라 한다)이다. 채무자회생법은 '실패는 다시 시작하라는 뜻이다'는 것을 실현시킨다.

이 책은 저서 『채무자회생법』(제9판)(법문사, 2025)이 전문적인 법률서라는 제약으로 담을 수 없는 내용들을 많이 포함시켰다. 또한 어려운 채무자회생법에 좀 더 쉽게 접근할 수 있도록 기획된 글들이 대부분이다. 제3판은 법원 밖에서 실무를 하면서 느낀 몇 가지 글을 추가하고, 시간의 흐름과 상황변화에 맞게 글들을 수정하였다.

이 책은 채무자회생법을 공부하려는 분들을 위한 길잡이이자, 의도되었든 의도되지 않았든 과중한 빚과 싸우는 사람들을 위한 유용한 지침서이다. 채무의 고통에 시달리는 사람들에게 내비게이션의 의미를 가질 것이다. 운전하다 길을 잘못 들어도 내비게이션은 꿋꿋하게 새로운 길을 탐색한다. 목적지가 분명하게 설정되어 있기 때문이다. 회생과 파산을 신청하는 목적은 과도한 빚에서 벗어나(면책) 새로운 출발을 하기 위함이다. 회생·파산을 신청하고 면책에 이르기까지 통상적인 경로를 벗어날 수는 있지만, 끝내 면책에 도달할 수 있을 것이다. 목적지는 면책으로 명확하게 설정되어 있으므로.

Just Keep Swimming!

2025. 1.
전(前) 서울회생법원 부장판사
변호사 전대규

제2판 머리말

Forgive them their debts(그들의 빚을 용서하소서)!

사람들은 그들의 빚을 갚으려고 하지만, 항상 가능한 것은 아니다. 고대부터 현재에 이르기까지 모든 시대에서 빚은 대부분 채무자가 지급할 수 있는 능력보다 빨리 증가하였다. 한번 통제하기 어렵게 된 빚은 이후에도 마찬가지다. 갚을 수 없고 통제가 어려운 빚에 시달리는 사람들에게 도산은 현실적인 대안이다. 도산은 삶을 원래의 일상으로 돌이킬 방법을 제공한다. 도산은 우리의 빚을 사라지게 하는 마술과 같다.

독자들의 과분한 사랑으로 제2판을 이른 시기에 출간하게 되었다. 초판 발간 이후 법률 개정이나 사회 경제적 상황의 변화 내용을 반영하였다. 여기에 그동안 고민하고 있던 도산 관련 몇 가지 주제를 추가하였다. 도산 관련 글을 쓰면서 새삼스럽게 느끼는 것이 있다. 도산은 당신이 생각했던 것보다 빠르고, 쉽고, 좋은 것이라는 것이다(Bankruptcy is faster, easier and better than you think).

이 책은 기본적으로 도산으로의 이민자(immigrants to bankruptcy, 도산입문자들이 직면하는 문제들이 새로운 나라로 온 이민자들이 겪는 과제와 같다는 뜻)를 위한 것이다. 도산에 관한 전반적인 내용을 알고자 하는 일반인들에게는 교양서로, 변호사나 법무사 등 전문가들에게는 도산 분야를 본격적으로 공부하기 전 입문서로서 역할을 할 것으로 기대하고 있다. 심도 있는 공부를 하고자 하는 분들은 전문서적인 『채무자회생법』[제7판](법문사)과 같이 보면 큰 도움이 될 것이다.

2023. 1. 5.

前(전) 서울회생법원

부장판사 전대규

머 리 말

Serendipity! 일상으로의 회복.

이 책은 2019년부터 2021년까지 법률신문(법대에서), 헤럴드경제(헤럴드시사), 아시아경제(전대규의 7전8기), 머니투데이, 삼일인포마인(Opinion)에 게재된 도산 관련 칼럼을 모은 것이다. 게재 이후 법령 개정, 통계 및 실무의 변화 등 사정변경이 있어 내용에 약간의 수정을 가하였다. 그리고 이해를 돕기 위해 칼럼을 쓴 배경과 관련된 조문을 간략하게 덧붙이기도 했다. 또한 도산에 대한 기본적인 내용을 [보론]으로 추가함으로써 전체적인 이해에 도움이 되도록 하였다.

칼럼을 쓰기 시작한 이유는 어려운 도산절차 또는 「채무자 회생 및 파산에 관한 법률」(채무자회생법)을 좀 더 쉽게 접근할 수 있게 하고자 함이었다. 그래서 가급적 채무자회생법 전반에 걸친 주제를 선정하였고, 시사적인 내용도 많이 담았다. 실제 사건을 바탕으로 사례를 만들어 활용하기도 했다. 칼럼 하나하나가 오랜 동안 도산업무를 처리하면서 느낀 고뇌가 들어 있는 글들이다.

초기 도산법(파산법＝채무자회생법)은 채권자들을 보호하기 위하여 등장하였다. 하지만 지금은 채무자로 하여금 과다한 빚으로부터 벗어나 새롭게 출발할 수 있게 하는 면책이 주된 테마이다.

'약속은 지켜져야 한다(Pacta sunt servanda)'는 법언을 무시하고 약속은 가끔 지키지 않아도 된다는 것을 설명하는 것은 쉽지 않다. 채무자에게 새로운 출발의 기회를 부여하여야 한다는 관점에서 써진 칼럼이 많지만, 채권자 입장에서 상대방의 도산상황에 대처하는 방법에 대한 글도 적지 않다.

책 제목을 『도산, 일상으로의 회복』이라고 정했다. 도산과 일상으로의 회복, 어찌보면 모순되는 주제다. 도산, 즉 파산상태에 이르렀는데 어떻게 일상으로 회복이 된다는 말인가. 이를 이해하기 위해서는 도산의 궁극적 목적이 면책임을 깨달아야 한다. 비록 파산상태에 있지만, 도산절차를 통해 면책을 받음으로써 평범한 일상으로 회복할 수 있다. 코로나 시대를 살고 있는 지금, 일상으로의 회복은 누구에게나 간절하다.

이 책이 완성되기까지 3년 이상의 시간이 필요했다. 도산분야에 대한 9년간의 실무경험과 연구 성과가 온전히 녹아있기도 하다. 주제도 모든 분야에서 골고루 선정하였기에 이 책을 통하여 채무자회생법의 전체적인 내용을 공부할 수 있을 것이다. 채무자회생법에 입문하거나 재정적 어려움에 처한 분들에게 희망의 메시지를 주었으면 하는 소망이다.

출간을 결정해주신 법문사 관계자분들께 진심으로 감사드린다. 마지막으로 판사로서의 소임을 다할 수 있도록 도와준 가족들에게 고마움을 전하며 함께 출간의 기쁨을 나누고자 한다.

2021. 12.
서울회생법원
부장판사 전대규

차 례

제 1 장

도산일반

개구리를 먹어라(Eat That Frog)

도시에 살다 보니 개구리를 보기 어렵다. 갑자기 웬 개구리냐고! 개구리를 먹으라고?!

브라이언 트레이시(Brian Tracy)는 "지금 당장 처리하지 않으면 십중팔구 뒤로 미룰 것이 확실한 일, 그러나 당신에게 있어서 가장 중요하고 커다란 비중을 차지하는 일"을 개구리라 정의하고 이를 당장 먹으라고 강조한다. 어렵지만 중요한 일을 즉시 실행하라는 것이다.

도산(파산 · 회생)은 이제 일상적인 법률현상이다. 법률전문가로서 「채무자 회생 및 파산에 관한 법률」(채무자회생법)을 모르면 법률상담은 물론 적절한 사건처리를 할 수 없을 지경에 이르렀다. 이는 법원 외부에서만의 문제가 아니라 유감스럽게도 법원 내부의 문제이기도 하다. 그것도 현재진행형이다.

서울회생법원이 맡고 있는 업무 중 하나가 도산사건 관련 민사재판이다. 2019년 서울회생법원에서 민사재판을 하면서 당황스러운 상황을 자주 접하였다. 소장에 당사자, 청구취지 및 청구원인을 제대로 기재하지 못한 사건이 제법 있었다. 청구취지 검토를 요청하면 주위적 청구, 예비적 청구, 선택적 청구 등 온갖 것들이 붙는다. 판사도 매 한가지다. 서울회생법원의 전속관할이 아님에도 한참 재판을 진행하다 당사자 중 한 명에 대하여 회생절차, 파산절차, 개인회생절차, 개인파산절차가 시작되면 서울회생법원으로 이송해버린다. 거기다가 관련 없는 당사자도 싸잡아서. 다시 돌려보내고 싶은 마음이 굴뚝같았지만 어찌 하겠는가 법이 허락하지 않는 것을.

경제활동을 계속하는 기업이나 개인이 도산하면 채무불이행, 불법행위, 형사책임, 행정법규위반 등이 동시에 발생하는 것이 일반적인 현상이다. 도산을 사건의 도가니라고 하는 이유이다. 실제로 도산사건은 물론 도산법리가 쟁점이 되는 사건은 넘쳐나고 있다. 그럼에도 「채무자회생법」을 강의하는 곳은 거의 없다. 법조인 양성의 새로운 시스템인 법학전문대학원(로스쿨)이 출범한 지 15년이 넘었지만 「채무자회생법」에 대한 체계적인 교육이 이루어지고 있다는 소식은 들리지 않는다.

미국은 도산전문가가 4만 명이 넘고, 일본은 사법시험에 파산법 등[1]이 들어 있다. 하지만 우리 현실은 전문가 기반이나 교육시스템에 있어 그렇지 못하다. 필자가 2017년 서울지방변호사

---

1 일본은 우리와 달리 파산법, 민사재생법, 회사갱생법이라는 3법 체계를 취하고 있다.

회에서 처음 채무자회생법을 강의하던 때와 비교하면 도산을 전문으로 하는 변호사들도 많아졌고, 법학전문대학원에서도 조금씩 관심을 갖고는 있지만 여전히 부족하다. 고통스럽겠지만 「채무자회생법」이라는 개구리를 먹어야 한다. 부디 채무자회생법 분야에 있어 First Penguin이 되십시오.

파산·회생과 도산

기업이든 개인이든 경제활동을 하다 보면 사회적 요인이나 개인적 요인 등에 의해 재정적 어려움에 빠질 수 있다. 이러한 재정적 어려움에 직면한 기업이나 개인을 채무자회생법은 '채무자'라 부른다. 도산절차를 진행하고 있는 기업이나 개인을 부정적인 의미를 담고 있는 파산자(bankrupt)라고 부르는 것은 적절하지 않다. 그런 점에서 채무자(debtor)라는 용어를 사용한 것은 현대 도산법의 흐름을 반영한 것이다.

도산은 오래전부터 존재하여 왔다. 빚으로 인한 재정적 어려움으로 파탄에 빠진 채무자(실패한 채무자)를 어떻게 처리할 것인가. 채무자회생법에 따라 고려해 볼 수 있는 처리방법은 크게 두 가지다. 하나는 채무자의 모든 재산을 환가하여 채권자들에게 나누어 주는 것이고, 다른 하나는 채무자로 하여금 사업이나 직장생활을 계속하게 하여 장래의 수익(수입, 소득)으로 채무를 변제하게 하는 것이다. 전자가 파산절차이고 후자가 회생절차(개인회생절차를 포함한다. 이하 같다)이다.

파산절차란 재정적 어려움으로 파탄에 직면한 채무자의 모든 재산을 환가하여 총채권자들에게 공정하고 공평하게 배당하여 주는 절차이다. 파산절차는 청산(liquidation)을 목적으로 한다. 반대로 회생절차란 재정적 어려움으로 파탄에 직면한 채무자로 하여금 사업이나 직장 생활을 계속하여 효율적으로 재기할 수 있도록 하는 절차이다. 회생절차는 회생을 목적으로 한다.

이처럼 파산과 회생은 그 개념에 있어 명확히 구별되고 있다. 그런데 파산과 회생(rehabilitation)을 포괄하는 개념으로 '파산' 또는 '도산'이라는 용어가 사용되고 있다.

먼저 회생과 파산을 모두 포함하는 용어로 '파산'이 적절하다는 견해가 있다. 이는 전통적으로 양자를 포괄하는 의미로 파산이라는 용어를 사용하여 이미 익숙해져 있고, 파산이라는 용어를 파산절차의 대상인 협의의 파산과 파산절차·회생절차를 포함하는 광의의 파산으로 구분하여 사용한다면 도산이라는 용어와의 혼동을 피할 수 있다는 점을 근거로 하고 있다.

그러나 채무자회생법은 파산과 회생을 명확히 구분하여 사용하고 있고(나아가 편제상 통상적인 회생절차가 파산절차보다 먼저 규정되어 있다), 제5편(국제도산)에서 양자를 포괄하는 의미로 '도산'이라는 용어를 사용하고 있다. 파산과 회생을 포괄하는 개념으로 도산이라는 용어를 사용하는 것이 학계나 실무에서 일반적으로 정착되었고, 「채무자 회생 및 파산에 관한 규칙」 제8조도 회생과 파산을 포괄하는 개념으로 '도산'이라는 용어를 사용하고 있다. 또한 파산이라는 용어는 회생을 배제하거나 징벌적 의미가 강한 부정적 이미지를 가지고 있다. 이러한 점에서 회생과 파산을 통합하여 지칭하는 용어로 도산이라는 용어가 적절하다고 할 것이다. 다만 도산이라는 용어도 부정적 의미가 강하고 회생의 의미를 담고 있다고는 보기 어려운 한계가 있다.

도산절차란 무엇인가

사전적 의미로 도산은 기업이나 개인이 재정적 파탄을 초래하여 망하는 것을 말한다. 도산절차는 강제집행절차라고 볼 수 있다. 현행법상 강제환가절차에는 민사집행법에 의한 강제집행[경매], 체납처분(강제징수)[2][공매], 도산절차가 있다. 민사집행법에 의한 강제집행이 원칙적인 강제환가절차이다. 나머지 둘은 이와 유사한 변형이라고 볼 수 있다.

민사집행법에 의한 강제집행을 하기 위해서는 먼저 집행권원이 필요하다. 집행권원으로 대표적인 것이 판결이다. 채무자가 빌려준 1억 원을 변제하지 않을 경우, 채권자(원고)는 채무자(피고)를 상대로 1억 원을 지급하라는 소송을 제기하여 판결을 받아야 한다. 판결이 확정되었음에도 채무자가 여전히 변제하지 아니

---

2 국세에서는 '강제징수'라는 용어를 사용한다. 하지만 지방세를 비롯한 대부분의 법률에서는 여전히 '체납처분'이라는 용어를 사용하고 있다.

한 경우, 채권자는 채무자의 재산(부동산 등 대부분 1개의 자산이다)을 압류한 후 강제로 환가하여 배당을 받아간다. 강제집행을 신청한 채권자를 제외한 나머지 채권자들이 강제집행절차에서 배당을 받으려면 배당요구를 하여야 한다. 배당요구를 하지 않더라도 배당을 받지 못할 뿐 해당 채권이 소멸되지는 않는다. 요컨대 민사집행법에 의한 강제집행은 일반적으로 특정채권자(1명의 채권자)가 채무자의 특정재산(1개의 재산)을 압류하여 강제로 환가한 후 배당을 받아가는 것이다.

체납처분(강제징수)에 의한 공매절차도 민사집행법에 의한 강제집행과 동일하다. 다만 체납처분(강제징수)을 하기 위해서는 집행권원이 필요하지 않다. 조세의 경우에는 자력집행권이 있어 세금을 납부하지 아니한 경우 곧바로 납세자의 재산을 압류할 수 있다. 압류 후 환가(공매)절차를 거쳐 체납 세금을 징수한다. 다른 조세채권자가 환가대금에서 배분을 받으려면 교부청구를 하여야 한다. 교부청구를 하지 않으면 배분을 받지 못할 뿐 조세채권이 없어지지는 않는다.

그렇다면 도산절차는 어떤가. 원칙적인 절차인 파산절차에 관하여 본다. 파산절차는 모든 채권자가 참가하고 채무자의 모든 재산에 대하여 환가를 한 후 채권자들에게 배당한다. 민사집행법에 의한 강제집행이 일반적으로 1명의 채권자가 채무자의 1개의 특정재산에 대하여 진행되는 것과 다르다. 그래서 파산절차를 비롯한 도산절차를 포괄적 집단적 강제집행절차라고 한다. 채권자가 배당을 받으려면 채권신고를 해야 한다. 채권신고를 하지 않으면 배당을 받지 못할 뿐 채권이 소멸되지는 않는다. 이 점은 민사집행법에 의한 강제집행 및 체납처분(강제징수)에 의한 공매와 같다. 강제집행절차이므로 집행권원이 필요한 것이 아닐까. 파산절차에서 채권자들에게 개별적으로 집행권원을 만들어 오라고 하면 시간이 너무 오래 걸린다. 그래서 파산절차는 집단적 채권확정절차를 두고 있다. 채권자들이 채권신고를 하고 파산관재인이 인정하면 바로 채권이 확정된다. 파산관재인이 인정하지 않으면 원칙적으로 파산절차 내에서 채권조사확정재판을 통해 확정한다.[3] 확정된 채권을 파산채권자표에 기재하면 확정판결과 동일한 효력이 있고, 이것이 파산절차가 끝나고 나면 집행권원이 된다. 다만 파산절차를 시작하기 위해서 집행권원이 필요한 것은 아니다.

회생절차는 어떤가. 회생절차도 파산절차와 동일하다. 채권신고를 해야 하고 집단적 채권확정절차를 두고 있다. 다만 회생절차에서는 채권신고를 하지 않으면 변제를 받지 못하는 것에 그치지 않고 회생계획이 인가되면 채권이 소멸(엄밀히는 실권된다[4]는 의미이다. 이하 같다)되어 버린다. 회생절차는 채무자의 회생을 목적으로 하기 때문에 정책적으로 채권을 신고하지 않을 경우 소멸하도록 한 것이다.[5] 채권신고를 하지 않아도 채권이 소멸되지

---

3 파산선고 당시 파산채권에 대해 이미 소송절차가 개시된 경우에는 해당 소송절차를 이용하여 채권을 확정한다. 소송절차가 중단된 후 파산관재인이 이를 수계한다.
4 실권은 책임이 소멸된다는 의미이다(책임소멸설). 즉 채무는 존재하지만 소송을 제기하거나 강제집행을 할 수는 없다.
5 채권자 입장에서는 채무자에 대해 회생절차가 개시된 사실을 알기 어렵

않는다면 채권신고를 하지 않을 것이고, 그러면 채무조정을 통한 회생은 어려워지게 된다. 채무자의 모든 재산이 변제재원이 된다는 점도 파산절차와 유사하다.[6]

개인회생절차의 경우에는 채권신고제도가 없지만, 모든 채권자가 참가하고(채무자가 채권자목록을 제출함으로써 참가하는 효과가 있다), 모든 재산이 변제재원이 된다는 점에서는 파산절차와 유

[각 절차별 비교표]

민집법에 따른 강제경매절차	체납처분 (강제징수) 절차	도산절차		
		회생절차	파산절차	개인회생절차
배당요구	교부청구	채권신고 + 채권자목록 제출제도	채권신고	채권신고제도× 채권자목록제출제도
채권자평등 공평한 채권만족	조세우선주의 신속한 세금징수	채권자평등 (실질적 평등)	채권자평등(형식적 평등)	
집행권원 필요	집행권원 불필요			
배당요구 안하면 배당× (실권×)	교부청구 안하면 배당× (실권×)	채권신고 안하면 실권○	채권신고 안 하면 배당× (실권×)	–

다. 그래서 채권신고기간 내에 채권신고를 할 수 없어 실권이 될 수 있다. 이렇게 되면 채권자에게 가혹하다. 그래서 채무자회생법은 채권자목록제출제도를 두고 있다. 관리인이 채권자목록을 제출하면 채권자목록에 기재된 채권은 채권신고를 한 것으로 간주된다. 결국 채권신고도 하지 않고 채권자목록에도 기재되어 있지 않은 채권은 실권된다.

6 다만 변제재원의 범위에 차이가 있다. 파산절차에서는 파산선고 당시의 모든 재산(파산재단)만이 변제재원이 됨에 반하여(고정주의), 회생절차에서는 회생절차개시결정 당시의 재산은 물론 장래에 취득하는 재산도 변제재원이 된다(팽창주의).

사한 점이 있다.[7] 집단적 채권확정절차가 있는 것도 파산절차와 동일하다.

전체적으로 보면 회생절차개시결정, 파산선고결정, 개인회생 절차개시결정은 민사집행법에 의한 강제집행이나 체납처분(강제 징수)에서의 압류에 해당한다.

---

7 다만 변제재원의 범위에 있어서는 회생절차와 마찬가지로 차이가 있다. 개인회생절차의 경우도 개인회생절차개시결정 당시의 재산은 물론 장래에 취득하는 재산도 변제재원이 된다(팽창주의).

파산도 도산도 아닌 회생법원이 된 이유

셰익스피어의 『로미오와 줄리엣』(Romeo and Juliet)은 불행한 연인들의 사랑이야기를 다룬 작품이다. 원수 집안 남녀의 사랑에 관한 흔한 주제의 이야기다. 무도회에서 로미오는 줄리엣을 보고 첫눈에 사랑에 빠진다. 둘은 사랑을 약속하면서 줄리엣은 로미오가 원수 가문의 아들이라는 사실에 한탄한다. 그러자 로미오는 "이름이란 뭐지? 우리가 장미를 그 어떤 이름으로 부르더라도 향기로운 것은 마찬가지일 텐데."라고 말한다. 절절한 구애를 표현한 명대사다.

로미오는 사랑하는 연인에게 이름이란 중요하지 않다고 한다. 하지만 현대 사회에서 개인이든 기업이든 이름은 중요하다. 개인에게 있어서는 운명과 이미지를, 기업에게 있어서는 매출 등 영업실적을 좌우할 수 있는 요소다. 최근 들어 개인들의 개명이 늘어나고 있다. 기업들의 사명 변경도 흔하게 볼 수 있다. '스타

벅스 커피'가 커피를 빼고, '던킨 도너츠'가 도너츠를 뺀 것이 대표적이다. 이름(사명)을 개명하는 이유는 다양하다. 개인들은 주로 이름이 혐오스럽거나 일이 잘 풀리지 않아서 등이고, 기업은 미신적인 것도 있지만 현재는 주로 글로벌 기업으로서의 도약이나 사업 영역의 확장을 위한 것이 많다. 2021년 10월말 페이스북(facebook)이 메타(Meta)로 사명을 변경한 것은 이러한 측면이 크다.

기업이나 개인의 재정적 어려움을 구제하는 사건을 담당하는 법원으로 2017년 서울회생법원이 출범하였다.[8] 일반적으로 빚을 변제하지 못하거나 지급이 불가능한 상태를 파산 또는 도산이라 한다. 파산 또는 도산사건을 전문적으로 담당하는 법원을 어떻게 명명할 것인가. 처음에는 서울파산법원이 검토되었다. 현대 도산법의 흐름을 주도하고 있는 미국도 파산법원(bankruptcy court)[9]이라 하고 있다. 그러나 파산은 법원을 찾는 사람들에게 망하게 (파산하게) 하는 법원이라는 부정적인 이미지를 준다는 비판이 있었다.

다음으로 고려된 것이 서울도산법원이었다. 파산보다는 도산이 완화된 의미를 포함하고, 법원의 성격상 파산한 개인이나 기업에 관한 사건을 다루는 데 전혀 관련이 없는 이름을 붙이는 것 또한 문제이므로 유력한 대안으로 검토되었다. 그러나 도산이

---

8 이후 순차적으로 수원회생법원, 부산회생법원이 설치되었다.
9 실질적으로 우리나라의 파산사건과 회생사건을 모두 취급하고 있으므로 도산법원이라고 번역하기도 한다. 다만 우리처럼 독립된 법원은 아니다.

라는 것도 여전히 부정적인 이미지를 벗어나지 못한 것이었다. 그래서 최종적으로 검토된 것이 서울회생법원이었다. 법원이 파산(도산)을 시키는 것이 아니라 어려움에 처한 개인이나 기업을 구제하여 새로운 출발을 할 수 있도록 회생시킨다는 의미에서 지은 것이다. 좋은 이미지와 당사자에게 희망의 메시지를 준다는 점에서 서울회생법원은 긍정적이다. 다만 서울회생법원에서 취급하는 사건이 회생사건뿐만 아니라 파산사건도 있는데, 파산사건을 포섭하지 못하는 이미지를 준다는 반론도 있다.

「채무자 회생 및 파산에 관한 법률」(채무자회생법)을 제정함에 있어서도 동일한 고민이 있었다. 채무자회생법은 크게 회생절차, 파산절차, 개인회생절차가 있다. 파산절차가 연혁이나 이론적인 측면에서 원칙이기 때문에 채무자회생법을 편제함에 있어 파산절차를 맨 앞에 두는 것이 체계정합성에 있어서 맞다. 미국의 경우도 파산절차가 회생절차보다 앞에 있고, 일본은 파산법을 기본으로 하여 회생절차 관련 법(민사재생법·회사갱생법)에서는 파산법을 준용하고 있다. 그래서 채무자회생법을 제정할 때 파산절차를 앞에 두어야 하는 것이 아닌지에 대한 문제의식이 있었다. 하지만 최종적으로 회생절차를 파산절차보다 먼저 규정하기로 하였다. 이유는 채무자회생법이 개인이나 기업을 회생시키기 위한 법이지 파산시키기 위한 법이 아니라는 시그널을 시장에 주기 위한 것이었다. 채무자회생법은 회생절차, 파산절차, 개인회생절차의 순으로 규정되어 있다. 중국의 「기업파산법」도 우리와 마찬가지 이유에서 회생절차가 파산절차보다 앞에 규정되어 있다. 그러나 시장에 주는 시그널에 방점을 두다 보니 체계상이나 이해에 있어 복잡하고 어려운 법이 되고 말았다. 예외가 먼저 규정되고 원칙이 뒤로 가다 보니 조문이 중복되고 체계적인 입법이 되지 못하는 결과를 초래한 것이다.

로미오의 말처럼 사랑하는 연인 사이에서 이름은 중요하지 않을 수 있다. 하지만 이름이 주는 이미지와 시그널의 중요성은 결코 무시할 수 없다. 이름에는 그 자체로 가지고 있는 의미가 있고, 대외적인 각오가 들어있기 때문이다. 회생법원이라고 이름을 붙인 것은 어려움에 빠진 개인이나 기업을 재건시키겠다는 의지의 표현이다. 회생법원에 거는 기대가 큰 이유이다.

채무자 친화적인 법

일반적으로 민법을 비롯한 실체법은 채권자의 권리를 보호하기 위하여 만들어진 것이다. 또한 문명사회에서는 자력구제가 인정되지 않기 때문에 실체법이 보장하는 채권자의 권리를 실현하기 위하여 민사소송법과 같은 절차법이 만들어졌다. 결국 대부분의 실체법이나 절차법은 채권자가 권리행사를 하기 위한 도구라고 할 수 있다.

「채무자 회생 및 파산에 관한 법률」(채무자회생법)은 어떠한가. 채무자회생법도 채권자의 이익을 위하여 존재하는 측면도 있다. 연혁적으로도 채무자회생법(파산법)은 채권자를 보호하기 위하여 등장한 것이었다. 채무자회생법이 본질적으로 강제집행절차라는 점을 생각해 보면 이해가 될 것이다. 그렇지만 현재 채무자회생법의 주된 목적은 재정적 어려움으로 인하여 파탄에 직면해 있는 채무자를 효율적으로 회생시키거나 면책을 통하여 채무자가 새로운 출발을 할 수 있는 기회를 제공하는 데 있다. 이러한 점에서 채무자회생법은 상대적으로 채무자를 위한 법이라고 할 수 있다.

채무자회생법은 다른 법과 달리 하나의 완성된 논리체계를 가지고 형성된 것이 아니라 시대와 경제상황에 따라 변천되어 왔다. 도산절차에서 채권자는 권리행사가 제한되고 절차 내에서만 변제받을 수 있다.[10] 이는 채권자 사이의 평등을 위한 것도 있지만 채무자회생법이 채무자를 위한 법이라는 특성에서 비롯된 것이다. 법원도 이러한 채무자회생법의 특성을 고려하여 채무자 친화적으로(debtor friendly) 도산제도를 운영할 필요가 있다.

실무에서 회생을 신청하는 기업 중 상당수는 회계장부가 부실하다. 그러다 보니 회생신청을 위해 장부를 정리하다 보면 상당 규모의 돈이 비는 경우가 많다. 회계분식의 의심이 있는 경우도 있다. 이는 우리나라 기업인들이 대부분 기업을 자기 것이라고 생각하는데서 비롯된 것이다. 돈거래나 비용 지출에 있어 기업과 본인을 구별하지 않는다. 그러다 보니 실제 자산과 장부상의 자산에 큰 차이가 발생한다. 이런 경우 기업인들을 형사적으로 단죄하거나 경영자의 지위를 박탈(제3자 관리인 선임)하여야 하는가.

---

10 다음 <8.> 칼럼 및 [보론 4]에서 보는 바와 같이 모든 채권자의 권리행사가 제한되는 것은 아니다. 권리행사가 제한되는 채권자는 회생절차에서 회생채권자 및 회생담보권자, 파산절차에서 파산채권자, 개인회생절차에서 개인회생채권자이다. 나머지 채권자들은 원칙적으로 권리행사의 제한을 받지 않는다.

회생파산업무를 맡으면서 많은 기업인들을 만났다. 누구를 만나건 그래도 기업인들이 애국자인 것을 절감한다. 일부 문제가 있는 기업인도 있지만, 국가경제나 가정경제에 있어 기업은 든든한 버팀목이다. 법원에 찾아오는 기업인들을 의심의 눈으로 볼 필요는 없다. 채무자회생법의 존재 이유처럼 채무자를 친화적인 시선으로 바라봐 주어야 한다. 법원은 판사가 아닌 재판받는 사람들을 위해 존재하는 곳이고, 그들을 이해할 수 없는 법원이라면 제대로 작동할 수 없기 때문이다.

빚, 어떻게 정리할 것인가

개인이든 기업이든 과다한 빚(채무)을 가지고 있는 경우 정상적인 경제활동이나 기업활동을 하는 것이 쉽지 않다. 그래서 어느 시점이 되면 빚을 정리해야 한다. 어떻게 빚을 정리할 것인가. 채무(빚)를 정리(조정)하는 수단으로 사적인 방법과 법적인 방법이 있다.

사적인 방법은 채무자와 채권자가 합의하여 채무를 조정하는 것이다. 대표적인 것이 자율협약이다. 자율협약은 협약에 참가한 채권자들이 채무조정에 동의하는 것이다. 예컨대 채무자 甲에 대하여 채권자(주로 은행 등 금융기관이다) A, B, C, D가 있는 경우, 채무자와 채권자 4곳이 빚(채무)의 50%를 감액해주기로 합의하는 것이다. 자율협약이기 때문에 강제성이 없다. 따라서 채권자 중 한 곳(명)이라도 동의하지 않으면 채무조정은 할 수 없다. 사적자치를 중시하는 민사법의 원리상 당연한 것이다. 자율협약은 민법상의 채무면제이다.

자율협약은 채권자 전원이 동의해야 하는 단점이 있다. 이로 인해 채권자가 다수이거나 금액이 큰 경우에는 채무조정이 어렵다. 그래서 법적인 방법으로 다수결에 의하여 채무를 조정할 수 있는 것이 등장한다. 대표적인 것이 「채무자 회생 및 파산에 관한 법률」(채무자회생법)에 따른 채무조정이다. 여기에는 회생절차와 파산절차, 개인회생절차가 있다. 회생절차는 채권자가 가지고 있는 채권액의 일정 비율 이상의 동의를 받으면 반대하는 채권자가 있다고 하더라도 채무조정이 가능하다. 예컨대 위 사례에서 C가 채무조정에 반대한다고 하더라도 나머지 채권자들이 모두 동의한 경우에는 채무조정이 이루어질 수 있다. 파산절차나 개인회생절차는 채권자들의 동의도 필요 없다. 법원이 직권으로 채무를 조정(감액 또는 면제)한다. 파산절차는 채무자가 가지고 있는 모든 재산을 매각하여 금전으로 환가한 후 채권자에게 나누어주는 절차이다. 법인의 경우는 채권자들에게 나누어주고 소멸한다. 반면 개인의 경우에는 채권자들에 나누어주고 남은 채무는 특별한 사정(면책불허가사유)이 없는 한 전액 면제(면책)된다. 회생절차나 개인회생절차에서는 채무의 일정 부분만을 일정 기간 변제 후 나머지 채무가 면제됨에 반하여,[11] 파산절차에서는 법원의 면책결정으로 즉시 채무 전액이 면제된다. 한 푼도 변제하지 않고.

자율협약에 의한 채무조정을 사적정리절차라 하고, 채무자회

---

11 회생절차는 회생계획인가결정으로 일부 채무가 면책되지만, 개인회생절차에서는 면책결정으로 일부 채무가 면책된다. 다시 말해 회생절차에서는 법원에 의한 별도의 면책결정이 필요하지 않지만, 개인회생절차에서는 별도의 면책결정이 필요하다.

생법에 의한 채무조정을 법적정리절차라 한다. 한편 채무조정을 하는 방법으로 「기업구조조정 촉진법」(기촉법)에 의한 채무조정이 있는데, 이를 공동관리절차(관리절차)라 부른다. 기촉법에 의한 채무조정은 주채권은행이 주체가 되어 다수결에 의하여 채무를 조정하는 것이다. 다만 채무가 조정되는 대상에서 채무자회생법에 의한 채무조정과 다르다. 채무자회생법에 의한 채무조정은 모든 채무를 대상으로 하지만, 기촉법에 의한 채무조정은 금융채무만을 대상으로 하고 상거래채무는 제외된다. 예컨대 은행에서 빌린 빚은 양자 모두에서 채무조정의 대상이 되지만, 물품대금채무는 채무자회생법에 의한 채무조정의 대상이 될 뿐 기촉법에 의한 채무조정의 대상은 되지 않는다. 또한 절차 주도에 있어서도 채무자회생법에 의한 채무조정은 법원이지만, 기촉법에 의한 채무조정은 채권단(주채권은행)이다. 따라서 법적정리절차에서 '법적'의 의미는 법률이 아니라 법원이 관여한다는 의미로 이해해야 한다(court process). 기촉법에 의한 채무조정은 법률에 의한 채무조정이지만, 법원에 의한 채무조정이 아니라는 점에서 사적정리와 법적정리의 중간에 위치하고 있다고 할 수 있다.

개인이나 기업이 여러 가지 채무조정방법 중 어느 것을 선택할 것인지는 채무 규모, 놓여진 상황, 채무의 종류에 따라 결정될 것이다. 임의적인 채무조정에 의한 채무조정이 가능하다면 사적정리절차(자율협약)를 선택하여야 할 것이다. 채권자가 많지 않거나 채무 규모가 크지 않은 개인이나 중소기업이 여기에 해당할 수 있다. 채권자가 다수이거나 채무조정에 절대적으로 반대하는 채권자가 있다면 법적정리절차(채무자회생법에 의한 채무조정)를 고려할 수 있다. 주채권은행이 있고 상거래채무가 없거나 적은 경우에는 기촉법에 의한 채무조정을 선택하는 것이 바람직하다.

거래처가 도산한 경우 대처법

사업을 하는 기업인에게 신용거래는 불가피하다. 하지만 신용거래는 거래처가 도산한 경우 물품대금채권을 회수하지 못할 위험이 있다. 거래처가 도산한 경우 어떻게 대처하여야 하는가. 거래처에 재산이 없는 경우에는 방법이 없다. 그러나 거래처가 법원에 도산절차(회생절차, 파산절차, 개인회생절차)를 신청한 경우에는 채권을 회수할 가능성이 있다.

우선 거래처에 대하여 회생절차가 시작된 경우를 보자.

채권자는 먼저 자신이 가지고 있는 채권이 회생절차가 시작(법원에서 회생절차개시결정이 있으면 회생절차는 시작된다)되기 전에 발생한 채권(이를 '회생채권'이라 한다)인지를 판단해야 한다. 회생절차가 시작되면 회생채권자는 개별적으로 권리행사를 할 수 없고, 회생절차에 참가하여 변제를 받아야 한다. 담보권을 가지고 있는 자(이를 '회생담보권자'라 한다)의 경우도 마찬가지다. 회생채권자나 회생담보권자가 아니면 권리행사에 제한이 없으므로 문제는 없다. 회생채권자(회생담보권자를 포함한다)가 회생절차에 참가한다는 의미는 법원에 채권신고를 한다는 것이다. 채권신고란 법원이 정한 신고기간 내에 채권의 구체적인 내용을 기재한 채권신고서를 법원에 제출하는 것을 말한다. 채권신고를 하지 아니한 경우 채권은 없어져버린다는 점에 주의하여야 한다.[12] 그래서 본인이 가진 채권이 회생채권(회생담보권)인지 판단이 서지 않을 경우 무조건 채권신고를 하여야 한다.

물론 부득이한 사유로 채권신고를 하지 못한 경우에는 채권신고기간이 지난 후에도 추후 보완신고를 할 수 있다. 따라서 채권신고기간을 놓친 경우에는 추후 보완신고가 가능한지 검토하여야 한다.

채권신고를 하기 위해서는 거래처의 회생절차 진행 현황을 파악하고 있어야 한다. 회생절차 진행 현황은 대법원 홈페이지에서 확인할 수 있다. 또한 채권자는 회생절차개시신청서 등 거래처의 관련 서류를 열람하거나 복사할 수 있다. 나아가 채권자는 채권자협의회에 참여하거나, 채권자 등이 모인 관계인집회에 참석하여 거래처가 제시한 변제에 대한 계획(회생계획)을 심리하고 동의 여부에 관한 의결권을 행사할 수 있다.

다음으로 거래처에 대하여 파산절차가 시작된 경우를 보자.

---

12 엄밀히는 앞에서 본 바와 같이 채권신고도 하지 않고 관리인이 제출한 채권자목록에도 해당 채권이 기재되지 아니한 경우 회생계획인가결정으로 실권된다.

파산절차에서도 먼저 자신이 가진 채권이 파산선고가 되기 전에 발생한 채권(이를 '파산채권'이라 한다)인지 판단하여야 한다. 파산채권이 아닌 채권을 가진 자(재단채권자)나 담보권자(별제권자)는 파산절차에 아무런 영향을 받지 않고 권리행사를 할 수 있다. 파산채권은 채권신고기간 내에 채권신고를 하여야 한다. 회생절차와 달리 파산절차에서는 채권신고를 하지 않더라도 채권이 없어지지는 않는다. 다만 배당(변제)을 받지 못한다. 따라서 배당(변제)을 받기 위해서는 반드시 채권신고를 하여야 한다. 채권신고기간이 지난 다음에도 추후 보완신고를 할 수 있다. 파산절차에서는 법원이 채권신고기간을 정하기는 하지만, 배당절차가 종료되지 않는 한 언제든지 채권신고를 하여 배당을 받을 수 있다. 그래서 파산절차에서는 채권신고기간이 사실상 큰 의미가 없다. 거래처의 상황을 파악하는 방법이나 파산신청서 등의 열람·복사는 회생절차에서와 같다.

마지막으로 거래처에 대하여 개인회생절차가 시작된 경우를 보자.

개인회생절차에서도 먼저 자신이 가진 채권이 개인회생절차가 시작되기 전에 발생한 채권(이를 '개인회생채권'이라 한다)인지 판단하여야 한다. 개인회생채권이 아닌 채권을 가진 자(개인회생재단채권자)나 담보권자(별제권자)는 개인회생절차에 아무런 영향을 받지 않고 권리행사를 할 수 있다.[13] 개인회생절차에서는 회

---

13 다만 담보권자는 변제계획인가결정시까지 권리행사가 제한된다. 개인회생절차의 원만한 진행을 위해서이다.

생절차나 파산절차와 달리 채권신고제도가 없다. 대신에 거래처가 개인회생절차를 신청할 때 개인회생채권자목록을 제출한다. 채권자로서는 거래처가 개인회생절차를 신청한 경우 열람·복사 등을 통하여 자신의 채권이 개인회생채권자목록에 기재되어 있는지 확인할 필요가 있다.

개인회생채권자목록에 누락된 경우 권리행사에 제한을 받지 않고 면책결정이 있더라도 면책이 되지 않지만, 개인회생절차에서는 변제를 받을 수 없다. 다시 말해 목록에서 누락된 채권은 변제계획에 따라 변제받을 수는 없지만, 개인회생절차와 상관없이 권리행사를 할 수 있고 면책의 대상도 아니다.

이처럼 거래처가 어떤 도산절차를 신청하였는지에 따라 채권자의 대처 방법이 조금씩 차이가 있으므로 이를 명확히 알아둘 필요가 있다.

도산절차에서 채권자의 유형과 지위

재정적 어려움에 빠진 개인이나 기업이 도산을 신청하는 중
요한 이유 중 하나는 도산절차가 개시되면[14] 채권자의 권리행사
가 제한된다는 것이다. 이는 채무자 입장에서는 강제집행을 막을
수 있다는 의미이다. 권리행사가 제한됨으로써 회생절차(개인회생
절차)의 채무자는 숨 쉴 수 있는 여유를 갖고, 재기를 위한 시간
을 벌 수 있다. 파산절차에서는 채권자로부터 채무변제의 압박에
서 벗어나 질서 있는 정리를 할 수 있다.

그렇다면 도산절차가 개시되면 모든 채권자의 권리행사가 제
한되는가. 그렇지는 않다. 회생절차에서는 회생채권자와 회생담
보권자, 파산절차에서는 파산채권자, 개인회생절차에서는 개인회

---

14 도산절차를 신청한 것만으로 도산절차가 개시되는 것이 아니다. 법원이
회생절차개시결정, 파산선고결정, 개인회생절차개시결정을 하여야만 도산
절차가 개시되는 것이다. 미국의 경우는 원칙적으로 도산절차를 신청하면
바로 도산절차가 개시된다. 도산절차가 개시된다는 것은 채권자의 권리행
사가 제한된다는 것을 의미한다.

생채권자만이 권리행사의 제한을 받는다([보론 3] 참조). 이러한 채권자들을 제외한 나머지 채권자들(예컨대 공익채권자, 재단채권자, 개인회생재단채권자, 환취권자, 별제권자 등)은 도산절차가 개시되더라도 원칙적으로 권리행사의 제한을 받지 않는다.

채권자의 권리행사가 제한된다는 것은 도산절차에 따라서만 변제받을 수 있다는 의미이다. 나아가 채무조정이 되어 일부만 변제받고 나머지는 면책되어 채권이 소멸한다는 의미도 있다. 채권자가 도산으로 인한 손실을 분담하는 것이다. 예컨대 회생절차에서 10억 원의 회생채권을 갖고 있는 채권자는 회생계획에서 20%만 변제하는 것으로 되어 있으면, 2억 원만 변제받고 8억 원은 면책되어 변제받을 수 없다. 파산절차에서는 개인의 경우 채무자의 재산을 환가하여 파산채권자에게 변제한 후 남은 나머지 파산채권은 면책되어 소멸된다(법인의 경우는 청산 이후 법인이 소멸함으로써 사실상 채권도 소멸한다). 개인회생절차에서도 개인회생채권자는 일부만을 변제받고 나머지 채권은 면책되어 소멸된다.

도산절차는 기본적으로 과다한 채무자의 채무를 조정(변제)하고, 나머지 채무는 소멸시키는 것이다. 따라서 채무자 입장에서는 권리행사의 제한을 받는 채권의 범위가 넓을수록 좋다. 반면 채권자 입장에서는 권리행사의 제한을 받는 채권의 범위가 좁을수록 좋다. 결국 권리행사의 제한을 받은 회생채권·회생담보권, 파산채권, 개인회생채권을 어떻게 정의하고 어느 범위까지 포섭할 것인지는 채권자나 채무자에게 중대한 이해관계가 얽혀있다.

회생채권은 원칙적으로 회생절차개시 전에 발생한 재산상의 청구권을, 파산채권은 파산선고 전에 발생한 재산상의 청구권을, 개인회생채권은 개인회생절차개시 전에 발생한 재산상의 청구권을 말한다. 회생담보권은 회생채권에 담보권이 설정되어 있는 것이다. 기본적인 개념 정의는 이렇다고 하더라도 '회생절차개시·파산선고[15]·개인회생절차개시 전'이 무슨 의미인지, '발생'이 어떤 의미인지, '재산상의 청구권'이 무엇인지에 관한 다툼이 있고, 이를 어떻게 보느냐에 따라 권리행사가 제한되는 채권에 포섭되는 범위가 달라질 수 있다. 예컨대 연대보증으로 인한 구상금채권은 통상적으로 회생절차개시 후 현실적으로 발생하지만, 그 발생원인이 회생절차개시 전 보증계약에서 비롯된 것이므로 회생채권으로서 권리행사의 제한을 받는다.

도산절차의 기본적인 목적이 채무자를 구제하는 것이므로 구제의 범위를 확장하기 위해서는 도산절차의 영향을 받는, 즉 권리행사의 제한을 받는 채권의 범위를 넓힐 필요가 있다. 미국 연방도산법은 도산절차에서 권리행사가 제한되는 권리에 대한 보편적 용어로 청구권(claim)이라는 개념을 사용하면서, 가능한 한 채무자가 넓은 구제를 받을 수 있도록 청구권(claim)에 모든 채무가 포함될 수 있도록 폭넓게 정의하고 있다.[16] 청구권을 광범

---

15 각 절차에서 용어의 통일성이나 의미에 있어서 '파산절차개시'가 적절하다.
16 '청구권(claim)'은 모든 종류의 의무, 즉 정산이 되었거나(liquidated) 아직 안 되었거나(unliquidated), 미확정이거나(contingent) 이미 확정되었거나(noncontingent), 만기가 도래하였거나(matured) 아직 도래하지 않았거나(unmatured), 분쟁이 있든지(disputed) 아니면 없든지(undisputed), 담보가 있든지(secured) 아니면 없든지(unsecured), 보통법적이든지(legal) 아

위하게 정의함으로써 기업(채무자)이 이행을 완료하지 아니한 대부분의 채무가 여기에 포함될 수 있다. 청구권에 많은 내용을 포섭함으로써 광범위한 면책이 이루어질 수 있는 것이다. 이로써 개인이든 기업이든 기존의 과다한 채무에서 벗어나 새로운 출발을 하는 것이 용이하게 되었다.

도산절차, 특히 회생절차(개인회생절차)는 어떠한 이유에서건 채권자의 희생을 전제로 채무자의 회생이나 새로운 출발을 도모하는 것이다. 따라서 채무자 보호 측면에서 권리행사제한을 받는 회생채권·회생담보권, 파산채권, 개인회생채권에 많은 채권이 포함될 수 있도록 실무를 운용할 필요가 있다.

니면 형평법적이든지(equitable), 이들 모두가 포함된다(미국 연방도산법 §101(5)).

양준일, 조앤 롤링의 '실패예찬'

2019년 이후 레트로(retro)를 넘어 뉴트로(newtro)가 유행하고 있다. 그중에서도 음악은 다른 어떤 분야에서보다도 뉴트로 열풍이 강하다. 이러한 뉴트로의 열풍 속에서 양준일이라는 가수는 단연 주목을 끌었다. 그는 1991년에 데뷔했다가 얼마 후 사라졌지만, 2019년 온 국민의 관심 속에 다시 나타나 그해 12월 31일 첫 팬 미팅을 가졌다.

그에게 흥미를 느낀 것은, 한순간 그가 철저히 실패한 인생을 살았다는 것이다. 그런데 2019년 말 한 연예프로그램(슈가맨)을 통해 많은 사람들의 주목을 받게 되었다. 양준일은 1991년 당시 사회적으로 받아들이기 어려운(현재의 관점에서 보면 시대를 앞서간 천재적인 시도였지만), 그래서 실패한 음악을 한 이유에 대해, "하고 싶었던 음악이고, 음반 내고 망하는 것이나 치킨집 내고 망하는 것이나 같은 것 아니냐"고 담담하게 이야기 한다. 그리고 철저하게 실패해 보았기에 지금의 자신이 있는 것 아니냐고. 그의 말에 진심이 담겨있고 실패를 통해 얼마나 많은 것을 깨달았는지 공감할 수 있었다. 지금은 어디선가 그의 노래 '리베카'가 들려오면 저절로 미소가 떠오른다.

해리포터 시리즈로 유명한 영국 작가 조앤 K. 롤링(Joanne K. Rowling)은 가난한 집에서 태어나 대학 졸업 후 곧바로 직장 생활을 하다 결혼을 했다. 하지만 얼마 되지 않아 결혼은 파탄이 났고 싱글맘으로 살아간다. 대학 졸업 후 7년, 그녀의 삶은 어느 모로 보아도 완전히 실패한 삶이었다. 그렇지만 그녀는 그러한 절망적인 삶 속에서 해리포터 시리즈를 쓰기 시작하였고 엄청난 성공을 거둔다. 그녀는 2008년 하버드대학교 졸업식에서 축사를 하게 된다. 그녀가 축사에서 한 이야기 중 하나가 실패의 유익함이었다. 그녀는 실패하면 어떤 이점이 있는지에 대하여 이야기한다.

그녀는 실패로 얻는 것에 대해 이야기 하는 이유를, "실패는 삶에서 불필요한 것들을 모두 벗겨내 버리기 때문"이라고 말한다. 그럼으로써 실패한 자신을 그대로 받아들이고 본인이 가진 모든 열정을 자신이 가장 소중하게 여긴 소설 한 가지에 쏟아 부을 수 있었다고 한다. 소설 이외에 다른 것에 성공했었다면, 진심으로 원했던 소설 쓰는 일에서 성공하겠다는 굳은 의지를 다지지 못했을 것이라고 회상한다. 그녀는 그토록 두려워했던 실패를 경험했기 때문에 마침내 실패에 대한 두려움으로부터 자유로워졌다고 한다.

살다 보면 누구나 실패할 수 있다. 극도로 몸을 사리고 조심하면 실패를 면할지도 모르지만, 그렇게 사는 것은 삶이 아니다. 실패가 두려워 어떠한 시도도 하지 않는다면 실패한 것이 없어도 삶 그 자체가 실패다. 우리 자신이 얼마나 강한지, 우리가 맺고 있는 인간관계가 얼마나 끈끈한지는 시련을 겪어보기 전에는 알 수 없다는 말도 그녀는 덧붙인다.

우리 사회는 실패에 대해 관대하지 못하다. 금융위원회가 발표한 통계에 의하면 벤처창업기업의 평균 실패 경험이 미국이나 중국은 2.8회이나, 우리나라는 1.3회에 불과하다고 한다. 그만큼 우리는 실패에 대한 평가가 냉정하고 실패 이후 다시 시작한다는 것이 사회적으로 용인되는 분위기가 형성되어 있지 못하다.

몇 해 전 정부는 주주총회에서 주주들이 충분한 정보를 바탕으로 경영진을 평가하고 선임권을 행사할 수 있도록 한다는 취지에서, 상장회사가 이사·감사의 선임에 관한 사항을 목적으로 하는 주주총회를 소집통지 또는 공고하는 경우, 주주총회 개최일 기준 최근 5년 이내에 후보자가 임원으로 재직한 기업이 회생절차 또는 파산절차가 있는지 여부를 통지하거나 공고하도록 하였다. 그러나 이는 해당 임원이 과거 회생절차 또는 파산절차가 진행되었던 기업에 재직하였는지는 경영자의 현재 자격에 문제가 될 수 없다는 점에서 우려스러운 점이 있다. 실패했을지라도 거기서 얻은 사업가적 경험이 있고 이는 새로운 사업을 하는 데 있어 충분히 활용할 가치가 있는 인적자산이기 때문이다.

"기업은 실패하기도 한다"(Businesses fail)는 엘리자베스 워렌

의 통찰력이 부럽다. 이제 우리도 실패에 대해 좀 더 관대해질
필요가 있다. 빨리 실패하면 성공도 빠르다.

Ever tried, ever failed, no matter.

Try again, fail again, fail better.

－Samuel Beckett

면책에 대한 제한 – 면책이 항상 채무자를 자유롭게 하는 것은 아니다!

개인이든 법인이든 도산절차를 신청하는 가장 큰 이유는 채무를 면책 받기 위함이다. 오해가 없어야 하는 것이 법인의 경우에는 회생절차에서만 면책이 인정될 뿐, 파산절차나 개인회생절차에서는 면책이 인정되지 않는다. 반대로 개인은 어떤 도산절차에서건 면책이 인정될 수 있다.

회생절차에서는 채무자가 변제하기로 예정한 회생계획이나 채무자회생법에서 인정되는 채무를 제외하고, 회생계획이 인가되면 나머지 채무는 면책된다. 파산절차에서는 특별한 사정이 없는 한 채무자의 재산으로 변제하고 남은 채무는 모두 면책된다. 개인회생절차에서는 일정 부분을 변제하고 나머지 채무는 면책된다.

면책이란 채무 자체는 존속하지만, 채무자에 대하여 이행을 강제할 수 없다는 의미이다. 그래서 채권자가 채무자를 상대로 지급을 구하는 소를 제기할 수도 없고, 이미 집행권원을 가지고 있다고 하더라도 강제집행을 할 수 없다. 면책된 채무를 근거로 강제집행이나 가압류, 가처분을 할 경우 과태료의 제재를 받는다.

하지만 채무자가 면책을 받았다고 하여 항상 자유로워지는 것은 아니다. 면책에도 일정한 제한이 있다.

첫째 파산절차나 개인회생절차에서 면책은 앞에서 본 바와 같이 개인만이 인정된다. 개인이 아닌 법인이나 법인격이 없는 사단(재단)은 면책이 허용되지 않는다. 원래 면책은 새로운 출발을 위한 중요한 도구로 개인을 전제로 등장한 것이기 때문이다. 개인이라도 면책을 허가할 수 없는 사유가 없어야 한다. 재산을 은닉하거나 낭비가 심한 경우 등과 같이 일정한 경우에는 개인이라도 면책이 허용되지 않는다.

둘째 면책이 가능한 채무에 대하여만 면책이 된다. 채무자에 대한 채권이 비면책채권인지, 해당 도산절차가 파산절차인지, 개인회생절차인지, 회생절차인지에 따라 면책이 가능한 채무가 달라진다. 회생절차의 경우에는 벌금 등과 같이 일정한 채권을 제외하고 대부분의 채권이 면책의 대상이다. 파산절차나 개인회생절차에서는 비면책채권이 상대적으로 넓게 인정되고, 파산절차가 개인회생절차보다 비면책채권의 범위가 넓다. 개인회생절차는 일부라도 변제하고 면책결정을 함에 반하여, 파산절차는 원칙적으로 변제를 하지 않아도 면책이 된다는 점에서 비롯된 것이다. 다만 오해하면 안되는 것이 있다. 비면책채권은 채무자회생법이 열거한 것에 한정된다는 것이다. 즉 채무자회생법이 비면책채권이라고 규정하고 있지 아니한 채권을 법원이 정책적인 이유로 비면책채권으로 판단할 수는 없다는 것이다. 예컨대 기초생활보호대상자가 가지고 있는 소액임차보증금은 보호의 필요성이 크지만 비면책채권으로 규정되어 있지 아니하므로 면책결정에 의해 면책되는 것이다. 만약 법원의 판단에 의해 비면책채권이 결정될 수 있도록 한다면 이는 면책을 통해 신속하게 사회에 복귀하도록 한다는 면책제도의 취지에 반하게 된다.

셋째 면책은 채무자의 개인적 채무에 한정되고, 보증책임이나 담보책임에는 영향을 미치지 않는다. 채무자의 면책은 그 채무에 대한 개인책임으로부터 벗어나게 할 뿐이고, 제3자의 책임에 영향을 미치지 않는다. 따라서 같은 채무에 대한 보증인의 책임은 여전히 유효하다. 또한 채무자의 면책은 담보부채권의 담보물에 대한 권리에 영향을 미치지 않는다. 예컨대 파산절차에서 피보전채권이 면책된다고 하더라도 담보권자는 별제권으로 담보권을 실행할 수 있다. 다만 회생절차에서는 회생담보권의 피담보채권이 면책될 경우 담보권을 실행할 수 없다. 회생절차에서는 담보권자의 권리행사가 제한되고 회생절차에 참가하여서만 변제를 받을 수 있기 때문이다.

나에게 적합한 개인도산절차

과다한 채무를 부담하고 있는 개인들이 채무를 조정할 수 있는 방법은 여러 가지다. 신용회복위원회를 통해 사적으로 정리할 수도 있다. 하지만 사적정리는 모든 채권자로부터 동의를 받아야 하는 부담이 있다. 그래서 이러한 부담으로부터 자유로울 수 있는 법원에서 하는 도산절차가 주목을 받는 것이다. 개인들을 위하여 마련된 도산절차로 일반회생절차, 개인파산절차, 개인회생절차가 있다.

일반회생절차는 일반적으로 채무 규모가 커 개인회생절차를 이용할 수 없는 개인채무자가 신청할 수 있는 절차이다. 통상 10년간 채무를 변제하고, 회생계획이 인가되면 회생계획에서 변제할 것으로 규정하고 있지 않은 채무는 소멸하고, 회생계획에 따라 채무가 변경된다. 결과적으로 회생계획인가결정시에 채무가 일부 면제(면책)되는 것이다. 예를 들어 회생계획에 10억 원의 채무 중 10년간 3억 원을 분할 변제하는 것으로 정해져 있으면, 나머지 채무 7억 원은 면책되는 것이다.

개인파산절차는 채무를 변제할 수 없는 상태에 이른 개인이 자신의 모든 재산을 환가하여 변제하고 나머지 채무는 면책 받는 절차이다. 추가적인 변제 없이 면책결정으로 곧바로 채무가 면제된다.

개인회생절차는 신청 당시를 기준으로 담보부채무 15억 원, 무담보부채무 10억 원 이하의 채무를 가진 개인이 이용할 수 있는 절차로 계속적이고 반복적인 수입이 있어야 한다. 수입(소득)에서 생계비를 제외한 가용소득으로 원칙적으로 3년간 일부 채무를 변제하면 나머지 채무는 면책 받는다.

채무조정을 하여 재정적 어려움에서 벗어나려는 개인은 위 3가지 중 어떠한 절차를 이용할 수 있을까. 어떠한 절차가 자신에게 가장 유리할까.

담보부채무가 15억 원을 넘거나 무담보부채무가 10억 원을 넘는 경우에는 개인회생절차를 이용할 수 없다. 장래 계속적이고 반복적인 수입이 있는 개인이라면 일반회생절차를 선택하여야 할 것이다. 반면 수입이 전혀 없거나 장기적인 실직 상태인 개인이라면 개인파산을 이용하여야 한다. 개인회생절차는 채무에 있어 일정한 제한이 있지만, 개인파산절차는 채무액수에 제한이 없다.

담보부채무가 15억 원 이하이고, 무담보부채무도 10억 원 이하인 경우에는 상황에 따라 다른 선택이 가능하다. 계속적이고 반복적인 수입이 있다면(예컨대 급여소득자 등) 개인회생절차를 이용하는 것이 바람직하다. 이 경우 일반회생절차도 이용할 수 있지만, 변제기간도 길고 무엇보다 채권자 다수의 동의를 받아야 한다(개인회생절차는 채권자들의 동의가 필요 없다)는 점에서 일반회생절차를 이용할 실익은 없다. 하지만 식당과 같이 사업장으로 사용하고 있는 건물에 담보권이 설정되어 있는 경우는 다르다. 개인회생절차에서 담보권자는 별제권자로서 개인회생절차에 영향을 받지 않고 담보권을 행사할 수 있다. 담보권자가 담보권을 실행하여 식당으로 사용하는 건물이 넘어갈 경우 식당을 계속 운영할 수 없다. 이런 경우는 일반회생절차를 고려할 필요가 있다. 일반회생절차에서는 담보권자가 권리행사를 할 수 없어 식당을 운영하는데 별다른 문제가 없기 때문이다. 주택담보대출로 주거의 안정에 문제가 있을 수 있는 개인도 일반회생절차를 고려해 볼 만하다. 수입이 없거나 장래에도 소득이 없을 것으로 예상되는 개인은 개인파산절차를 이용하여야 한다. 면책불허가사유가 없는 한 면책결정으로 채무로부터 벗어나 새로운 출발을 할 수 있다.

채무자는 세 가지 개인도산절차 중에서 자신의 처지에서 가장 적절한 절차를 선택할 필요가 있다. 하지만 현실적으로 개인들의 입장이 서로 다르고 도산절차를 진행하는 과정에서도 사정이 변할 수 있기 때문에 개인들이 자신에게 맞는 절차를 선택한다는 것은 쉽지 않다. 개인이 도산상태라는 혼란기에 어떠한 절차를 선택할 것인지에 대하여 적절한 판단을 하는 것이 곤란하고, 절차 선택을 고민하는 동안 재산이 공중 분해되어 회생이 어렵게 될 우려도 있다. 이러한 문제를 해결하기 위해서 제안되고 있는 것이 도산절차의 일원화다. 개인이 도산절차를 신청하기만 하면 법원이 개인에 대해 최적의 절차를 선택해주는 것이다. 하나의 입구 여러 개의 출구인 셈이다. 현행법상으로는 완전한 일원화는 어렵겠지만, 실무 운영에 있어 적절히 활용하여 개인들이 최적의 절차를 선택할 수 있도록 도와 줄 필요가 있다.

| 개인도산절차의 종류 |

□ **일반회생**
　－채무자회생법 제34조의 회생절차 개시원인이 있는 개인채무자 (법인회생절차와 동일한 법률 조항에 따라 진행/간이회생 포함)
　－개인회생절차를 이용 못하는 담보부채권(회생담보권) 15억 원 초과, 무담보채권(회생채권) 10억 원 초과 채무자가 이용(주로 회사 대표이사, 이사, 의사 등 고소득 전문직)

□ **개인파산·면책**
　－개인채무자가 지급불능 상태에 빠진 경우 파산선고를 받고, 그와 동시에 면책절차를 통해 종국적으로는 채무의 면책&복권을 도모하는 제도
　－채무의 변제 없이 잔여재산 처분 후 면책을 도모하는 제도이므로, 회생제도보다는 상대적으로 면밀하고 엄격한 조사가 시행되고 있음(파산관재인 선임)

□ **개인회생**
　－파산원인이 있거나 생길 염려가 있는 급여소득자 또는 영업소득자인 개인채무자에 대하여 3년(원칙)간 일정한 가용소득 금

액을 변제하면 잔액은 면책받도록 하는 제도
- 채무규모 담보부채권 15억 원 이하, 무담보채권 10억 원 이하 채무자만 신청 가능
- 일반회생과 달리 별도로 면책 결정을 받아야 함

면책(채무조정) 사후관리제도 정비가 필요한 이유

법원에서 운영하는 회생절차, 파산절차, 개인회생절차는 재정적 어려움에 처한 개인이나 기업의 빚을 조정하여 새로운 출발을 하게 하거나 회생할 수 있도록 돕는 것이 목적이다. 빚을 조정한다는 것은 채무의 전부 또는 일부를 면책(면제)해준다는 것으로 필연적으로 채권자들의 희생이 따른다. 면책의 전제는 채무자가 성실하다는 것이다. 문제는 채무자가 성실한지를 판단하는 것이 쉽지 않다는 데 있다. 면책 여부를 결정하기 위한 심리 단계에서 불성실이 발견되면 면책을 허가하지 않으면 된다. 면책이 이루어진 후 불성실이 밝혀지면 면책 전의 상태로 돌려놓아야 한다. 그럼 현재의 「채무자 회생 및 파산에 관한 법률」(채무자회생법)은 어떤가.

회생절차에 관하여 보자. 오래 전 일이다. 한 회사가 회생절차개시신청을 한 후 별다른 문제 없이 회생계획안을 제출하여 채권자들로부터 동의를 받아 법원으로부터 인가까지 받았다. 회생계획은 대략 채권액의 40% 정도를 변제하고 나머지는 면제하는 것이었다. 회생계획인가가 나자, 회사 대표자는 면제되고 남은 채무를 전액 변제할 테니 회생절차를 조기에 종결해 달라는 신청을 하였다. 조기변제의 경우 현재가치로 환산하여 변제하기 때문에 실제로는 40%에 훨씬 못 미치는 변제가 이루어진다. 당연히 회생절차개시신청 전에 돈을 빼돌린 후 채무 일부를 면제받은 것이라는 강한 의심이 들었다. 당연히 채권자들의 반발이 심했다. 원래대로 변제하게 해달라는 것이다. 법원으로서도 난감하지 않을 수 없었다. 문제는 채무자가 부정한 방법으로 법원과 채권자들을 속이고 회생절차를 통해 채무를 면제받은 경우 이를 원래대로 회복할 수 있는 방법이 없다는 것이다. 일본의 경우는 회생절차를 남용하여 채무를 면제받은 경우 회생계획을 취소하는 제도가 있다. 하지만 우리나라는 이러한 규정이 없다. 결국 현재로서는 이러한 상황에서 마땅히 대처할 방법이 없다.

개인파산의 경우는 어떤가. 얼마 전 지인이 사무실로 찾아왔다. 하소연한 내용은 이렇다. 아는 분에게 상당한 금액의 돈을 빌려주었는데, 이분이 몇 년 전 개인파산신청을 하여 면책결정까지 받았다는 것이다. 그런데 알고 보니 가진 재산을 숨겨놓고 면책을 받았고, 현재는 고급 외제차를 타고 다니면서 잘 살고 있다는 것이다. 어떻게 해야 하느냐는 것이다. 법원으로부터 면책결정을 받으면 채무의 이행을 강제할 수 없다. 이러한 상황에서 고려해 볼 수 있는 것이 면책취소제도다. 면책취소란 채무자에 대하여 사기파산죄에 관한 유죄판결이 확정된 경우나 채무자가 부정한 방법으로 면책을 받은 경우에 면책을 취소하는 것이다. 면책이 취소되면 면책되었던 모든 채권자의 권리가 면책 이전의 상태로 회복되고 채무자의 책임이 부활한다. 이처럼 면책취소제도는 면책 이후 면책제도를 남용한 자들에 대한 효과적인 대처 수단이 될 수 있다.

그렇지만 면책취소가 말처럼 쉽지 않다는 점이다. 면책취소를 하려면 먼저 사기파산죄에 관한 유죄판결이 확정되어야 한다. 하지만 현실적으로 사기파산죄로 기소되는 것도 쉽지 않고 유죄의 확정판결을 받는 것도 여의치 않다. 다음으로 부정한 방법으로 면책을 받아야 한다. 부정한 방법이란 기망이나 협박 등의 방법으로 면책을 얻는 것을 말한다. 문제는 부정한 방법에 의한 면책취소신청은 면책 후 1년 이내에 신청을 하여야 한다는 것이다. 면책결정 후 1년은 빠르게 지나간다. 그래서 부정한 방법에 의한 면책취소도 효과적인 대책이 되지 못한다. 결국 개인파산의 경우에도 현재로서는 면책남용에 대한 뚜렷한 대책이 없다.

개인회생절차의 경우는 어떨까. 개인회생절차의 경우도 채무자에 대한 면책결정 후 채무자가 기망 그 밖의 부정한 방법으로 면책을 받은 것이 밝혀지면 법원이 직권으로 면책을 취소할 수 있다. 하지만 법원이 사건 종결 후 면책취소사유를 발견하여 직권으로 면책을 취소하기는 쉽지 않고, 이해관계인은 면책결정의 확정일로부터 1년 이내에 면책취소를 신청하여야 한다는 점에서 개인파산에서와 동일한 문제가 있다.

　과다한 채무에 시달리는 개인이나 기업을 신속하게 구제하여 새로운 출발을 하거나 회생할 수 있도록 돕자는 채무자회생법의 취지는 충분히 구현되어야 한다. 하지만 채무조정(면책) 후 사후관리에 관한 규정이 존재하지 않거나 불완전하다는 것은 도덕적 해이를 초래할 수 있다. 신속하게 면책을 하려면 면책 이후의 관리절차가 완비되어야 한다. 향후 입법적 보완을 기대해 본다.

도산일반 *13*

중국의 파산법 굴기

벌써 몇 년 전의 일이다. 2019년 10월 16일 중국 심천시 중급인민법원(우리나라의 지방법원으로 보면 된다)[17] 초청으로 심천에서 개최된 국제도산세미나를 다녀왔다. 중국 칭화대학에서 1년 유학을 하던 시절(2007년 8월부터 2008년 8월까지) 대부분의 중국은 가보았지만, 심천은 공교롭게도 한 번도 간 적이 없었다. 오랜만에 중국행이라 기대도 되고 설렘도 있었다. 이전에 갈 때보다 비자며 입국절차 등이 많이 까다로워졌음을 느꼈다. 물어보니 사드사태 이후에 절차가 번거롭게 되었다고 한다.

중국이 당시 국제도산세미나를 개최한 이유는 크게 두 가지였다. 하나는 개인도산제도를 도입하는 것이고, 둘은 홍콩 등과의 관계에서 국제도산사건이 증가함에 따라 그에 대한 제도를

---

17 중급은 2심제를 채택하고 있다. 법원은 기층인민법원, 중급인민법원, 고급인민법원, 최고인민법원 등 4급으로 구성되어 있다. 각 인민법원이 1심으로 재판할 사건은 민사소송법 등에 규정되어 있다.

갖추기 위함이었다.[18] 중국은 당시 법인도산제도만 있었을 뿐 개인도산제도는 없었다. 당시 중국은 경제 불황으로 소비를 진작시키기 위해 신용카드를 무분별하게 발행하고 있었다. 우리나라의 1997년 IMF사태 이후 상황과 비슷하였다. 그로 인해 개인도산제도가 필요하게 되었고, 중국 정부는 2019년 7월 제도 도입을 결정하였으며, 그 실무적인 절차를 심천시 중급인민법원에서 맡은 것이었다.

세미나에는 중국 공산당 고위 간부뿐만 아니라 최고인민법원(우리나라 대법원에 해당한다) 부원장, 전국의 파산사건 담당 법관, 파산법 교수, 파산법 학회 회장, 변호사 등 수백 명이, 외국에서는 한국, 싱가포르, 홍콩 등의 법관과 미국에서 파산법을 연구하고 있는 연구원 등이 참석하였다. 오전에 개회식을 마치고 첫 번째 발표자로 나섰다. 중국 요청에 따라 우리나라의 개인도산제도를 15분에 걸쳐 소개하였다. 오후에는 개인도산제도에 관한 중국 법관들과 교수들의 발표를 듣고 강평과 토론의 시간을 가졌다. 개인도산제도를 발표한 나에게 한국에서의 도입 과정과 실무 운영에 대하여 많은 질문을 하였다.

중국은 당시 개인도산관련 입법은 없었지만 이미 개인도산사건을 처리하고 있었다.[19] 조만간에 개인도산 관련 규범성 문건 및 제도가 완성될 것으로 보였다. 면책의 정당성에 대한 고민은

---

18 홍콩은 중국의 일부이지만, 도산사건을 비롯한 소송사건을 다룸에 있어 홍콩과 관련된 사건은 국제적인 분쟁으로 간주하여 처리한다.
19 중국은 입법에 앞서 개별 기관의 내규 등을 근거로 제도를 시범적으로 운영한 후, 별다른 문제가 없으면 입법을 하는 독특한 시스템을 취하고 있다.

우리나라와 마찬가지였다. 면책의 정당성에 관한 연구가 계속되고 있는 것으로 보아 면책을 전제로 한 개인도산제도의 도입은 큰 문제가 없을 것으로 판단되었다. 도산사건을 전담하는 파산법정(파산사건을 담당하는 재판부)이 이미 설치되었고, 장차 독립된 파산법원으로 갈 것이라고 한다. 중국에서 파산법 굴기가 시작된 것 같았다.

📖 [보론 1] 중국의 파산법 발전 과정

중국의 파산에 관한 입법은 급속하게 이루어졌다. ① 중국은 1986. 12. 2. 최초 파산입법인 《中華人民共和國企業破産法(試行)(중화인민공화국기업파산법(시행))》(이하 <기업파산법(시행)>이라 한다)을 제정하였다. <기업파산법(시행)>은 국유기업의 파산에만 적용되는 특별법이었다. ② 이후 시장경제체제의 발달에 따라 실무상 파산법의 적용범위를 확대할 필요가 있어 1991년 민사소송법을 개정할 때 독립된 장(제19장)으로 "기업법인파산절차(企業法人破産還債程序)"를 추가로 규정하였다. 이는 국유기업 이외의 기업법인에만 적용되고, 국유기업 및 법인의 자격을 갖추지 못한 경제주체에는 적용되지 않았다. 다만 조문이 8개에 불과해 큰 활용성은 없었다. ③ <기업파산법(시행)>과 민사소송법 제19장 시행 중 많은 문제가 발생하였다. <기업파산법(시행)>은 말 그대로 시행법(시험법)에 불과하고, 일부 법률의 내용은 추상적이고 원칙적인 규정에 지나지 않아 운용성이 결여되었다. 또한 <기업파산법(시행)>은 국유기업에만 적용되어 적용범위가 좁았다. 민사소송법이 비국유기업법인에 대한 파산에 적용은 되었지만 원칙적인 규정이 많고 파산(협의)만을 포함하며 내용이 비교적 간단하였다. 어떤 기업이냐에 따라 완전히 다른 두 개의 파산절차가 존재하였다. ④ 기업의 종류에 따라 전혀 다른 파산절차를 적용한다는 것은 타당하지 않다는 비판과 함께 통일된 파산법의 제정이 요구되었다. 이에 1994년 모든 기업에 적용되는 기업파산법 제정에 착수하여 2006년 국유기업과 비국유기업을 구별하지 않고 모든 기업법인에 대한 파산절차를 규정하는 통일적인 파산절차를 완성하였다. 2006. 8. 27. <기업파산법>을 공포하고 2007. 6. 1.부터 시행하였다. <기업파산법>은 회생(重整)절차, 화의절차, 파산절차를 규정하고 있다.

중국 <기업파산법>의 적용범위는 직접 적용하는 경우와 참조(준용과 유추적용을 합한 개념으로 볼 수 있다)하여 적용하는 경우로

나눌 수 있다.

첫째 <기업파산법>이 직접 적용되는 것은 모든 기업법인이다. 개인(자연인)에게는 적용되지 않는다. 개인(자연인)을 적용대상에서 제외한 이유는 ① 개인(자연인)에 대한 파산이 가능하려면 먼저 개인의 재산이 투명해야만 한다. 그런데 중국은 현재 개인 재산의 신고와 관련된 법률이 미비할 뿐만 아니라 재산 은닉이나 재산 도피에 대한 유효한 방지 수단조차 없다. ② 개인(자연인) 파산 시 어떤 재산이 생활필수품(면제재산)에 속하여 환가가 필요 없는 지에 대한 과학적 정의가 필요한데, 중국은 지역적으로 생활의 격차가 크기 때문에 규정도 없고 범위를 정하기도 쉽지 않다.

둘째 금융기관의 도산에 적용된다. 금융기관의 도산에는 특수한 문제가 있기 때문에 국무원이 <기업파산법>과 다른 법률의 규정에 따라 규칙을 제정할 수 있도록 하였다.

셋째 <기업파산법> 시행 전에 실시하고 있는 국유기업의 정책적 파산에 대하여는 국무원 문건에 따라 실시한다. 중국은 국무원의 문건에 따라 국유기업에 대하여 정책적 파산을 통해 시장에서 퇴출시켜 왔다. 정책적 파산은 2008년 이전에 실시되어 왔지만 향후에는 실시가 허용되지 않는다.

넷째 기업법인 이외의 조직에 대하여는 참조하여 적용한다. 즉 다른 법률이 기업법인 이외의 조직의 청산을 규정하고 파산에 속한 경우 <기업파산법>이 규정하는 절차를 참조하여 적용하도록 하고 있다. ① 참조하여 적용하는 기업법인 이외의 조직은 기업(조합법인, 독자기업법인 등)이 주된 것이지만 기업에만 한정되는 것은 아니다. 따라서 농업전문합작사, 사립학교재단 등의 조직도 참조 적용의 대상이 된다. ② 참조하여 적용하는 대상이 되는 것은 파산절차로 제한되고, 화의절차나 회생절차는 포함되지 않는다. ③ 참조하여 적용하는 것이므로 참조하기 적당한 내용은 적용하고, 적당하지 아니한 내용은 적용하지 않을 수 있다. 결코 엄격하게 <기업파산법>을 적용하여야 하는 것은 아니다. <기업파산법>에는 개인을 대상으로 한 파산절차는 마련되어 있지 않지만, 2019년부터 사실상 개인에 대하여도 파산절차를 시행하고 있다.

2007년 6월 1일 <기업파산법>을 실시한 이래 상당기간 동안은 파산제도의 발전이 더뎠다. <기업파산법> 실시 이후 법원에서 수리(접수 또는 개시결정)한 파산사건 수는 늘어나기는커녕 오히려 해마다 줄었다. 최고인민법원 통계에 따르면 2008년부터 2016년까지 9년간 전국 법원은 25,264건(연평균 2,807건)의 파산사건을 심리하였다. 그러나 2016년 이후부터는 공급측 개혁과 좀비기업 청산 및 세계은행 경영환경 평가에서 파산재판의 가중치를 높임에 따라 전국 법원에 접수된 기업파산 사건이 급격히 증가하였다. 2016년에는 5,665건, 2017년에는 9,542건, 2018년에는 18,823건이 접수되었다. 최고인민법원은 <기업파산법> 시행 이후 파산재판을 강력히 추진하기 위하여 3개의 전문적인 사법해석과 일련의 규범성 문건을 반포하였다. 또한 최고인민법원의 요구로 2019년 전반기까지 전국 98개 법원에 전문적인 파산 심판정(審判庭)이 설치되었고, 심천(2019. 1. 14.), 북경(2019. 1. 30.), 상해(2019. 2. 1.)에는 파산법정(破产法庭)이 설치되었다. 파산법정은 중급인민법원 내에 설치되어 있지만 심판정(재판부)과 달리 기구 등에서 상대적으로 독립된 법정이다. 장래 독립된 파산법원으로 가기 위한 과도기적인 기구라고 한다. 파산법정에서는 ① 관할 구역 내 공상행정관리기관에 등록된 회사의 파산사건, ② 파산사건과 관련된 소송사건, ③ 국제도산사건, ④ 기타 법에 따라 심리하여야 하는 사건을 담당한다. 한편 2019년 7월 16일 국가발전개혁위원회, 최고인민법원 등 13개 부분이 함께 <시장주체 퇴출제도를 신속하게 완성하기 위한 개혁 방안>을 발표하여 중국에서도 개인도산제도를 도입하기로 하였고, 이미 태주(台州)와 온주(温州)에서 개인도산의 실무가 시작되었다.

지방자치단체의 파산

2024년 4월 IMF는 '재정점검보고서'(Fiscal Monitor)를 통해, 한국의 국내총생산(GDP) 대비 국가채무 비율이 2023년 55.2%라고 발표했다. 우리나라의 경우 2013년 37.7%에서 10년간 17.5% 높아졌다. 선진국 가운데는 우리나라 부채 증가 속도가 사실상 가장 빠르다는 경고다. 중앙정부(국가)뿐만 아니라 지방정부(지방자치단체)의 빚도 빠른 속도로 증가하고 있다. 신종 코로나바이러스 감염증 사태의 장기화와 정부의 감세정책 등으로 세수 등 수입은 줄고, 경쟁적으로 재난지원금, 출산지원금 등 지출을 늘린 결과 중앙정부나 지방정부의 부채는 더욱 늘어날 것으로 분석된다. 다른 한편 각종 선거를 의식한 중앙정부나 지방정부의 도덕적 해이에서 비롯된 측면도 있다.

지방자치단체의 재정이 악화될 경우 어떻게 하여야 하는가. 가끔 외신을 통하여 미국에서 세수감소 등으로 공무원들의 대량 해고 소식을 접하곤 한다. 지방자치단체 입장에서는 재정수입이 줄어들면 당연히 급여를 지급할 수 없을 것이고, 그러면 자연스럽게 공무원 숫자를 줄일 수밖에 없다. 비용을 줄이기 위해서는 해고가 가장 효과적이기 때문이다. 지방자치단체가 재정적 어려움을 이유로 공무원들을 해고하는 일은 우리나라에서도 얼마든지 일어날 수 있다.

지방자치단체가 파산에 직면하면 법원을 통한 구조조정이 가능할까. 기업과 마찬가지로 법원에 회생절차를 신청하여 채권자들의 권리행사를 제한하면서 채무를 줄여 새롭게 재정구조를 정비할 수 있을까. 미국 연방도산법은 제9장에서 지방자치단체의 회생절차에 대한 규정을 두고 있다. 지방자치단체에 대한 회생절차를 도입한 주된 이유는 재정적으로 파탄이 된 지방자치단체에 대하여 법원의 감독하에 부채를 조정하는 동안 채권자들의 변제독촉으로부터 지방자치단체를 보호하려는 것이다. 지방자치단체 회생제도는 지방자치단체의 채무를 재조정하는 동안 지방자치단체로 하여금 지방정부기능을 계속할 수 있도록 허용하는 데 그 주안점이 있다.

실제 미국에서는 지방자치단체에 대하여 연방도산법의 규정에 따라 회생절차가 진행된 사례가 있다. 1900년대 초반 자동차산업으로 급성장한 미국의 디트로이트는 1980년대와 1990년대의 자동차산업의 하향세로 재정적 위기에 처하게 되었다. 이에 디트로이트는 2013년 법원에 회생절차개시신청을 하였다. 법원은 회생절차개시신청이 적법하다고 판단하여 회생절차를 진행하였고, 2014년 11월 회생계획이 승인(인가)되기에 이르렀다. 이에 디트로이트는 당장 갚아야 할 채무를 변제하는 대신 도시기능에 필요한 곳에 돈을 사용하였고, 그로 인하여 범죄율이 낮아지고, 시의 고용지표가 좋아지는 등 경제상황도 호전되었다고 한다.

미국 연방도산법이 지방자치단체에 대하여 회생절차를 규정하고 있지만, 다른 도산절차와 달리 지방자치단체의 자주성을 배려하여 법원의 권한이 많이 제한되어 있다. 예컨대 채무자인 지방자치단체의 동의가 없는 한 법원은 지방자치단체의 정치적 또는 행정적 권한, 재산 또는 세입, 재산의 사용 또는 수익에 간섭할 수 없다.

우리도 지방자치단체가 재정적 곤란에 빠졌을 경우 법원에 회생절차를 신청할 수 있을까. 회생절차가 지방자치단체의 재건을 목적으로 하는 것이고, 공무원들의 안정적 생활을 보장해 줄 수 있다는 점에서 인정된다고 볼 여지도 있다. 하지만 지방자치단체는 통치기능을 가지고 있고 이러한 기능을 법원이 수행하기에는 적절하지 않은 측면이 있다. 그렇다고 악화되어 가는 지방자치단체의 재정수준을 방관할 수는 없다. 미국과 같이 법원 권한을 일정 정도 제한하면서 지방자치단체의 회생절차를 인정하는 입법적 해결이 필요하다.

결혼, 출산 그리고 파산

여성가족부가 발표한 '2023년 청소년종합실태조사'에 따르면, 13세부터 24세 청소년 응답자의 38.5%가 '결혼을 해야 한다'고 답했습니다. 2017년 51%, 2020년 39.1%에 이어 소폭 낮아진 수치입니다. '결혼하더라도 아이를 반드시 가질 필요는 없다'고 답한 비율은 2020년도 조사와 비슷한 60.1%였습니다.

결혼을 반드시 해야 하냐는 질문에 56%의 응답자가 '그렇지 않다'고 답했다. 미혼남성 40.6%, 미혼여성 71.4%는 '결혼하지 않아도 된다'고 생각하는 것이다. '결혼을 해도 되고 안 해도 된다'는 26.1%(남 33.6%, 여 18.6%), '해야 한다'는 17.9%(남 25.8%, 여 10%)였다.

언론에 보도된 기사의 일부다. 젊은 청춘들의 결혼과 출산에 대한 생각을 극명하게 보여주는 짧지만, 시사하는 바가 큰 내용이다. 이런 기사를 보면서 떠오르는 한 권의 책이 있다.

미국 도산법 분야의 전문가 엘리자베스 워런과 그의 딸 아멜리아 워런 티아기는 2003년 『맞벌이의 함정－중산층 가정의 위기와 그 대책』이라는 책을 출간했다. 이 책은 맞벌이까지 해가면서 직장과 가정 양쪽에서 열심히 살아가는 중산층 가정경제가 왜 부부 중 한 명만 돈을 벌던 한 세대 이전보다 더 취약한지에 대한 깊은 통찰을 담고 있다. 저자들은 당시 미국의 맞벌이 중산층 가정은 한 세대 전인 1970년대에 혼자 벌던 중산층 가정에 비해 훨씬 더 많은 소득을 올리고 있지만, 재정적인 안정성은 훨씬 떨어져서 수많은 가정들이 파산하거나 파산위기에 몰려 있다는 사실을 지적한다. 왜 그럴까?

워런 모녀의 분석은 이렇다. 파산한 가정들의 공통점 중 하나는 부부 양쪽이 다 직장에 다니는 가정이라는 점이다. 일반적으로는 부부가 모두 돈을 버는 가정이 한 사람이 버는 가정보다 더 안정적인 생활을 할 것으로 생각된다. 수입이 그만큼 많기 때문이다. 하지만 연구결과는 정반대로 나왔다. 전업주부는 가정에 위기가 닥칠 때 안전망의 역할을 했다. 맞벌이가 되면서 상황은 바뀌었다. 엄마가 직장을 가지게 되면서 수입이 늘고 그에 따라 소비수준도 높아진다. 하지만 갑작스러운 상황에 직면하면 재정은 급격하게 악화된다. 아빠 혼자 돈을 벌 때는 아빠가 해고되면 엄마는 아빠가 다른 일자리를 구할 때까지 직장에 나가 돈을 벌 수 있었다. 하지만 맞벌이가 되면서 아빠가 해고되어도 이전의 아빠 소득을 대체할 방법이 없다. 이혼을 할 경우에도 엄마가 전업주부였다면 취직해 새로운 소득을 벌어와 자녀를 부양할 수 있다. 하지만 맞벌이라면 이전보다 사정이 좋아질 수 없다. 맞벌이 부부 중 한 사람이 갑자기 병에 걸리면 한 사람의 수입은 순간 사라진다. 그렇다면 중산층 부부가 맞벌이로 번 돈은 어디로 갔는가. 그 돈은 집값으로, 교육비로, 의료비로 쓰였다.

파산한 가정들의 두 번째 공통점은 자녀가 있는 부모라는 것이다. 연구결과에 의하면 자녀가 있는 기혼 부부가 자녀가 없는 기혼 부부보다 두 배 이상 파산신청을 할 가능성이 크다는 점을 보여준다. 아이를 키우는 이혼 여성은 자녀를 가진 적이 없는 독신 여성보다 거의 세 배나 더 파산신청을 하기 쉽다고 한다.

20년 전 미국 사회를 분석한 내용이지만 오늘의 우리 현실에 놀라울 정도로 일치하는 점이 많다. 신한은행이 발간한 '2021 보통사람 금융생활 보고서'에 의하면 중·고등학생이나 대학생 자녀를 둔 40대와 50대 가구는 한 달 전체 소비의 4분의 1이 넘는 돈을 교육비에 쓴다. 다음은 식비와 주거비다. 부동산 가격의 폭등으로 주거비 부담이 늘고 평균수명의 연장으로 의료비 부담이 급격히 증가할 것은 명확하다.

결혼과 출산이 젊은 청춘들의 파산에 직접적인 원인이라고 단정할 수는 없지만, 부정할 수도 없다. 부동산 가격 급등, 극심한 취업난, 가상자산(암호화폐, 가상화폐)의 광풍을 보면서 20년 전 미국사회의 현상이 지금 대한민국에서 벌어지고 있는 것은 아닐까 우려된다.

가상자산 거래소는 안녕한가

"이런 식의 박음질이 더는 지겨웠다. 나는 그냥 부스터 같은 걸 달아서 한번에 치솟고 싶었다. 점프하고 싶었다. 뛰어오르고 싶었다. 그야말로 고공 행진이라는 걸 해보고 싶었다. 내 인생에서 한번도 없던 일이었고, 상상 속에서도 존재하지 않았고, 그렇기 때문에 당연히 기대조차 염원조차 해본 적 없는 일이었다. 그런데 바로 지금, 그것이 내 눈앞에 번쩍이며 펼쳐져 있었다. J"

'흙수저 여성 청년 3인의 코인열차 탑승기'를 다룬 소설 『달까지 가자』(장류진)의 주인공이 가상자산인 이더리움의 가격이 급격하게 오르고 있는 것을 보고 있는 장면이다. 2021년 대한민국은 그야말로 비트코인을 비롯한 가상자산에 대한 관심으로 뜨거운 한 해를 보내고 있었다. 작가의 말처럼 미친 것이다. 1960년대 중반 강력한 근대화 추진으로 우리 경제는 엄청나게 성장했고, 1970년대와 1980년대 졸업한 세대들은 도약과 상승을 경험했다. 하지만 지금의 청춘들은 극심한 취업난과 부동산 가격 급등으로 도약과 상승을 이미 상실했다. 그래서 자연스럽게 한 방을 기대하며 코인열차에 탑승하고 있는 것이다. 20~30대 청춘들에게 남은 것은 코인밖에 없을지도 모른다. 께름칙해도 지금이라도 당장 들어가야 하는 것으로 이것저것 계산하고 알아볼 시간이 없다. 닫히기 전에 얼른 발부터 집어넣어야 한다. 그들에게는 아주 잠깐 우연히 열린 유일한 기회일지도 모르기 때문에.

지금의 가상자산 열풍은 지속될 수 있을까. 완만한 연착륙은 가능할까. 다행스럽게도 소설 속 주인공들의 코인투자는 해피엔딩으로 끝난다. 얼마 전까지만 해도 가상자산 거래소는 제도권 밖에 있었고 규제도 없었다. 가상자산의 미래에 대해 긍정적인 평가도 있지만, 내재가치가 없는 투기의 대상으로 언제 그 거품이 꺼질지 모른다는 경고도 여기저기서 들려온다. 가상자산 가격의 폭락이 있었고, 일부 가상자산 거래소의 거래가 일시 정지되었다는 보도도 있었다. 그동안 가상자산 거래소는 당국의 인허가나 신고 없이 통신판매업자나 전자상거래업자로 등록하면 누구나 사업을 할 수 있었다. 하지만 2021년에 시행된 「특정 금융거래정보의 보고 및 이용에 관한 법률」에 따라, 가상자산 거래소는 2021년 9월부터는 몇 가지 요건을 갖추고 금융정보분석원(FIU)에 신고를 마쳐야 영업을 할 수 있다. 기존 가상자산 거래소는 2021년 9월 24일까지 금융정보분석원에 신고하고 영업을 하여야 한다.

가상자산 거래소는 안전한가. 블록체인이라는 기술을 바탕으로 화폐도 아닌 것이 가상화폐(암호화폐)라는 이름으로 갈 곳 없는 청춘들을 현혹하고 있는 것은 아닌지 의심도 든다. 독자적인 경제정책을 펴고 있는 개별 국가가 중요한 권능 중 하나인 화폐 발행권을 포기할 리 없다. 포기하는 순간 경제정책의 중요한 한 축인 금융정책은 무용지물이 되기 때문이다. 새로운 법률의 시행으로 몇 곳을 제외한 가상자산 거래소는 모두 문을 닫을 것이라는 전망도 있다. 투자자를 보호하는 법적 장치도 마련되어 있지 않거나 부족하고, 가상자산에 대한 과세도 추진되고 있는 실정이다.

가상자산 거래소에 대한 우려는 법원에서도 이미 감지되고 있었다. 2019년 서울회생법원에 가상자산 거래소에 대한 파산신청이 처음으로 접수되었다. A거래소는 가상자산 거래소의 전자지갑을 관리하던 임원이 거래소 전자지갑 개인키를 분실하여 당시 거래소의 전자지갑에 있던 비트코인 520개에 대한 반환이 불가능해지면서 파산신청을 하였다. A거래소는 파산선고를 받았고 현재 파산절차가 진행 중이다. B거래소는 가상자산 거래소의 이용자 중 일부가 집금계좌를 보이스 피싱 범행에 이용한 후 가상자산을 인출해 감으로써 계좌의 거래가 정지되었고, 가상자산 잔고의 오류가 지속적으로 발생하여 더 이상 거래소 운영을 할 수 없는 상태가 되어 파산신청을 하였다(이후 2021년 11월 8일 파산선고가 되었다).

가상자산에 대한 정부의 규제가 시작되었고,[20] 새로운 제도의

---

20 2022년 3월 25일부터 「특정 금융거래정보의 보고 및 이용에 관한 법률」상의 트레블 룰(Travel Rule)이 시행되었다. 이에 따라 2022년 3월 25일

시행으로 광풍에 휩싸인 가상자산 거래소는 서서히 그 실체를 드러내고 있다. 새로운 규제의 시행으로 가상자산 거래소가 제도권에 편입되어 안착할 것인지, 아니면 대규모 파산으로 이어질 것인지, 그 시간이 얼마 남지 않았다.

부터 국내에서 트래블 룰이 적용돼 가상자산사업자(VASP, 가상자산거래소)가 다른 가상자산사업자에게 가상자산을 100만 원 이상 전송하는 경우 송수신인의 신원정보를 의무적으로 제공·보관해야 한다. 또 해당 기록에서 자금세탁 등이 의심되는 경우에는 금융정보분석원(FIU)에 보고해야 한다.

17

도산일반 **17**

일상으로의 회복

아침 출근길. 종합일간지 하나를 손에 들고 신분당선에 오른다. 2019년 2월 서울회생법원으로 출근하면서 시작된 하루 일상의 시작이었다. 전철 안 많은 사람들 중 종이신문을 보는 사람은 나 혼자다. 대부분 사람들은 스마트폰을 주시하고 있다. 일부 사람들은 이어폰으로 음악을 듣는다. 각자가 몰두하고 있는 것은 다르지만, 조용한 전철 안 풍경이라는 점은 매일 똑같다. 종이신문 페이지를 넘기다 바스락거리는 소리에 가끔은 움찔하거나, 괜히 주위에 미안함을 느끼기도 한다. 서로의 일상은 보이지 않는 규칙에 따라 아무런 변화도 없이 늘 그렇게 시작된다.

평범한 아침의 시작은 2020년 1월부터 조금씩 일그러지기 시작했다. 마스크를 착용하는 사람들이 한 사람씩 늘어났다. 처음엔 대수롭지 않게 여기며 마스크를 착용하지 않은 채 전철에 오른 적도 있었다. 하지만 차츰 마스크는 반드시 착용하여야 하는 것이 되었고, 저녁 모임은 없어졌다. 얼마 후 저녁 모임이 허용되기는 하였지만, 5인 이상 모임은 금지되었고 그것도 10시까지만 가능하였다. 신종 코로나바이러스 감염증(코로나19)으로 일상이 깨진 것이다. 그리고 간절하게 코로나19의 소멸과 일상으로의 회복을 염원하였다.

코로나19로 직격탄을 맞은 것은 자영업자다. 대법원 통계월보에 따르면, 2021년 1분기(1~3월) 전국 법원에 신청된 개인파산 건수는 1만 2,055건으로 나타났다. 같은 기간 최근 5년 새 최다이다. 영업시간이 제한되고 일정 규모 이상의 모임이 금지됨으로써 자영업자들은 한계 상황에 이르렀다. 자영업자의 타격으로 종업원 등 관련 종사자들 역시 실직으로 내몰리고 있다. 가족을 위해 열심히 일만 했을 뿐 한 달에 30만 원 이상 용돈을 써 본적이 없고, 신용카드라고는 단 한 번도 사용해 본 적이 없는 사람들도 있을 것이다. 그런데 어느 순간 신용불량자가 되고, 체납자가 되고, 개인파산자가 되어 버렸다. 본인도 모르는 사이에 빚이라는 거친 풍랑에 휩쓸려 무인도에 내던져진 것이다. 2023년 무렵 코로나19가 종식되자 사람들, 특히 자영업자들은 이전의 상태로 돌아가 매출이 늘어날 것으로 기대했지만, 코로나19가 바꾸어 놓은 사람들의 생활패턴은 변하지 않았고, 더욱더 생계를 위협받게 되었다.[21] 빚의 굴레에 빠진 분들의 소망도 일상으로의 회복이 아닐까.

---

21 2021년 이후 개인파산 신청 건수는 매년 4만 건을 웃돌았다. 연도별로는 △2021년 4만 9천 63건 △2022년 4만 1천 463건 △2023년 4만 1천 239건이다. 2024년은 8월 기준 2만 7천 462건이다. 개인회생 신청 건수는 △2021년 8만 1천 30건 △2022년 8만 9천 966건 △2023년 12만 1천 17건

개인들이 다시 일상으로 가는 수단으로 개인회생절차는 유용하다. 국회는 2021년 개인회생절차를 이용할 수 있는 개인들의 범위를 확대하는 법 개정을 하였다. 담보가 있는 개인회생채권은 10억 원에서 15억 원으로, 담보가 없는 개인회생채권은 5억 원에서 10억 원으로 개인회생절차를 이용할 수 있는 채권액을 상향한 것이다. 그동안 채무액이 개인회생 채무한도액을 초과하여 일반적인 회생절차를 신청하였으나 채권자들로부터 필요한 만큼의 동의를 얻지 못하여 회생절차를 밟지 못한 채무자 또는 개인회생의 채무한도액이 낮은 탓에 아예 개인회생절차를 신청하지 못하고 있는 채무자도 개인회생절차를 이용할 수 있게 되었다. 법 개정으로 코로나19로 어려움에 빠진 상당수의 자영업자들이 개인회생절차를 통해 일상으로 회복할 수 있을 것으로 예상된다.

코로나19의 장기화로 지친 일반 국민이나 빚에 눌린 개인들의 소망은 모두 소박하다. 일상으로의 회복. 그들이 바라는 것은 사회적인 명예도, 호화로운 집도, 무소불위의 권력도 아니다. 보통 사람처럼 사랑하고 사랑받으며 살아가는 것. 누군가에게 쫓기지 않고 아무에게도 멸시받지 않고, 내가 하지 않은 무엇인가로 인해 비난받지 않는 것. 누군가를 좋아하게 되었을 때 먼저 헤어질 것을 생각하지 않아도 되는 것. 누군가가 좋아지는 것을 겁내지 않아도 되는 것(김의경의 『청춘파산』 중에서). 곧 일상으로의 회복이 시작될 것이다.

으로 증가세다. 2024년은 8월 기준 8만 8천 32건에 달했다.

18

도산사건 트렌드

서울대학교 김난도 교수는 매년 10월쯤이면 다음 해에 유행할 10대 소비 트렌드를 선정해 분석하는 시리즈물을 내고 있다. "20××년 트렌드 코리아"라는 제목에 10대 소비 트렌드 영문 앞 글자를 모은 부제를 달아 출판한다. 가급적 매년 트렌드 코리아라는 시리즈물을 구입해서 읽어 본다. 운이 좋은 해에는 지인들로부터 선물을 받기도 한다.

소비에도 매년 다른 트렌드가 있는데, 도산사건에도 트렌드가 있는 것일까. 문득 이런 생각이 들었다. 처음 도산사건을 맡은 2003년에는 지금의 회생이나 개인회생이 없었기 때문에 법인의 경우 회사정리(현재의 회생)보다 화의[22]를 선호했다. 개인파산의 경우 면책 여부를 결정함에 있어 당시에는 카드의 무분별한

---

22 회사정리(경영권을 박탈하는 것이 원칙이었다)와 비슷하나, 경영권이 그대로 유지되는 등 회사정리보다 유리하여 채무자들이 선호하였다.

사용이 문제여서 낭비에 해당하는지가 주된 관심사였다. 그로부터 10년이 지나 2014년 창원지방법원 파산부장으로 갔을 때는 변화가 있었다. 지역적 특색으로 법인사건의 경우 조선업에 대한 회생이나 파산이 많았다. 개인사건의 경우 면책과 관련하여 낭비보다는 재산은닉이나 설명의무위반이 있는지가 주된 심리사항이었다.

2017년 수원지방법원에서 법인회생사건을 담당할 때는 주로 자동차업계나 스마트폰의 불황으로 관련 업종의 회생신청이 많았던 것 같다. 개인도산의 경우는 여전히 재산은닉이나 설명의무위반 등이 주로 문제되었다.

2019년 서울회생법원으로 갔을 땐, 법인은 경제 불황과 코로나의 여파로 여행업, 옷, 책, 드라마 제작 관련 업체가 도산을 신청하는 경우가 많았다. 법인파산에서는 채권자가 신청하는 사건도 제법 눈에 띄었다. 그리고 새로운 형태의 도산사건이 등장하였다. 대표적인 것으로 가상화폐를 거래하는 거래소의 파산신청이다. 가상화폐 거래소의 도산은 기본적으로 자산이 있는지를 파악하는 것이 쉽지 않고 사건 처리에 있어 새로운 지식들이 필요하다는 것을 절감했다. 절차적으로는 수많은 채권자들에 대한 송달이 문제되기도 했다.

최근에는 티몬·위메프 사태에서 보는 것처럼 플랫폼을 기반으로 한 이커머스 기업이 도산을 신청하고 있다. 피해 규모도 클뿐만 아니라 소액채권자들이 대부분이고, 관련된 업체들이 많아 연쇄도산으로 이어질 가능성이 큰 사건들이다.

다양한 사건을 처리하는 법관에게 매년 유행하는 트렌드가 중요하지 않을 수 있다. 그렇지만 도산사건은 그해의 경제상황과 밀접한 관련이 있을 수밖에 없다는 점에서 중요한 트렌드 변화에도 관심을 가질 필요가 있다. 트렌드를 따라가지 못하는 기업이나 개인은 도산에 직면할 가능성이 높기 때문이다. 나아가 트렌드 변화에 따른 사건변화를 예측하고 그에 필요한 새로운 유형의 사건에 대한 지식을 습득하는 것도 도산법관에게는 숙명이 아닌가 싶다.

회생법원의 존재 이유

기업이나 개인의 도산은 자본주의 경쟁사회의 한 속성으로 반복될 수밖에 없다. 문제는 실패한 이들을 어떻게 처리하느냐에 따라 산업계, 경제계의 모습이 크게 달라질 수 있다는 것이다. 도산 상태에 빠지면 일반적으로 대규모 채무조정이 발생한다. 채무조정 과정에서 손실을 분담하게 되는 금융기관, 종업원, 거래처, 납품업체 등 각기 다른 이해관계자들 사이에 공정한 처리가 중요하다.

기업 경영 환경은 매일 변동하기 때문에 채무조정 관련 절차를 얼마나 신속하고 효율적으로 진행하느냐에 따라 기업의 회생 여부와 피해 규모가 달라질 수 있다. 공정하고 신속한 도산절차가 담보되어 있는지 여부는 평상시의 경영에도 영향을 미친다. 예측가능성이 확보되고 거래비용이 줄어든다면 보다 건실한 경제활동이 가능해진다. 개인의 경우도 마찬가지이다.

기업이나 개인이 도산을 신청하는 이유는 그 인격의 성질상 다소간에 차이가 있다. 기업이 도산을 신청하는 것은 스스로에게 숨 쉴 수 있는 공간(breathing room)을 제공하고, 그들의 사업을 구할 수 있는 마지막 기회를 얻기 위함이다. 크든 작든 절망적인 파탄에 직면해 있는 기업은 구조조정을 시도해 볼 수 있고, 필요하다면 훨씬 질서 있는 정리를 할 수 있는 기회를 제공받을 수 있다. 개인에 대한 도산(면책)제도는 가정을 유지할 수 있는 사회안전망의 성격을 띠며 채무자의 새로운 출발을 지원한다.

　　2020년 초에 시작된 신종 코로나바이러스 감염증의 유행과 이후 지속된 경기불황으로 가계나 기업의 현실은 그다지 좋지 않다. 우리나라뿐만 아니라 세계경제에 대한 낙관적인 견해는 찾아보기 어렵다. 정치적으로나 경제적으로 중요한 위치를 차지하고 있는 미·중간의 무역 전쟁이 해결될 조짐이 없고, 정치적인 이유로 한·일간의 갈등도 끝이 보이지 않는다. 고령화와 잠재성장률의 둔화, 소비감소 등으로 일본의 '잃어버린 20년'의 전철을 밟을 수 있다는 우려는 당분간 유효할 것 같다.

　　경제상황이 좋지 않은 경우 회생법원의 역할은 커진다. 코로나 팬데믹으로 기업의 재정적 어려움이 더해지고 개인의 삶이 고단해질 경우 기업이나 개인은 마지막 희망을 안고 회생법원을 찾을 것이다. 회생법원으로서는 그들 모두가 한 가닥 희망을 품을 수 있도록 절차를 좀 더 예측가능하게 운용하고, 개인에 대한 면책도 적극적으로 검토할 필요가 있다.

기업구조조정, 회생절차인가
공동관리절차인가

　기업구조조정은 기업가치 극대화를 위한 생산적 복원 (Productive Re-Construction) 작업이다. 기업구조조정은 빠르게 변화하는 시장변화에 대응하고 경쟁력을 높이기 위해 선제적·자발적으로 이루어지기도 한다. 하지만 구조조정이 문제되는 기업은 주로 재정적 어려움에 빠진 부실기업이다. 부실기업에 대한 구조조정절차는 크게 두 가지 방식이 있다. 「채무자 회생 및 파산에 관한 법률」에 따른 회생절차와 「기업구조조정 촉진법」에 따른 공동관리절차가 그것이다. 후자는 워크아웃(Workout)이라 부르기도 한다. 회생절차는 법원이 절차에 관여하지만(이러한 의미에서 법적도산절차라 한다), 공동관리절차는 법원의 관여 없이 이해당사자 사이의 자율적인 합의에 따라 구조조정이 이루어진다(이러한 의미에서 사적정리절차라 한다). 공동관리절차는 회생절차와 더불어 20년 가까이 기업구조조정의 주요한 수단으로서 중요한 역할을 하고 있다.

그렇다면 재정적 어려움으로 파탄에 직면해 있을 때, 채무자는 회생절차를 선택하여야 하는가 아니면 공동관리절차를 선택하여야 하는가.

먼저 회생절차 또는 공동관리절차의 선택에 있어 고려하여야 할 요소로 기존경영자의 경영권이 보장되는 DIP(Debtor In Possession)형 절차로 갈 것인지 기존경영자를 배제하고 제3자를 관리인으로 선임하여 경영하게 하는 관리형 절차로 갈 것인지 여부이다. 현재 회생절차는 기존경영자 관리인제도를 시행하고 있고 공동관리절차도 특별한 사정이 없는 한 경영권을 보장해주고 있으므로 DIP형 절차인지 관리형 절차인지는 사실상 큰 의미가 없다. 하지만 실무적으로 공동관리절차는 채권자 주도로 진행되는 관계로 상대적으로 경영권 박탈의 위험이 더 크다고 할 수 있다.

다음으로 임의적인 채무조정(채무감면) 가능성의 유무이다. 만약 임의적인 채무조정에 의한 부채의 정리가 가능하다면, 사적 정리절차인 공동관리절차를 선택할 수 있다. 공동관리절차에 적합한 사건은 ① 모든 채권자의 합의를 얻을 수 있는 기업(대부분은 중소규모의 기업이다)이거나 ② 모든 채권자의 합의는 불가능하지만, 주요한 다액의 채권자와 합의할 수 있고 존속을 위해 높은 채무면제가 필요한 기업(대부분은 대규모이고 주채권은행이 있는 기업이다)이다. 그러나 임의적인 채무조정을 할 수 없다면 법적

도산절차인 회생절차에서 다수결에 의해 강제적인 채무면제의 실현을 도모할 수밖에 없다.

또 다른 고려요소로 인수합병(M&A) 등에 관한 상법 등의 적용 여부이다. 공동관리절차절차를 선택한 경우 인수합병 등을 위해서는 상법 등에서 요구하는 절차(주주총회의 특별결의 등) 실현이 충족되어야 하는데, 이를 위한 부담을 무시할 수 없다. 반면 회생절차에 의할 경우 인수합병(M&A) 등의 절차 실현에 필요한 상법 등의 적용이 배제되는 경우가 많다. 한편 절차의 공정을 최대한 담보하려면 사실상 회생절차를 선택할 수밖에 없지만, 회생절차는 절차이행을 위한 비용과 시간의 부담이 클 뿐만 아니라, 현실적으로 회생절차에 들어갔다는 평가 자체가 가지는 신용훼손의 부담이 존재하는 것도 부정할 수 없다.

마지막으로 담보권을 별제권으로서 절차의 구속밖에 둘 것인지(절차와 무관하게 권리행사를 가능하게 할 것인지), 담보권의 행사를 제한시킬 것인지(담보권을 절차 내에서 절차에 따라 행사하게 할 것인지)에 대한 판단이 필요하다. 회생절차에서는 담보권의 행사가 제한되지만, 공동관리절차에서는 담보권의 행사를 저지할 방법이 없다. 따라서 공장 운영에 중요한 자산에 대하여 담보권이 설정되어 있는 경우는 회생절차를 선택하는 것이 바람직하다.

재정적 어려움으로 파탄에 직면한 채무자는 위에서 본 여러 요소들을 종합적으로 고려하여 회생절차 또는 공동관리절차를 선택하여야 할 것이다.

21

도산일반

도산은 법원 출석이 꼭
필요한 것이 아니다

많은 사람들이 도산절차개시신청, 특히 개인파산신청을 꺼리는 이유 중 하나가 법원에 출석하여야 한다는 부담 때문이다. 판사가 절차를 주도하는 법원에서 사건을 변론(변명)하여야 한다는 잘못된 믿음 때문에 도산신청을 기피하는 것이다.

사람들 중 법원을 가본 사람은 많지 않을 것이다. 적은 수의 사람들만이 법원에 다녀온 경험이 있고, 법원에 대한 경험도 유쾌하지는 않았을 것이다. 사람들은 법원에 가서, 판사 앞에 서고, 공개된 법정에서 진술하고, 그들의 사건을 변론하고, 그들 삶의 불행하고 세세한 부분을 공개하고, 그들의 사건이 실패할 수도 있다는 것에 엄청난 두려움을 가지고 있다.

다행히 도산을 신청하는 사람들에게 그러한 일은 일어나지 않는다. 사람들에게 도산을 신청하는 것은 연말정산을 하는 정도의 수고를 요구한다. 신청대리인에게 부채증명서, 채무가 증대하게 된 원인을 기재한 진술서 등을 건네주는 정도의 노력만 할 각오가 되어 있으면 도산신청의 전제로 충분하다.

도산을 신청하는 대부분의 사람들은 개인파산이나 개인회생을 신청한다. 사람들은 도산신청을 위해 법원에 가지 않아도 된다. 그들은 판사를 보지 않아도 된다. 판사 앞에서 변명을 하지 않아도 된다. 개인파산의 경우 파산관재인이 면책불허가사유가 있는지 여부 등을 조사하기 위하여 면담을 하기는 하지만, 법원 밖에서 일어나는 일이다. 개인회생의 경우에도 회생위원이 면담을 하기는 하지만, 흔하지 않는 일이다. 판사는 그들 사건에 관하여 질문하기 위하여 개인적으로 면담하거나 법정에 출석할 것을 요구하지 않는다. 판사는 최종적으로 면책결정을 하지만, 특별한 사정이 없는 한 면책은 자동적으로 내려지는 것이다.

물론 예외는 있다. 당신이 진실을 말하지 않는다고 여겨질 때, 개인파산이나 개인회생을 신청할 자격이 있는지 여부 또는 당신의 이전 행위가 당신이 당신의 빚으로부터 (전체 또는 일부) 면책을 받을 자격이 있는지 여부에 관한 문제가 있다고 판단되면, 그 문제는 판사에 의해 심문되고 결정될 것이다. 하지만 판사가 질문하는 경우가 있더라도 채권자집회에서 잠깐 질문을 하는 것이 전부이다. 개별적으로 법정이나 판사실로 부르는 경우는 거의 없다.

채권자집회를 개최하더라도 참석하는 채권자들은 거의 없으므로 채권자들에 대한 두려움도 가질 필요가 없다.

도산은 불행한 일이 일어난 정직한 사람들을 위한 것이다. 당신이 소득을 숨기거나, 재산을 은닉하거나, 변제할 의사 없이 빚을 발생시켰거나, 기망행위를 한다면, 당신의 정직성은 의심받게 된다. 이때 판사는 당신이 정직하지 않게 행동했는지, 만일 그렇다면 당신의 행동들이 면책을 부정할 정도로 중대한 것인지를 결정할 것이다.

실무적으로 예외적인 상황이 발생하는 경우는 많지 않다. 그러므로 도산을 신청하더라도 법원에 출석하는 일은 거의 없다. 안심하고 도산을 신청해도 된다. 당신이 정직하고 성실한 사람이라면.

뭘 망설이는가

고대 유대 사회에서는 7년마다 돌아오는 안식년이 일곱 번 반복된 뒤 그 이듬해를 희년(禧年), 주빌리(jubilee)로 삼았다. 50년마다인 희년에는 돈이 없어 노예로 전락한 사람들을 조건 없이 풀어주는 등 모든 빚을 탕감해줬다는 얘기가 구약성서 레위기 25장에 전한다.[23] 이런 전통은 고대 메소포타미아 문명으로까지 거슬러 올라간다. 바빌론의 금융 서판을 깨끗이 지우는 '클린 슬레이트(clean slate)'라는 부채 기록 말소 의식을 정기적으로 행했다. 국민이 채무자로 속박당하면 전쟁 가용 병력이 그만큼 줄어드는 부작용을 감안한 조치이기도 했다.[24]

---

23 구체적으로 레위기 25장 10절에 희년에 대하여 나온다. "오십 년째 되는 해를 특별한 해로 정하여, 너희 땅에 사는 모든 백성에게 자유를 선포하여라. 그해는 기쁨의 해인 희년이니, 너희 모두는 각자 자기 땅으로 돌아가거라. 모두 자기 집, 자기 가족에게로 돌아가거라." 희년은 해방과 회복의 해이다. 사람들도 제로베이스에서 다시 시작하게 되는 것이다.

24 https://www.hankyung.com/opinion/article/2022072812011(한국경제, 2022. 7. 28.자 [천자칼럼] 빚탕감과 모럴 해저드 중에서).

채무를 면책시켜 주는 것은 부채 탕감의 취지가 다소 다르긴 하지만, 고대에서부터 시작되었다. 채무면제에 대한 오랜 역사에도 불구하고 과도한 빚에 시달리는 사람들은 도산신청을 주저한다. 경제적인 필요성도 있고 달리 좋은 대안이 없음에도, 사람들은 종종 해결책으로서 도산을 고려하는 것을 거부한다. 사람들은 도산에 대해 어느 정도 의식적이거나 무의식적인 믿음을 가지고 있는 것 같다. 대부분은 비호의적이다. 성실히 채무를 갚아온 대다수 채무자와의 형평성에 어긋난다는 비판은 그래도 감내할 만하다. 채권자들로부터 모럴해저드라는 십자포화를 맞으면, 사람들이 법원의 문턱에 들어서기 어렵다. 면책제도가 존재하는 한 영원히 지속될 논란이다.

하지만 대부분은 사실이 아니다. 감당할 수 없는 채무에 직면한 사람들은 채무를 변제하여야 하는 의무를 이행할 수 없다. 채무불이행은 언제 어디서든 역사 이래 존재하여 왔다. 감당할 수 없는 채무에 직면한 사람들이 도산을 신청하는 것은 경제적 대안이 없기 때문이다. 도산을 신청하는 것은 의무를 위반하기 위한 선택이 아니다. 그것은 경제적 필요에 의해 강제되는 것이다. 도산은 부도덕한 것이 아니다. 채무를 변제할 수 없는 채무자에게 도산에서 그들의 의무에 대한 면책을 허용하는 것은 사회적 조화와 헌법상 보장된 행복추구권 및 인간다운 삶을 보장하기 위한 것이기 때문에. 도산은 부도덕한 것이 아니다. 이제 그들의 빚을 용서하소서(forgive them their debts).

경기가 좋은 적이 없었다는 말에서 알 수 있듯 현재 자영업자나 과도한 채무에 시달리는 사람들에게 도산제도를 통한 면책은 불가피하다. 이는 우리 사회가 건전하게 발전하기 위해 감내하여야 할 수인한도이다. 과다한 부채에 고통받고 있는 사람들이라면 도산신청을 망설일 필요가 없다. 법원에 한 발짝만 들여놓으면 된다. 뭘 망설이는가? 용기를 내어보시라.

사전적 구조조정 시대의
도래에 대비해야

구조조정의 기본 방향은 선제적이고 신속함이다. 구조조정이 늦어지면 그만큼 비용이 더 많이 들고 사회적 손실도 크다. 그렇다고 획일적으로 모든 기업들에 일률적인 잣대를 적용하여 구조조정을 하는 것은 바람직하지 않다. 하지만 구조조정의 대상이 되는 기업은 시급히 결정할 필요가 있다. 현재의 경제나 기업 상황으로 보면 상대적으로 재무구조가 취약한 중소기업에 대해서 구조조정을 시도하는 것이 맞다. 다음은 방식이 문제이다. 어떤 기업을 지원해서 살리고 어떤 기업은 퇴출시킬 것이냐 하는 기준은 시장 기능에 맡기는 게 좋다. 구조조정은 시장이 담당하되 정부는 그걸 잘할 수 있도록 지원해 주어야 한다.

구조조정에는 사후적 구조조정과 사전적 구조조정이 있다. 사후적 구조조정은 한계에 내몰린 기업이 워크아웃(기업구조조정 촉진법이나 자율협약)이나 회생(채무자 회생 및 파산에 관한 법률) 등을 통해 강제적인 구조조정 절차를 밟는 것을 뜻한다. 반면 사전적 구조조정은 회사가 완전히 망가져 극한에 치닫기 전 선제적인 구조조정을 통해 회사를 살리는 것이다.

과거엔 국가 주도로 국책은행이 책임지는 사후적 구조조정이 주를 이뤘지만, 국내 자본시장의 발전으로 중심축이 점차 사전적 구조조정으로 움직이고 있다. 이는 세계적인 흐름이기도 한다. 그동안 구조조정은 망하기 직전의 기업이 강제적으로 당하던 절차였다. 하지만 앞으로는 회사가 망가지기 전 사모펀드(PEF) 등 자본시장이 선제적으로 주도하는 '사전적 구조조정'의 시대가 도래할 것이다.

사모펀드(PEF) 투자의 본질은 회사를 인수한 뒤 짧게는 3~4년, 길게는 10년 동안 회사의 체질을 개선하고 가치를 높여 다시 매각(Exit)하는 것인 만큼 사전적 구조조정에 적합하다. 구조조정은 '한계기업을 정리한다'는 과거의 의미보다는 넓게 보아야 한다. 인력 감축이나 부실 계열사 매각 등이 과거의 구조조정(사후적 구조조정)이었다면, 앞으로는 위기에 내몰리기 전 사업부를 재편하고, 밸류체인을 통합하고 분리하는 작업이 구조조정(사전적 구조조정)의 핵심이 될 것이다. 구조조정은 산업 내에서 옥석을 가리는 과정 중 하나로 이해하여야 한다. 그런 의미에서 사전적 구조조정은 예방적 구조조정이라고 할 수도 있다.

도산 메카니즘과
법적도산절차의 필요성

　도산(倒産)은 언론이든 SNS든 어디서나 흔히 볼 수 있는 용어이다. 특히 경제가 어려운 시점에서는 가장 많이 언급되는 단어이다. 여하튼 도산은 이제 일상적인 경제적·법률적 현상이 되었다. 그렇다면 도산이란 무엇이고 그로 인한 파급효과는 어떤 것이 있을까.

　사전적 의미에서 도산은 재산을 모두 잃고 망함이라는 뜻이다. 이는 경제적 또는 회계학적인 측면에서 본 것이다. 그렇다면 법률적인 측면에서 도산은 무엇을 의미하는 것일까. 도산이 포섭할 수 있는 폭이 넓어 일의적으로 개념 정의를 하는 것은 쉽지 않다. 도산이란 채무자가 부담하고 있는 변제기가 도래한 채무(빚)의 대부분을 지급할 수 없는 상태에 빠진 것(또는 이러한 상태)이라고 일응 정의할 수 있을 것이다. 채무자에게 부동산 등

재산이 있다면 이것을 환가하여 채무의 변제에 충당할 수 있지만, 부담하는 채무가 많다면 이들 재산으로 환가·충당하여도 모든 채무를 변제할 수는 없다. 이러한 상태는 채무자가 회사와 같은 사업자라면 어음의 부도가 전형적인 것이다. 채무자가 개인이라면 충분한 재산이 없거나 실직 등으로 충분한 수입이 없어 변제기가 도래한 채무를 대부분 변제할 수 없는 경우이다.

그렇다면 채무자가 도산(상태)에 빠진 경우 무슨 일이 일어나는가.

채권자 입장에서 보자. 수많은 채권자 중에서 채무자의 파탄 상태를 일찍 안 채권자는 앞다투어 자신의 채권을 확실히 회수하려고 생각할 것이다. 그 방법으로는 채무자의 재산에 대해 집행기관을 통해 강제집행을 하거나 대물변제를 받는 것 등이다. 경우에 따라서는 불법적인 것이기는 하지만 채무자에 대한 폭력적, 위압적인 방법으로 채무의 변제를 압박하는 것도 생각할 것이다.

채무자 입장에서 보자. 채무자는 채권자의 추급을 면하기 위하여 장부를 폐쇄하거나 재산을 은닉하거나 저가로 제3자에게 매각하는 것을 생각할 것이다. 또한 지금까지 거래관계를 해온 채권자 중 특수관계에 있거나 관계가 밀접한 일부 채권자에 대해 변제를 고려할 수도 있다. 개인이라면 다수의 채권자로부터 추심과 집행을 피하기 위해 야반도주도 감행할 것이다.

채무자가 경제적으로 파탄하면 채권자와 채무자 모두는 위와 같이 각자의 이해관계에 따라 행동할 것이다. 그러나 이러한 상태를 방치하는 것은 결코 바람직하지 않다.

첫째 채권자가 선제적으로 추심하는 것을 방치한다면, 채무자의 파탄을 우연히 먼저 알게 된 운 좋은 채권자만 우선적으로 만족을 받는 결과로 된다. 우선적인 만족이 법률적으로 보장되어 있는 담보권자와 달리, 채무자의 일반재산으로 채무를 변제받아야 하는 일반채권자 중 일부 채권자만 채무자로부터 우선하여 만족을 얻는 것은 불공평하다. 정보의 비대칭성이 심각한 현대 사회에서 이는 사회적 갈등을 유발하는 원인이 될 수도 있다.

둘째 채무자가 자포자기로 재산을 저가로 제3자에게 매각하거나 재산을 은닉하는 등의 행위를 하는 것은 책임재산을 감소시킨다는 점에서 채권자를 속이는 행위이고, 거래관계에 있는 채권자의 신뢰를 저버리는 결과를 초래한다. 이는 공서양속에 반하고 지속적인 거래관계를 유지하기 어렵게 한다.

이처럼 채무자가 경제적으로 파탄한 상태를 방치하면, 채권자·채무자는 각자의 생각대로 행동하는 결과, 거래관계나 사회질서는 붕괴된다. 이러한 사태를 사회전체와 관련하여 거시적으로 보면, 개인이 경제적으로 파탄한 상태가 방치될 경우 인간의 존엄을 짓밟는 가혹한 추심으로 채무자는 신체적으로 예속됨과 동시에 과대한 채무를 평생 변제하여야 하므로(채무노예화), 건전한 사회생활을 영위할 수 없다. 기업이 도산한 경우 기업은 도산을 계기로 시장으로부터 퇴출당하기 때문에, 재산이나 영업을 포함한 총체로서의 기업의 사회적 가치(사업가치)는 산일되거나 소멸함과 동시에, 다수의 노동자는 실직을 하게 된다. 실직은 궁극적으로 가족의 해체를 초래하고 나아가 지역경제를 쇠퇴시킨다. 이는 궁극적으로는 국가경제 전체에 부정적인 요소로 작용한다.

　이러한 도산으로 인한 부작용을 방지하기 위해 법적도산절차가 필요한 것이다. 법적도산절차는 채권자들 사이에 공평한 분배가 가능하도록 하고, 회생이나 사업의 계속이 가능한 개인이나 기업에겐 과감한 채무조정(채무면제나 삭감)을 통해 새롭게 출발하거나 재기할 수 있는 기회를 제공한다.

📖 [보론 2] 채무자회생법이 규정하고 있는 도산절차

채무자회생법은 실패한 채무를 구제하기 위한 도산절차로 회생절차(제2편, 간이회생절차 포함), 파산절차(제3편), 개인회생절차(제4편)를 규정하고 있다. 회생이란 재정적 어려움에 처한 채무자의 부채(채무)를 조정(감액 또는 면책)하여 재건(회생)시키는 것이다. 파산이란 채무자의 모든 재산을 환가하여 채권자들에게 나누어주는 것이다. 개인에 대한 파산의 경우에는 면책절차가 있다. 면책이란 개인이 가진 모든 재산을 환가하여 채권자들에게 나누어주고 남은 채무를 전부 없애주는 것이다. 이럼으로써 개인은 빚의 굴레에서 벗어나 새로운 출발을 할 수 있게 된다. 개인회생이란 계속적이고 반복적인 수입이 있는 개인이 원칙적으로 3년 동안 일정액의 채무를 변제하면 나머지 채무를 면책시켜 주는 것이다. 개인(인간)은 해체가 불가능하므로 자연스럽게 개인도산(개인파산·개인회생, Consumer bankruptcy)은 면책을 통한 새로운 출발이 목적이 될 수밖에 없다.

☐ 파산절차란 무엇인가

채무자회생법에는 회생절차(제2편)가 먼저 규정되어 있지만, 파산절차가 원칙적인 모습이고(이러한 이유로 개인회생절차는 파산절차를 준용하고 있다) 회생절차는 예외적인 것이다. 그래서 먼저 파산절차에 대하여 알아본다.

파산절차는 집행절차이다. 일반적으로 집행은 민사집행법에 따라 진행한다. 민사집행법에 따른 강제집행은 하나의 채권자가 채무자를 상대로 채무자의 특정재산을 강제(경매)로 환가(금전화)한 후 채권자에게 금전을 나누어주는 절차이다. 민사집행법에 따른 강제집행을 하려면 집행권원이 있어야 한다. 가장 흔히 볼 수 있는 집행권원이 판결이다. 따라서 채권자가 민사집행법에 따른 강제집행을 하려면 채무자를 상대로 먼저 소송절차를 진행해야 한다. 강제집행을 신청하지 않는 나머지 채권자들이 강제집행절차(경매절차)에서 배당을 받으려면 법원에 배당요구를 하여야 한다. 다만 배당요구를 하지 않았다고 하여 해당 채권이 없어지지는 않는다(배당을 받지 못할 뿐이다).

파산절차도 집행절차이지만 민사집행법에 따른 강제집행절차와 다른 점이 있다. 파산절차는 모든 채권자가 채무자의 모든 재산(이를 '파산재단'이라 한다)에 대하여 환가한 다음 모든 채권자들에게 나누어 주는(배당) 것이다. 그래서 파산절차를 집단적 포괄적 집행절차라고 한다. 채권자들이 배당을 받으려면 법원에 채권신고(민사집행법상의 배당요구에 해당한다)를 하여야 한다. 채권자가 채권신고를 하지 않았다고 하여 채권이 없어지지는 않는다(배당을 받지 못할 뿐이다)는 점은 민사집행법에 따른 강제집행절차와 같다.

파산절차를 시작하려면 파산원인이 있어야 한다. 파산원인이란 파산을 시켜야 하는 이유를 말한다. 파산원인은 지급불능이다. 지급불능이란 채무자가 변제능력이 부족하여 즉시 변제하여야 할 채무를 일반적·계속적으로 변제할 수 없는 객관적 상태를 말한다. 쉽게 말해 빚을 갚을 능력이 없는 것이다. 지급정지의 경우 지급불능인 것으로 추정된다. 채무자가 지급을 하지 않는 것은 지급할 수 없다는 것을 외부로 객관적으로 드러내는 것이기 때문이다. 법인의 경우는 지급불능뿐만 아니라 부채초과(채무초과)도 파산원인이다. 부채초과란 채무자가 그 재산을 가지고 채무를 완제할 수 없는 상태로 부채가 자산을 초과하는 경우를 말한다.

□ 회생절차란 무엇인가

파산절차는 파산선고 당시 가진 재산(파산재단)을 환가하여 변제한 후 소멸(법인)하거나 나머지 채무를 면책(개인)하는 것으로 마무리된다. 그러나 경우에 따라서는 채무자의 빚을 어느 정도 감면(면책)해주고 사업을 계속하여(채무자의 재산을 환가하지 않고) 장래 수입으로 나머지 채무를 변제하도록 하는 것이 채무자나 채권자를 위하여 더 나은 경우가 있다. 이와 같이 회생절차는 채무자에 대한 채무를 일정 부분 감면(채무조정)하고 채무자로 하여금 사업을 계속하게 한 후 그로 인해 얻은 장래 수입(소득)을 변제재원으로 사용하도록 하는 절차이다. 회생절차는 빚을 갚을 수 있는 숨 쉴 수 있는 공간을 제공하는 것이다. 즉 빚을 갚을 수 있는 시간을 주는 것이다.

물론 회생절차에서도 회생절차개시 당시 가지고 있는 재산을 변제재원으로 사용할 수 있지만(예컨대 비영업용재산은 매각하여 변제재원으로 사용한다), 원칙적으로 그대로 유지한다(그래야 사업을 계속할 수 있기 때문이다). 이 점이 파산절차와 다르다. 요컨대 회생절차는 원칙적으로 장래의 수입을 변제재원으로 함에 반하여, 파산절차는 과거의 재산을 변제재원으로 한다(장래의 수입은 새로운 출발을 하기 위한 원천으로 사용한다. 파산절차에서는 장래수입은 변제재원이 아니라는 점에 주의를 요한다).

회생절차는 회생절차개시원인이 있어야 시작할 수 있다. 회생절차개시원인은 ① 채무자가 사업의 계속에 현저한 지장을 초래하지 아니하고는 변제기에 있는 채무를 변제할 수 없거나, ② 파산원인인 사실이 생길 염려가 있는 경우이다. ①은 지급불능 상태는 아니지만 채무를 변제할 경우 사업을 정상적으로 운영할 수 없는 경우를 말한다. 예컨대 채무가 100억 원인데 채무자가 소유하고 있는 공장기계가 200억 원인 경우, 공장기계를 매각하여 채무를 변제할 수 있지만, 그렇게 될 경우 사업의 계속에 현저한 지장을 초래할 수 있다. ②와 관련하여 파산원인이 무엇인지는 앞에서 설명하였다.

한편 통상적인 회생절차는 대기업에 적합한 모델로 절차가 복잡하고 과다한 비용이 소요되는 측면이 있다. 이에 중소기업이나 소규모 사업자에 대하여 특별히 비용절감과 절차의 간소화를 제공하기 위하여 간이회생절차를 마련하였다. 간이회생절차는 간이회생절차개시의 신청 당시 회생채권 및 회생담보권 총액이 50억 원 이하인 채무를 부담하는 영업소득자(이를 '소액영업소득자'라 한다)가 신청하는 회생절차이다. 간이회생절차도 회생절차의 일종이다.

□ 개인회생절차란 무엇인가

파산절차는 제3편에 규정되어 있고 개인이든 법인이든 모두 동일한 절차가 적용된다(다만 개인의 경우에는 면책절차가 추가로 적용된다). 회생절차는 어떠한가. 회생절차는 제2편에 규정되어 있고 마찬가지로 개인이든 법인이든 모두 적용된다. 그러나 원래 제2편 회생절차는 대규모 회사(법인)를 전제로 하여 둔 규정으로 절차가 복잡하고 비용이 많이 든다. 반면 개인의 경우 상대적으로 부채(빚) 규모가 작고, 회생에 실패하더라도 인격의 소멸이 있을 수 없으며, 신속하게 진행할 필요성이 있다. 이러한 점을 고려하여 개인에 대하여 별도로 제4편에 개인회생절차를 두게 되었다.

선량한 개인도 경제생활 중 의도치 않게 과도한 채무부담으로 지급불능 상태에 빠질 수 있는데, 이 경우 개인회생절차를 이용하여 채무의 일부만 변제하고 나머지를 탕감받을 수 있으며, 그마저도 어려운 경우에는 개인파산절차를 통해 채무로부터 벗어날 수 있다. 이러한 절차를 통해 다수 채권자 사이의 형평까지도 도모할 수 있다. 법원은 지급불능의 상태에 빠진 개인들이 위와 같은 절차를 이용하여 법률의 테두리 안에서 자신의 채무를 청산하고 경제적 재기와 갱생의 기회를 가질 수 있도록 도와야 한다.

개인회생절차는 일정 규모(무담보채무 10억 원, 담보부채무 15억 원) 이하의 채무를 부담하고 있는 개인채무자만이 이용할 수 있다. 무담보채무요건과 담보부채무요건을 모두 갖추어야 한다. 예컨대 ① 무담보채무 9억 원, 담보부채무 16억 원, 반대로 ② 무담보채무 11억 원, 담보부채무 14억 원인 채무자는 개인회생절차를 이용할 수 없다. 개인의 채무가 위 규모를 넘는 경우 제2편 회생절차를 이용할 수밖에 없다(이를 실무적으로 '일반회생'이라 부른다). 또한 개인회생절차는 계속적이고 반복적인 수입이 있는 사람(대표적으로 급여소득자)만이 이용할 수 있다. 계속적이고 반복적인 수입이 없는 경우에는 파산절차를 이용할 수밖에 없다. 개인회생절차는 채무자의 자발적인 이행을 전제로 하기 때문에 개인채무자만 신청할 수 있고, 채권자는 신청할 수 없다.

개인회생절차를 시작하려면 개인회생절차개시원인이 있어야 한다. 개인회생절차개시원인은 파산원인인 사실이 있거나 그러한 사실이 생길 염려가 있는 경우이다. 파산원인인 사실이 생길 염려가 있는 경우에도 신청할 수 있도록 함으로써 조기에 개인회생절차를 이용할 수 있도록 하였다.

개인회생절차는 개인채무자에게 파산에 대한 대안을 제공한다. 개인파산절차에서는 즉각적인 면책을 위해 자유재산을 제외한 모든 재산(파산재단)을 포기해야 한다. 반면 개인회생절차에서 채무자는 그들의 모든 재산을 유지하는 대신 3년(5년) 동안 장래의 수입 중 일부를 포기하여야 한다. 변제계획(개인회생절차에서 채무자의 채무변제계획서이다. 회생절차에서는 회생계획이라고 한다)을 수행한 후 변제되지 않고 남은 채무는 면책된다.

개인회생절차도 개인들에게 새로운 출발을 제공하지만, 개인파산절차와는 다른 형태를 취한다. 개인회생절차에서는 개인채무자가 가지는 재산을 전부 유지하는 것이 허용되지만, 그 대신 채무자는 최소한 개인파산절차에서 채권자들이 받을 수 있는 금액만큼을 채무자의 장래소득으로 채권자들에게 변제하는 것(이를 청산가치보장원칙이라 한다)을 내용으로 하는 변제계획을 수립하여야 한다.

📖 [보론 3] 미국 연방도산법(또는 연방파산법)

우리나라는 물론 세계 대부분의 나라는 현재 도산법의 주류라고 볼 수 있는 미국 연방도산법을 많이 받아들이고 있다.

미국은 연방국가로서 성문법률은 연방법(federal law)과 주법(state law)으로 구분된다. 그리고 연방법 가운데 가장 중요한 것은 미합중국법률(the Code of Laws of the United States of America, 줄여서 U.S.C.라고 한다)로서, 총 54개의 표제(Title)로 이루어져 있다. 이 중 11번째 법률이 「Title 11 Bankruptcy」이다. 연방도산법은 미국 헌법 제1장 제8조 제4항(미국 의회는 미국 전역에 적용되는 도산에 관하여 통일적인 법률을 제정할 권한이 있다)의 파산에 관한 통일법을 제정할 수 있는 연방의회의 권한에 의하여 제정된 연방법률이다. 1800년 연방도산법이 한시법으로 제정되었다가, 1898년 상시법으로 제정되었다.

미국 연방도산법은 채권자들에 대한 질서 있고 공정한 변제를 도모하면서 동시에 "정직하지만 불운한 채무자"(honest but unfortunate debtor)로 하여금 기존 채무의 압박과 굴레에서 벗어난 새로운 삶의 기회와 미래를 설계할 깨끗한 상태를 향유하도록 하는 것에 주된 목적을 두고 있다.

미국에서 도산법이 독립적인 법률로 자리 잡은 것은 1898년 「Bankruptcy Act」가 제정되면서부터이다. 그 후 1978년 「Bankruptcy Code」로 전부 개정되었는데, 1898년에 제정된 도산법(Bankruptcy Act)과 구별하기 위하여 'Act' 대산에 'Code'라고 명명되었고, 로마자로 표기하였던 장(Chapter)의 표시도 아라비아 숫자로 표기하였다. 이후 2005년 10월 17일 「파산남용방지 및 소비자보호법」(Bankruptcy Abuse Prevention and Consumer Protection Act of 2005, 일반적으로 'BAPCPA'라 부른다)이 발효되어 시행되다가 2019년 개정되어 지금에 이르고 있다.

미국 연방도산법이란 앞에서 본 바와 같이 1978년 진부 개정되고, 그 이후 수차에 걸쳐서 부분적으로 개정된 바 있는 현행의 미국 연방도산법을 말한다. United States Code(U.S.C.) Title 11로 편제되어 있는 미국 연방도산법은 현재 모두 9장(chapter)으로 이루어져 있다. Chapter 1, 3, 5, 7, 9, 11, 12, 13 및 15가 그것이다. 짝수 번호의 장이 거의 누락되어 있는 것은 위 전부 개정 당시에 향후의 추가에 대비하여 의도적으로 그렇게 규정했기 때문이다. 실제로 12장(Chapter 12. Adjustment of Debts of a family farmer with regular income)은 나중에 추가된 것이다.

Chapter 7에서는 우리의 파산절차와 유사한 청산(Liquidation)절차에 관하여, Chapter 11에서는 우리의 회생절차와 유사한 회생절차(Reorganization)에 관하여, Chapter 13에서는 우리나라의 개인회생절차와 유사한 절차(Adjustment of Debts of an Individual with Regular Annual Income)에 관하여 각 규정하고 있다. Chapter 1, 3, 5에서는 위 각 절차 및 다른 장들에서 규정하고 있는 그 밖의 절차들에 공통적으로 적용되는 사항에 관하여 규정하고 있다. 구체적으로 Chapter 1에서는 정의 등 일반규정(General Provisions), Chapter 3에서는 도산개시, 관재인, 관리절차 등 사건관리(Case Administration), Chapter 5에서는 채권자, 채무자 및 도산재단(Creditors, the Debtor, and the Estate)에 관하여 각 규정하고 있다. Chapter 12는 Chapter 13의 특칙이라고 볼 수 있다. Chapter 15는 국제도산절차(Ancillary and Other Cross-Border Cases)를 규정하고 있다. UNCITRAL 국제도산모델법(UNCITRAL Model Law on Cross-Border Insolvency)의 내용을 거의 그대로 도입하였다.

편제	세부내용
제1장	정의 등 일반규정(General Provisions)
제3장	도산개시, 관재인, 관리절차 등 사건관리(Case Administration)
제5장	채권자, 채무자 및 도산재단(Creditors, the Debtor, and the Estate)
제7장	청산((Liquidation)
제9장	지방자치단체의 채무조정(Adjustment of Debts of a Municipality)
제11장	회생(Reorganization)
제12장	정기적 수입이 있는 가족농업인의 채무조정(Adjustment of Debts of a family farmer with regular income)
제13장	정기적인 수입이 있는 개인의 채무조정(Adjustment of Debts of an Individual with Regular Annual Income)
제15장	국제도산(Ancillary and Other Cross-Border Cases)

미국 연방도산법의 법령 자료는 http://uscode.house.gov/에서 구할 수 있다.

개인은 상황에 따라 제7장과 제13장 제도를 이용할 수 있고, 법인(기업, 영업자)은 제7장과 제11장을 이용할 수 있다. 개인이 이용하는 도산을 일반적으로 소비자도산(Consumer Bankruptcy)이라 한다. 미국의 소비자도산절차는 영업채무를 주로 가지고 있는 개인을 대상으로 하지는 않는다는 점에서 우리나라 개인도산절차와 다르다.

한편 BAPCPA은 은행업계의 로비로 통과된 것이었다. BAPCPA는 도산절차남용[채무자들이 수입 중 일부를 채권자에게 변제할 수 있음에도 채무를 면책 받기 위하여 제13장에 따른 절차(개인회생절차) 대신 곧바로 제7장 절차(개인파산절차)를 이용하는 것] 방지에 초점을 두고 개인파산절차에서 재산심사제[변제자력평가제도](Means Test), 신용자문제도(Credit Counseling) 등을 도입하였다. 재산심사제[변제자력평가제]에 의하면, 개인채무자의 총소득이 각 주별 중위소득액을 초과하면서, 소득에서 일정 지출을 공제하여 산정한 가처분소득이 정해진 기준을 초과하는 경우 제7장 절차를 이용할 수 없게 되었다. 이로 인해 미국 연방도산법은 더욱 복잡해졌고, 작성하여야 할 서류는 그 양이 어마어마하게 늘었으며, 이로 인해 파산신청비용도 대폭 증가하였다고 한다. BAPCPA이 발효된 이후 파산신청은 대폭 감소되었다. 2005년 203만 9,214건이던 파산신청건수가 BAPCPA이 발효된 2006년에는 59만 7,965건으로 떨어졌다고 한다{엘리자베스 워렌(박산호 옮김), 싸울 기회(A Fighting Chance), 에쎄(2015), 138~142쪽}. 엘리자베스 워렌은 BAPCPA의 시행으로 파산이라는 사회안전망에 큰 구멍이 났다고 비판했다.

📖 [보론 4] 도산절차에서의 채권자 및 재단(채무자의 재산)

채무자회생법은 채무자에 대응하는 개념으로 '채권자'라는 용어를 사용하고 있다. 회생절차에서는 회생채권자, 회생담보권자 모두 채권자에 포함된다. 파산절차에서 담보권자는 별제권자로 절차적 제약을 받지 않으므로 무담보채권자가 주로 문제되고 이를 파산채권자라 부른다. 공익채권자나 재단채권자는 절차에 참가하지는 않지만(도산절차에 구속되지 않지만) 넓은 의미에서 채권자라 할 수 있다. 따라서 채무자회생법에서 채권자는 일의적으로 정의할 수 없고 문맥에 따라 그 의미를 파악하여야 할 경우가 많다.

도산절차가 개시되면 채무자가 가지고 있는 재산은 채무자와 분리하여 별도의 재단을 형성하게 된다. 파산절차에서 파산재단, 개인회생절차에서 개인회생재단이 그것이다. 다만 회생절차에서는 재단이라는 개념이 없고, '채무자의 재산'이라고 하고 있다. 그리고 이렇게 형성된 재단(채무자의 재산)은 객관적인 제3자가 관리하게 한다. 회생절차에서 관리인, 파산절차에서 파산관재인이 그들이다. 개인회생절차에서는 채무자가 스스로 관리한다.

□ 회생절차: 회생채권·회생담보권·공익채권, 채무자의 재산이란
무엇인가

회생절차는 법원이 회생절차개시결정을 함으로써 시작된다. 회생
절차개시신청을 하였다고 바로 시작하는 것이 아니다.[25] 회생절차를
이해하기 위해서는 회생채권 · 회생담보권 · 공익채권, 채무자의 재산
이라는 개념에 대한 숙지가 필요하다.

가. 회생채권, 회생담보권 및 공익채권

회생절차가 개시되면 회생채권자와 회생담보권자의 권리행사는
제한된다. 채무자의 회생을 위해서이다.

회생채권이란 회생절차개시결정 전에 발생한 채권을 말한다(파산
절차에서의 파산채권에 해당한다). 회생담보권은 회생채권에 담보권이
설정되어 있는 것을 말한다. 실체법상 담보권은 채무자가 재정적 파
탄 상태에 빠져 회생절차에 들어갈 경우를 대비한 것임에도, 오히려
회생절차가 시작되면 권리행사가 제한된다(파산절차에서는 담보권의
행사가 제한되지 않는다). 담보권의 행사를 제한한 것은 회생절차의
원활한 수행을 위한 입법적 결단이다.

공익채권은 회생절차개시결정 후에 발생한 채권을 말한다(파산절
차의 재단채권에 해당한다). 물론 회생절차개시결정 전에 발생한 채권
이지만 임금 등과 같이 사회정책적인 이유로 공익채권으로 규정한
것도 있다. 공익채권은 회생절차와 무관하게 수시로 우선적으로 변
제받는다. 따라서 채권자의 채권이 회생채권(회생담보권)인지 공익채
권인지는 권리행사에 있어 아주 중요하다.

---

25 미국의 경우는 원칙적으로 도산절차를 신청함으로써 도산절차가 바로 개시
되고, 채권자의 권리행사가 제한된다. 이를 자동중지제도(automatic stay)
라 한다.

요컨대 원칙적으로 회생절차개시결정 시점을 기준으로 그 선에 발생한 것이면 회생채권, 그 후에 발생한 것이면 공익채권이다.

나. 채무자의 재산

회생절차에서는 회생절차개시 당시 채무자가 가지고 있는 재산과 장래의 수입이 모두 변제재원이 될 수 있고, 이를 채무자의 재산이라 한다. 채무자의 재산은 장래 수입으로 인해 늘어날 수 있으므로 팽창주의를 취하고 있다(회생절차에서는 회생재단이라는 개념을 사용하고 있지 않다). 채무자의 재산은 채무자의 관리로부터 분리하여 제3자인 관리인(파산절차의 파산관재인에 상당하다)에게 관리처분권을 맡긴다. 현재는 기존의 대표자(개인이 아닌 경우)나 채무자(개인인 경우)를 그대로 관리인으로 선임하고 있어(선임하지 않는 경우 기존의 대표자나 채무자가 관리인으로 간주된다) 외견상 채무자가 관리권한을 그대로 유지한 것처럼 보이지만, 법률적으로는 채무자와 전혀 다른 관리인이 채무자의 재산을 관리한다.

□ 파산절차: 파산채권·재단채권, 파산재단이란 무엇인가

파산절차는 법원이 파산선고[26]를 함으로써 시작된다(파산신청을 하였다고 하여 바로 시작되는 것이 아니다). 파산절차를 이해하기 위해서는 파산채권·재단채권, 파산재단이라는 개념에 대한 숙지가 필요하다.

가. 파산채권과 재단채권

파산절차가 시작되면 채권자들의 권리행사는 제한된다. 채권자들 사이에 평등한 배당을 하기 위해서다(채권자들의 권리행사를 제한하

---

26 법률상 용어는 파산선고로 되어 있지만, 파산절차를 개시(시작)한다는 선언으로 이해하면 된다. 회생절차에서는 '회생절차개시', 개인회생절차에서는 '개인회생절차개시'라는 용어를 사용하고 있다.

지 않으면 정보가 빨라 먼저 집행을 한 사람만이 우선적으로 변제받게 된다). 그렇다고 모든 채권자들의 권리행사가 제한되는 것이 아니라 파산채권자만이 권리행사가 제한된다. 파산채권자가 배당을 받기 위해서는 채권신고(파산채권자는 채권신고를 통해 파산절차에 참여한다)를 하여야 한다. 채권신고를 하지 않으면 배당을 받지 못한다. 파산채권자는 파산절차에서 채권신고를 하고, 파산절차에 따라 배당을 받게 된다. 파산채권자를 제외한 나머지 채권자들(환취권자,[27] 별제권자,[28] 재단채권자)은 원칙적으로 파산절차의 구속을 받지 않고 자유롭게 권리를 행사할 수 있다.

파산채권이란 원칙적으로 파산선고 전에 발생한 채권을 말한다. 파산채권은 앞에서 언급하였듯이 파산절차에 따라서만 변제(배당)받을 수 있다. 이와 대비되는 것으로 재단채권이 있다. 재단채권이란 파산선고 후에 발생한 채권을 말한다{사회정책적인 이유(근로자 보호 등) 등으로 파산선고 전에 발생한 채권 중 일부는 재단채권으로 규정하고 있다. 대표적인 것이 임금채권이다}. 재단채권은 파산절차와 무관하게 수시로 우선적으로 변제받을 수 있다. 그 이유는 파산선고 이후에 발생한 채권에 대하여도 권리행사를 제한할 경우 어느 누구도 파산선고 이후에는 채무자와 거래를 하려고 하지 않을 것이기 때문에 파산선고 이후에 발생한 채권은 파산절차와 관계없이 변제하도록 한 것이다.[29] 따라서 파산절차에서 어떤 채권이 파산채권인지 재단채권인지는 권리행사에 있어 아주 중요하다.

---

27 채무자의 재산(파산재단)에 속하지 않는 것을 가져갈 수 있는 권리를 말한다. 예컨대 채무자의 재산 중에 자신의 물건이 섞여 있는 경우 소유권에 기하여 해당 물건을 가져갈 수 있다.

28 담보권자라고 생각하면 된다.

29 회생절차에서의 공익채권, 개인회생절차에서의 개인회생재단채권도 같은 이유에서 회생절차 내지 개인회생절차와 관계없이 변제를 보장하는 것이다. 물론 사회정책적인 이유로 재단채권, 공익채권, 개인회생재단채권으로 인정하고 있는 것도 있다.

요컨대 원칙적으로 파산선고결정 시점을 기준으로 그 전에 발생한 것이면 파산채권, 그 후에 발생한 것이면 재단채권이다.

나. 파산재단

파산절차에서 반드시 알아두어야 할 것이 파산재단이라는 개념이다. 파산선고가 되면 변제재원(환가대상)이 되는 채무자의 재산은 파산선고 시점의 재산으로 고정된다(이를 '고정주의'라 부른다). 파산선고 당시에 채무자가 가지고 있는 모든 재산을 파산재단이라 한다. 파산절차에서는 파산재단만이 변제재원이 되고, 파산선고 이후에 취득한 재산은 변제재원이 되지 않는다. 파산선고 이후 취득한 재산(장래취득재산)은 채무자가 새로운 출발을 할 수 있는 재원으로 사용하여야 하기 때문이다.[30]

파산재단은 채무자로부터 완전히 분리되어 그에 대한 관리처분권은 제3자의 지위에 있는 파산관재인(일반적으로 법원이 선임한 법률전문가인 변호사가 맡고 있다)에게 맡겨진다. 파산관재인은 파산재단을 환가(처분)하여 채권자들에게 나누어준다. 변제재원이 파산선고 당시의 재산으로 한정되는 관계로 배당(변제)을 받게 되는 채권도 파산선고 당시에 존재하는 채권(이를 '파산채권'이라 한다)이 되는 것이다(물론 당연히 재단채권을 변제하고 남아야 파산채권자에게 변제할 수 있다). 변제 후 남은 파산채권은 면책[31]된다(개인의 경우 그렇다. 법인의 경우는 파산절차가 종료하면 소멸하므로 사실상 변제받을 수 없는

---

30 원칙적으로 파산은 과거의 재산(파산재단)을 환가하여 변제하는 것이고 {법인은 과거의 재산을 모두 환가하여 변제한 후 소멸하지만, 개인은 과거의 재산을 환가하여 변제하고(변제하지 못한 채무는 면책) 장래의 수입은 새로운 출발을 위한 재원으로 사용한다}, 회생은 과거의 재산은 유지한 채(과거의 재산으로 사업을 계속한다) 장래의 수입(소득)으로 채무를 변제하는 것이다(일부 채무를 변제하고, 나머지 채무는 개인이든 법인이든 면책된다).

31 면책이란 채무 자체는 존속하지만 채무자에 대하여 이행을 강제할 수 없다는 의미이다(자연채무).

상태가 된다). 파산선고 이후에 발생한 채권(이를 '재단채권'이라 한다)은 파산절차에 아무런 영향을 받지 않는다. 수시로 언제든지 변제받을 수 있고 면책의 대상도 되지 않는다.

그렇다고 모든 파산재단이 변제재원으로 되는 것은 아니다. 파산절차는 집행절차이기 때문에 민사집행법에서 압류가 금지되는 재산은 파산재단에 포함되지 않는다. 또한 법원은 채무자의 주거안정과 생계유지를 보장하기 위하여 파산재단에서 일부 재산을 제외하는 결정을 할 수 있다(이를 '면제재산'이라 한다). 주택임대차보호법에서 정한 일정 범위 내의 임차보증금과 6개월간의 생계비(1,110만 원)가 여기에 해당한다. 이처럼 파산재단에 포함되지 않는 재산을 자유재산(장래취득재산,[32] 압류금지재산, 면제재산, 환가포기재산 등)이라 한다. 자유재산은 채무자가 자유롭게 사용하고 처분할 수 있다. 자유재산은 개인채무자의 주거안정과 생계유지 또는 새로운 출발을 위한 재원으로 사용되는 것이므로 법인에게는 원칙적으로 인정할 필요가 없다.

□ 개인회생절차: 개인회생채권·개인회생재단채권, 개인회생재단이란 무엇인가

개인회생절차는 법원이 개인회생절차개시결정을 함으로써 시작된다. 개인회생절차를 이해하기 위해서는 개인회생채권·개인회생재단채권, 개인회생재단이라는 개념에 대한 숙지가 필요하다.

가. 개인회생채권과 개인회생재단채권

개인회생채권이란 개인회생절차개시결정 전에 발생한 채권을 말한다. 개인회생재단채권은 개인회생절차개시결정 후에 발생한 채권을 말한다. 물론 개인회생절차개시결정 전에 발생한 채권이지만, 임금 등과 같이 정책적인 이유로 개인회생재단채권으로 규정한 것이 있다. 개인회생재단채권은 개인회생절차와 무관하게 수시로 우선적

---

32 장래취득재산은 처음부터 파산재단에 포함되지 않는 것이다.

으로 변제받는다. 따라서 파산절차에서와 마찬가지로 채권자의 채권이 개인회생채권인지 개인회생재단채권인지는 권리행사에 있어 아주 중요하다.

나. 개인회생재단

개인회생절차에서는 개인회생절차개시 당시에 가진 재산은 물론 장래에 취득할 수입도 변제재원이 되는 팽창주의를 취하고 있다. 이처럼 변제재원이 되는 채무자의 모든 재산을 개인회생재단이라고 부른다. 파산절차에서처럼 압류금지재산과 면제재산이 인정되고 이들은 개인회생재단에서 제외된다. 다만 개인회생절차에서는 개인회생재단에 대한 관리처분권이 채무자에게 그대로 남는다(파산절차에서는 파산재단에 대한 관리처분권이 파산관재인에게 있고, 회생절차에서는 채무자의 재산에 대한 관리처분권이 관리인에게 있다).

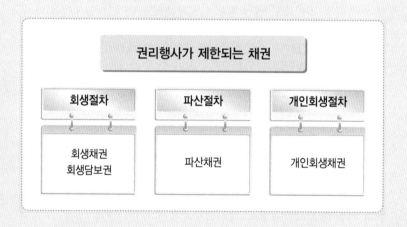

권리행사가 제한되는 채권

회생절차	파산절차	개인회생절차
회생채권 회생담보권	파산채권	개인회생채권

제 2 장

회생절차

간이하지 않은 간이회생절차

몇 년 전 신종 코로나바이러스 감염증(코로나19)이 전 세계를 강타하였고, 이후 세계 경제는 지속적인 침체로 이어졌다. 이로 인한 충격은 중소기업에 곧바로 미치고 있다. 중소기업의 도산신청은 경기후행지수이므로 법원에 접수되는 회생·파산사건은 외부에서 느끼는 것만큼 급증하고 있지는 않다. 하지만 2023년부터는 중소기업에 대한 도산사건이 급증하여 2024년에는 그 정점에 이르고 있다. 문제는 법원이나 도산실무가 악화되는 경제상황의 변화에 따라 중소기업에 맞는 채무조정절차를 준비하고 있느냐이다.

현재 중소기업을 위한 채무조정절차로 간이회생절차가 있다. 통상적인 회생절차는 대규모 회사(기업)를 전제로 한 것으로 비용이 많이 들고 시간이 오래 걸린다는 비판이 있어, 2014년에 도입한 것이다. 미국이 2019년 중소기업을 위한 별도의 절차를 마련하고, 2020년부터 시행한 것에 비하면, 이른 시기에 도입한 것이다. 하지만 현재의 간이회생절차나 법원의 실무운용은 포스트 코로나19 이후에 중소기업을 위한 채무조정절차로서 여러 가지 부족한 점이 있다.

첫째, 이용할 수 있는 중소기업이 제한적이다. 현재 간이회생절차를 이용할 수 있는 중소기업은 채무총액이 간이회생절차개시 신청 당시를 기준으로 50억 원 이하이어야 한다. 채무총액이 50억 원을 넘으면 통상적인 회생절차에 따라 채무조정을 할 수밖에 없다. 채권자 보호나 절차의 신속을 위해 대상 중소기업을 제한하는 취지도 있지만, 우리나라 경제규모로 보면 채무총액 기준이 적다는 느낌을 지울 수 없다. 2020년 간이회생절차를 신청할 수 있는 채무총액을 50억 원으로 상향 조정한 것은 그나마 다행이다.[1]

둘째, 변제기간이 길다. 현재 실무는 간이회생사건의 경우에도 회생계획의 변제기간을 통상적인 회생사건과 마찬가지로 10년으로 운영하고 있다. 미국 연방도산법이 중소기업을 위한 회생계획을 3년 내지 5년으로 한 것과 비교하면, 지나치게 장기간임을 부정할 수 없다. 10년으로 할 것인지 아니면 5년으로 할 것인지는 법 개정이 필요없다. 필자는 서울회생법원 근무 중이던 2021년 5년짜리 회생계획안을 인가한 바 있다. 법원의 전향적인

---

[1] 신종 코로나바이러스 감염증(코로나19) 영향으로 도산에 직면한 중소기업이 신속하게 회생할 수 있도록 하기 위하여 2020년 6월 2일 적용대상을 30억 원에서 50억 원으로 확대하였다.

실무 변화를 기대해 본다.

셋째, 간이조사보고서가 간이하지 않다. 간이조사보고서란 간이조사위원이 채무자(기업)의 자산이나 부채 상황, 간이회생절차를 진행하는 것이 적절한지, 회생계획이 수행가능한지 등을 조사하여 작성한 문서다. 통상적인 회생절차에서는 채무자의 자산 등을 조사하는 기간도 길고, 회계자료도 방대하기 때문에 100페이지가 넘는 보고서가 작성되곤 한다. 하지만 간이회생절차에서는 신속한 절차 진행을 위해 문서열람이나 채무자 면담 등을 통해서 얻은 내용으로 간략하게 보고서를 작성하도록 하고 있다. 조사주체도 주로 법원사무관이나 개인회계사다.

간이회생절차의 도입취지나 간이조사보고서의 조사방식에 비추어 간략한 간이조사보고서가 제출되어야 하는데, 현실은 통상적인 회생절차에서 제출되고 있는 보고서와 동일한 분량이 제출되고 있다. 이로 인하여 기업이나 간이조사위원 모두 불만이다. 중소기업의 경우 회계처리가 잘 되어 있는 경우는 많지 않다. 회계자료도 거의 없거나 부실하고 외부감사 대상이 아닌 경우가 많아 제대로 된 회계시스템도 갖추고 있지 못하다. 그럼에도 간이조사위원이 적지 않은 자료를 요구하니 위축될 수밖에 없다. 법원사무관이 아닌 간이조사위원도 불만이다. 비용절감을 위해 간이회생절차에서는 조사비용으로 300만 원 내지 500만 원 정도를 지급하고 있다. 개인회계사들이 조사한 기간이나 보고서의 분량을 보면 적은 금액이다. 그래서 필자는 수원지방법원 파산부장 시절 10페이지 정도의 간이조사보고서를 제출하도록 한 바가

있다.[2]

간이회생절차가 절차의 간소화를 위해 도입한 것이지만, 실무운용은 결코 간이하지 않다. 주된 이유는 현재의 법이 경제상황의 변화에 제대로 따라가지 못한다는 점에서 찾을 수 있다. 하지만 법을 적용하는 법원의 책임도 적지 않다. 법해석의 한계를 벗어나지 않으면서도 좀 더 유연하게 제도를 운영할 수 있음에도 그렇게 하지 않기 때문이다. 얼마 전 중소기업연구원은 일본의 실무를 바탕으로 채권자나 채무자, 법원이 관여하지 않은 제3자 중심의 중소기업 채무조정절차의 도입을 주장한 바 있다. 이는 간이회생절차에 관한 법원실무가 그 속도나 절차진행 측면에서 중소기업의 요구를 따라가지 못하고 있기 때문에 발생하는 현상이다. 깊이 되새겨볼 일이다.

---

2 서울회생법원도 2020년 하반기부터 간이조사보고서를 간략하게 제출하도록 하고 있다.

44일

기업이 회생신청을 망설이는 이유는 여러 가지다. 그중 하나가 회생절차를 시작하여 언제 끝날 수 있을 것인지에 대한 막연한 두려움이다. 지금은 기존 경영자의 경영권을 보장하고 있다. 하지만 회생절차가 시작되면 법원의 감독을 받기 때문에 경영자 입장에서는 진행 과정에 대한 불안함을 느낄 수밖에 없다. 이러한 불안함을 해소해야 법원의 문턱을 쉽게 넘을 수 있다.

수원지방법원 파산부장 시절 회생절차개시신청부터 종결까지 44일 만에 끝낸 사건이 있었다. 회생절차개시신청 전에 대리인(변호사)으로부터 면담신청이 있었다. 대리인은 회사의 사정과 신속하게 회생절차를 진행하여 줄 수 있는지에 대한 문의를 하였다. 이른바 신청 전에 사전상담을 한 것이다. 전국에서 처음 있는 일이었다. 대리인의 이야기를 들어보니 신속하게 진행할 필요가 있다고 판단하였다. 그래서 사전회생계획안(P-plan)을 제출하기로 하고, 향후 진행절차와 준비사항을 고지하였다.

회생절차개시신청과 동시에 대표자심문을 마치고 보전처분을 하였다. 이후 3일 만에 회생절차개시결정을 하고 법상 필요한 기간을 최대한 단축하며 절차를 진행하였다. 신청 후 30일이 되지 않아 회생계획안 결의를 위한 관계인집회를 마치고 당일 회생계획을 인가하였다. 회생계획에서 출자전환을 예정하고 있어 그로 인한 기업결합신고와 관련 세금 문제를 해결하느라 당초 예정했던 종결일보다 2일 늦은 2018년 2월 27일 회생절차를 종결하였다. 44일 만에 해당 기업에 대한 회생절차가 끝난 것이다.

44일 만에 신속하게 회생절차를 진행할 수 있었던 것은 채무자와 채권자들의 협조가 절대적이었지만, 무엇보다 법원(재판부)의 신속한 절차 진행에 대한 강한 의지가 있었기 때문이다. 법원은 회생절차가 진행 중인 기업을 감독하기보다 신속하게 원래의 자리로 돌아갈 수 있도록 도와주는 역할에 방점을 두어야 한다.

회생법원은 어려움에 처한 기업을 위하여 무엇을 해줄 수 있는지 늘 고민하여 좋은 제도를 정착시킬 수 있도록 노력하여야 한다. 권한을 내려놓고 기업이 언제든지 찾아올 수 있도록 따뜻하고 열린 마음을 가지고 있어야 한다. 그래야 시장친화적인 회생절차를 완성할 수 있다. '법정관리'라는 용어가 더 이상 사용되지 않기를 간절히 기원해본다.

회생, 골프장은 쉽고 건설업은 어려운 이유

2019년 서울회생법원에서는 5년간 법인회생 사건의 각종 데이터를 수집하고 분석하는 작업을 시행하였다. 이러한 작업을 통해 여러 가지 의미 있는 결과물을 도출해냈다. 그중에서도 눈에 띄는 것은 골프장은 회생절차를 신청하여 성공적으로 마무리되는 경우가 많았고, 건설업은 결코 쉽지 않았다는 점이다. 구체적으로 골프장의 경우 회생절차를 신청하여 폐지된 경우는 많지 않고, M&A의 성공률이 40%로 매우 높았다. 반면 건설업의 경우는 폐지된 경우가 많았고, M&A의 성공률도 9%에 불과하였다.

그렇다면 왜 골프장은 원만하게 회생절차가 진행되어 성공적으로 마무리됨에 반하여, 건설업은 회생절차를 통하여 회생에 성공하기 어려운 업종일까? 거기에는 여러 가지 원인이 있을 것이다.

첫째 채권자의 구성에 있어서의 차이이다. 골프장의 경우는 채권자의 구성이 단순하다. 우리나라 대부분의 골프장은 위탁금제 골프장으로 채권자가 골프회원들로서 입회금반환청구권을 가진 자들이다. 상거래채권자는 드물고 다른 채권자도 존재하는 경우가 흔하지 않다. 그래서 상대적으로 채권자들의 동의를 받는 것이 수월하다. 회원명부가 있기 때문에 채권자의 주소나 연락처 등을 파악하기 쉽다는 점도 한몫을 한다. 반면 건설업의 경우는 채권자의 구성이 다양하다. 은행을 비롯한 금융기관뿐만 아니라 복잡한 하도급 구조로 인하여 공사대금 관련 채권자들이 다수이고 파악하는 것도 쉽지 않다. 또한 건설업의 특성상 하자에 관한 분쟁이 있을 수밖에 없고, 그러다 보면 진행 중이거나 잠복되어 있는 분쟁이 상당하다. 이로 인해 채권자협의회 구성도 용이하지 않고, 채권자들의 특정이나 소재 파악도 어렵다. 결과적으로 회생계획안의 동의를 받기 위한 작업도 녹록지 않다.

둘째 기업가치의 평가에 있어 난이도 차이이다. 골프장은 사업을 계속할 토지와 건물 등이 있고, 위치가 어디인지에 따라 기업가치의 평가(연간 수익의 산출)가 쉽다. 기업가치의 평가가 쉬우면 자금을 조달하는 데 있어서도 수월하다. 기업가치의 평가가 쉬우면 투자자 입장에서는 위험성이 적어 투자결정이 용이하기 때문이다. 서울회생법원에서 진행된 한 골프장의 경우 4곳에서 인수전이 붙었다. 용인에 위치하고 있어 서울에서 접근성도 좋았고 운영도 어려운 곳이 아니었기 때문에 투자자들의 관심이 많았다. 결국 27홀 골프장이었지만 2,300억 원이 넘는 가격에 인수되었다. 필자가 2017년 수원지방법원에서 파산부장으로 근무할 때 역시 용인에 소재하는 27홀 골프장의 경우 1,900억 원에 인수된 바 있다. 그 무렵 익산에 있는 18홀 골프장도 1,000억 원이 넘는 인수가격에 인수합병이 진행 중이었다. 반면 건설업은 기업가치 평가가 쉽지 않다. 건설업은 경기에 영향을 많이 받고 공사수주가 불확실하기 때문에 매년 매출을 예측하는 것도 어렵다. 또한 하자분쟁과 같은 여러 가지 원인으로 미확정채권들이 많아 인수자 입장에서도 부담을 가질 수밖에 없다. 이로 인해 투자자들은 건설업에 투자하는 것을 주저한다.

셋째 회생절차는 골프장에 적합한 법률적 도구이다. 「체육시설의 설치·이용에 관한 법률」에 의하여 골프장이 경매나 공매 등을 통하여 제3자가 인수할 경우 인수자는 골프회원권자의 지위를 승계하여야 한다. 즉 경매나 공매 등을 통하여 골프장을 인수하더라도 깨끗한 상태의 골프장을 취득하는 것이 아니라 기존 골프회원권자의 지위를 모두 승계하여야 한다. 이는 최근 대세인 대중제 전환의 큰 걸림돌이다. 반면 회생절차를 통하여 제3자가 인수할 경우에는 기존 골프회원권자의 지위를 승계하지 않아도 된다. 그래서 회원제 골프장에서 대중제 골프장으로 전환하려는 골프장의 경우는 회생절차를 이용할 수밖에 없다.

통계적으로나 실질적으로 골프장은 회생절차에 적합한 업종이고 건설업은 그렇지 않다. 그러나 회생절차를 통하여 성공적으로 재기할 수 있는지는 얼마나 신속하게 회생절차개시를 신청하느냐와 기존 경영자의 의지가 더 중요한 요소라고 본다. 너무 늦게 회생절차에 들어오면 절차 진행하는 것이 쉽지 않다. 최소한 6개월 정도로 회사를 운영할 수 있는 운전자금이 확보된 상태에서 회생절차에 들어와야 한다. 결국 회생절차에 얼마나 신속하게 들어오느냐가 재기의 성공 열쇠라고 할 것이다.

10년을 다시 생각한다

기업이 회생절차를 신청하는 목적은 채무를 탕감받기 위함이다. 회생절차에서 기업은 채무액 중 일부를 일정기간 변제하는 계획서를 제출하는데, 이것이 회생계획이다. 그렇다면 기업은 몇 년 동안 채무를 변제하여야 할까. 실무적으로 10년이다. 10년은 어디서 나온 것일까. 늘 고민하던 것이다. 왜 10년이어야 하지?

기업에 대한 채무조정의 근거법인 「채무자 회생 및 파산에 관한 법률」은 채무의 변제기한을 연장할 경우 "10년을 넘지 못한다."고 규정하고 있다(제195조). 위 규정에 근거하여 10년을 변제하게 하는 것으로 생각된다. 그런데 위 규정의 문구를 잘 보면 "10년을 넘지 못한다."고 되어 있지 10년이라고 되어 있지 않다. 그럼에도 왜 10년이지? 7년, 5년이면 안되는가? 현재의 실무는 기계적으로 10년의 회생계획을 작성하고 있다. 기업의 재정상태가 어떤지, 향후 매출추이는 어떤지 등 어떠한 고려도 없이 그냥

10년으로 하고 있다. 아마도 채권자를 배려한다는 차원에서 최장기간인 10년으로 한 것으로 생각된다. 변제기간이 길면 채권자에게 변제되는 금액이 커지기 때문이다.

　법원의 이러한 도식적인 실무운용으로 인한 문제는 개인회생에서도 몇 년 전에 발생하였다. 2018년 개인회생절차에서 변제기간을 5년에서 3년으로 단축하는 법 개정이 있었다. 법이 개정되기 전 실무는 변제기간을 특별한 사정이 없는 한 5년으로 하였다. 법에는 5년으로 하라는 규정은 없었다. 회생절차에서와 마찬가지로 변제기간은 "5년을 넘어서는 아니된다"고 규정되어 있을 뿐이었다. 그래서 법원이 의지만 있었다면 3년의 변제계획을 작성하는 것은 아무런 문제가 없었다. 미국이나 일본 등이 이미 변제기간을 3년으로 하고 있었고, 경제사정이 좋지 않았다는 점을 고려하면 법원이 선제적으로 3년으로 할 수도 있었다. 그러나 유감스럽게도 2018년 법이 개정되기 전까지는 이러한 조치는 없었다.

　다시 기업의 경우로 돌아가 보자. 회생절차는 기본적으로 대기업을 전제로 만들어진 것이고, 그래서 절차가 복잡하고 비용이 많이 든다. 이러한 문제를 해결하기 위해 중소기업을 위한 간이회생절차를 도입하였다. 중소기업이 저렴한 비용으로 신속하게 회생절차를 진행할 수 있도록 한 것이다. 문제는 중소기업의 경우 심지어, 개인사업자의 경우도 변제기간은 여전히 10년을 유지한 채 운영하고 있다는 것이다. 기업을 운영하는 사람에게 있어 10년은 결코 짧은 기간이 아니다. 강산이 한번 변하는 시간이다. 특히 젊은 사람들은 10년을 '영원'이라고 느낄 것이다.

이런 점에서 미국 연방도산법의 개정은 시사하는 바가 크다. 미국의 경우도 기존 회생절차가 너무 복잡하고 비용이 많이 들며 회생절차 진행 기간이 길다는 비판이 있었다. 이에 미국은 2019년 8월 23일 연방도산법을 개정하여, 중소기업의 경우 변제기간을 원칙적으로 3년으로 하고, 5년을 넘지 못하도록 하였다. 변제기간이 3년 내지 5년으로 된 것이다.

기업의 유형은 점점 더 다양화되고 중소기업의 기업환경은 점점 더 어려워지고 있다. 코로나19 엔데믹(endemic)으로 직격탄을 맞았다. 중소기업이 회생의 기회를 놓치지 않도록 법원의 실무운용이 선제적으로 변화할 필요가 있다. 이제 적어도 중소기업을 대상으로 하는 간이회생절차에서 변제기간 10년은 다시 생각해 보아야 한다. 5년이면 어떨까. 이는 법 개정이 필요 없다. 법원의 의지에 달린 것이다.

골프장 채무조정의 정석 '회생절차'

재정적 어려움에 처한 골프장이 채무조정(빚 정리)을 하는 방법은 여러 가지가 있지만, 최근 들어 회생절차를 통한 채무조정이 보편화되고 있다. 2019년 서울회생법원에서 2개의 골프장에 대한 회생절차를 진행하여 종결한 적이 있다. 2개의 골프장은 채권자들의 관심도나 신청인, 골프장의 가치, 절차 진행에 있어 많은 차이가 있었다.

A골프장은 경기도 용인에 위치하고 있는 골프장으로 서울에서 가깝고 하여 투자자들의 관심이 많은 매물이었다. 채무자(골프장)가 회생절차를 신청하였다. 반면 B골프장은 제주도에 있어 위치나 접근성에서 투자자들의 관심을 별로 받지 못하였다. 이전에도 제주지방법원에서 회생절차를 진행하였으나 실패하였고, 서울회생법원에서도 회생절차를 진행하였으나 채권자들의 동의를 얻지 못하여 폐지되었던 전력도 있었다. 이러한 배경에서 이

번에는 채권자가 회생절차를 신청함과 동시에 회생계획안을 제출하는, 이른바 사전회생계획안 제출방식(P-plan)으로 절차가 진행되었다.

2개의 골프장은 신청인이나 신청방식 등에 차이가 있어 절차 진행도 고민이 되었다. A골프장은 투자자들의 관심도 많아 채권자들 입장에서는 매각주간사를 선정하여 공개적인 M&A를 진행하는 것이 바람직하였다. 그래서 채무자(골프장)에게 공개적인 M&A를 권유하였지만 거부하고, 자신들이 투자유치를 하여 재기하겠다고 하였다. 법원에서는 채무자(골프장)가 공개적인 M&A를 거부하면 강제할 수 있는 방법이 없다. 그래서 채무자나 채권자가 개별적으로 투자자를 물색하여 회생계획안을 제출하기로 하였다. 반면 B골프장은 채권자가 신청한 것이었지만, 채무자(골프장)는 공개적인 M&A를 진행할 의사가 있었다. 그렇지만 주심판사로서는 이미 공개적인 M&A를 시도했지만 실패한 적이 있고, 제주도에 있어 투자자의 관심도 적었다. 또한 신청한 채권자가 인수를 전제로 상당한 금액의 대출을 예정하고 있어 기간이 장기화될수록 그 이자부담이 커 보였다. 그래서 B골프장에 대하여는 공개적인 M&A를 진행하지 않고 채무자(골프장)를 비롯하여 추가로 투자자가 등장하면 회생계획안 제출을 통하여 참여시키기로 하고 절차를 진행하였다.

A골프장은 투자가치가 있었기 때문에 채무자(골프장)의 예상과 달리 채권자들이 3개의 회생계획안을 제출하였다. 그래서 채무자(골프장)가 제출한 것을 포함하여 총 4개의 회생계획안이 제

출되었고, 관계인집회에서 최종적으로 한 채권자가 제출한 회생계획안(인수금액 2,300억 원 상당)이 가결되고 인가되었다. B골프장은 채무자가 추가로 회생계획안을 제출했지만 법률적 문제가 있어 관계인집회에 회부되지는 못하였다. 결국 530억 원 상당에 인수하는 것으로 채권자가 제출한 회생계획안이 가결되고 인가되었다.

결과적으로 2개의 골프장은 모두 원만하게 회생절차기 진행되어 새로운 주인을 맞게 되었다. 당시 골프장 회생절차를 진행하면서 감회가 새로웠다. 2014년 창원지방법원 파산부장을 할 때는 골프장이 정말 애물단지였다. 누구도 인수하려 하지 않았기 때문이다. 짧은 기간에 골프장 시장이 이렇게 변한 것은 무엇보다 구조조정시장의 주도권이 채권은행 중심에서 자본시장 중심으로 이동한 것에 기인한 것으로 보인다. 다음으로 경매나 공매 등을 통해서는 인수자가 골프장 회원권을 승계해야 하지만, 회생절차를 이용하면 골프장 회원권을 승계하지 않아도 된다(그래서 대중제 전환이 용이하다)는 것을 모두 인식하고 있는 것 같다.

재정적 어려움에 빠져 있는 골프장은 회생절차를 잘 활용할 필요가 있다. 2개의 골프장에 대한 회생절차를 진행하면서 채무자나 채권자의 의견을 최대한 반영하면서 진행하려고 노력했다. 진행하는 과정에서 의견차이도 있었지만, 결국은 모두 수긍하는 결과가 도출되었다. 이는 이해관계인들의 채무조정에 대한 확고한 의지에서 비롯된 것도 있지만, 무엇보다 법원의 골프장 회생절차에 대한 오랜 경험과 신뢰에서 비롯된 것이다.

회생절차에서 임차인 보호

　서민들의 삶에서 주거가 차지하는 비중이 큰 관계로 오랜 기간 주택임차인의 보호는 우리사회의 핵심가치가 되었다. 대표적인 것이 주택임대차보호법을 통한 임차인 보호다. 기간을 정하지 아니하거나 2년 미만으로 정한 주택임대차는 그 기간을 2년으로 보고, 임대차기간이 끝난 경우에도 임차인이 임대차보증금을 반환받을 때까지는 임대차관계가 존속되는 것으로 본다. 임대인이 임대차기간이 끝나기 일정기간 전까지 임차인에게 재계약 거절의 통지를 하지 아니한 경우에는 그 기간이 끝난 때에 전 임대차와 동일한 조건으로 다시 임대차한 것으로 본다. 몇 해 전에는 최소 4년의 임대기간 보장, 전월세상한제, 전월세신고제를 내용으로 하는 주택임대차 3법이 제정되었다. 상가건물의 임차인에 대하여도 상가건물 임대차보호법에 의하여 비슷한 정도의 보호를 하고 있다.

국민의 주거안정과 경제생활의 안정이라는 사회정책적인 이유로 특별법에 의해 주택이나 상가의 임차인이 보호되고 있다고 하더라도, 임대인에 대하여 회생절차가 개시되면 그 보호의 벽이 무너져 버릴 수 있다. 「채무자 회생 및 파산에 관한 법률」(채무자회생법)은 쌍방미이행 쌍무계약의 경우 관리인(임대인)에게 계약을 유지(이행)할 것인지 해제(해지)할 것인지를 선택할 수 있는 권리를 부여하고 있기 때문이다.[3] 임대차계약도 쌍방미이행 쌍무계약이다. 따라서 임대인에게 회생절차가 개시되면 임대인(관리인)은 임대차계약을 유지할 것인지 해지할 것인지를 선택할 수 있다. 회생절차의 원활한 진행을 도모하기 위함이지만, 임차인에게는 날벼락일 수 있다.

회생절차가 개시되면 임대인(관리인)은 유리한 임대차계약은 존속되기를 원하고 불리한 임대차계약은 종료되기를 원할 것이다. 임대인(관리인)이 임대차계약을 유지하는 것이 불리하다고 판단하여 임대차계약을 해지하면, 임차인의 주거안정이나 생계유지는 위협을 받게 된다. 결과적으로 임차인을 보호하기 위하여 마련한 주택임대차보호법이나 상가건물 임대차보호법의 특별규정은 임대인에 대한 회생절차의 개시로 무용지물이 되고 만다.

임차인에게 발생할 수 있는 위와 같은 문제를 방지하기 위하여 채무자회생법은 특별규정을 두고 있다. 일정한 요건을 갖춘

---

3 채무자회생법 제119조(쌍방미이행 쌍무계약에 관한 선택) ① 쌍무계약에 관하여 채무자와 그 상대방이 모두 회생절차개시 당시에 아직 그 이행을 완료하지 아니한 때에는 관리인은 계약을 해제 또는 해지하거나 채무자의 채무를 이행하고 상대방의 채무이행을 청구할 수 있다.

임차인에 대하여는 임대인(관리인)이 임대차계약를 해지할 수 없도록 한 것이다. 임대인에 대하여 회생절차가 개시된 경우, 임차인이 주택임대차보호법 제3조 제1항의 대항요건을 갖춘 때나 상가건물 임대차보호법 제3조의 대항요건을 갖춘 때에는 임대인(관리인)은 해제권 또는 해지권을 행사할 수 없다.[4] 주택임대차보호법 및 상가건물 임대차보호법의 대항요건을 갖춘 임차인은 등기된 물권에 준하는 권리를 갖는 것이어서 이러한 준물권적 권리를 임대인인 채무자에 대하여 회생절차가 개시되었다는 이유로 함부로 소멸시킬 수 없다는 당연한 법리와 함께, 만일 이러한 임대차계약에 대하여 쌍방미이행 쌍무계약에 관한 해제권 또는 해지권을 인정한다면 임차인이 큰 피해를 입을 수 있다는 점을 고려한 것이다. 임차인 보호를 위한 최후의 보호막이다.

이러한 특별규정에 따라 임차인이 임대인에 대하여 회생절차가 개시되기 전에 주택의 인도와 주민등록(또는 전입신고)을 마쳤거나, 상가건물의 인도와 사업자등록을 마친 때에는 임대인(관리인)은 임대차계약을 해지할 수 없다. 그 결과 임대인과 임차인 사이의 임대차계약은 계속 존속하는 것으로 된다. 다만 임차인으로서는 임대차계약 체결 후 임대인의 회생절차개시에 대비하여 신속하게 위와 같은 대항력을 갖추어 둘 필요가 있다.

---

4 채무자회생법 제124조(임대차계약 등) ④ 임대인인 채무자에 관하여 회생절차가 개시된 경우 임차인이 다음 각 호의 어느 하나에 해당하는 때에는 제119조의 규정을 적용하지 아니한다.
　1.「주택임대차보호법」제3조(대항력 등) 제1항의 대항요건을 갖춘 때
　2.「상가건물 임대차보호법」제3조(대항력 등)의 대항요건을 갖춘 때

한편 임차인이 임대인에 대하여 회생채권을 가지고 있는 경우 회생채권을 자동채권으로, 차임채권을 수동채권으로 하여 상계를 할 수 있을까. 임차인 입장에서는 이러한 상계를 인정할 경우 자신의 채권을 전부 회수하는 효과가 있지만, 임대인 입장에서는 회생절차에서 변제재원이 될 차임수입이 없어져 회생에 방해가 될 수 있다. 따라서 채무자회생법은 임차인의 상계에 대하여 일정한 제한을 하고 있다. 수동채권이 회생절차개시 후의 차임인 경우에는 당기와 차기의 것에 한하여 상계가 허용된다. 다만 임대차보증금이 있는 때에는 그 후의 차임채무에 관하여도 상계할 수 있다. 예컨대 월 임료(차임)가 100만 원이고 임차인이 임차보증금반환채권이 아닌 다른 회생채권을 1,000만 원 가지고 있는 경우, 임차인은 200만 원을 한도로 상계할 수 있다. 만약 임차인이 5,000만 원의 임대차보증금을 지급한 경우, 임차인은 1,000만 원 전액에 대하여 상계할 수 있다.

아직도 '법정관리'인가

얼마 전 전철을 탄 후 신문을 펼쳤다. 이곳저곳을 보다가 기사 하나가 눈에 들어왔다. 내용은 최근 자동차산업의 불황으로 대기업 납품업체인 어떤 기업이 재정난을 견디지 못해 법원에 '법정관리'를 신청했다는 것이다. 신종 코로나바이러스 감염증(코로나19) 발생 이후 기업이 법원에 회생절차를 신청하는 것은 일상적인 현상이다. 눈에 거슬린 것은 '법정관리'라는 용어였다. 기자들을 탓해야 하는 것일까, 아니면 법원의 실무 운영이 아직도 '법정관리' 수준에 머물고 있는 것일까. 네이밍(naming)은 프레임(frame)이 된다는 점에서 결코 가벼운 문제가 아니다.

법원이 기업의 재건을 위한 구조조정업무를 시작한 것은 오래되었다. 초기에는 「회사정리법」을 근거로 했다. 기업이 회사정리절차를 신청하면 원칙적으로 기존경영자를 배제한 채 제3자를 관리인으로 선임하여 엄격한 법원의 통제를 받으면서 구조조정을 진행하였다. 거기에는 기존경영자에 대한 경영상의 책임을 묻는다는 의미와 채권자를 보호한다는 고려가 담겨져 있었다. 법원이 엄격하게 기업을 관리한다는 의미에서 일상적으로 '법정관리'라는 용어를 사용하였다. 그래서 '법정관리'라는 용어에는 구조조정을 통한 기업의 재건보다 기업인에 대한 단죄(경영권 박탈)라는 부정적인 이미지가 깊이 박혀있다.

하지만 법정관리 형태로 기업의 구조조정절차를 운영하다 보니 기업들이 법원에 회사정리절차를 신청하는 것을 꺼려했다. 그래서 적기에 구조조정이 이루어지지 않아 회생은 고사하고 파산에 이르는 경우가 많았다. 이러한 문제의식을 바탕으로 근본적인 인식의 전환을 하여 지금의 「채무자 회생 및 파산에 관한 법률」(채무자회생법)은 기존경영자 관리인 제도의 이념을 도입하기에 이르렀다. 기존경영자에게 중대한 경영상의 책임이 없다면 그대로 관리인으로 선임하거나 관리인으로 간주되어 기업의 경영을 계속할 수 있게 한 것이다. 이러한 법의 취지에 따라 법원도 그 동안 제3자 관리인의 선임을 자제하고, 최대한 경영상의 자율성을 보장해 주는 방향으로 실무를 운영하여 왔다. 현재의 법 내용이나 법원의 실무 운영에서 보면 적어도 지금은 '법정관리'라는 용어는 적절하지 않다. 법률적으로나 실무적으로도 '회생절차'라는 용어가 적절하다.

그런데 왜 아직도 대부분의 언론 기사에는 '법정관리'라는 용어를 사용하고 있는 것일까. 거기에는 여러 가지 원인이 있을 수 있다. 첫째는 회생사건을 다루는 기자들이 그리고 일반인들이 기존의 '법정관리'라는 용어에 익숙해서 그냥 쓰는 것일 수 있다. 둘째는 현행법에 따른 회생절차를 정확하게 이해하지 못한 것에서 비롯될 수도 있다. 셋째는 법원에서 아직도 '법정관리'처럼 실무를 운영하고 있는 것인지도 모른다. 첫 번째와 두 번째의 원인은 법원의 홍보부족에서 온 것으로 길게 보면 쉽게 해결할 수 있다. 문제는 세 번째의 경우다. 법원의 지속적인 노력에도 사실 외부적으로 여전히 법원의 회생절차 실무운영에 대한 비판이 존재한다. 기존경영자를 관리인으로 선임하는 것은 거의 예외가 없지만(물론 일부 제3자 관리인 선임에 대한 문제제기도 있다), 회생절차에 들어오고 나서 법원의 지나친 간섭으로 기업을 운영하는데 적지 않은 어려움을 호소하는 경우도 있다. 과도하게 자금지출에 개입하고, 결재가 신속하지 않으며, 사업성에 대하여 지나치게 보수적으로 접근하는 것 등이 그것이다. 또한 회생계획인가 후 종결이 늦어지는 경우도 있다. 회생절차에 머무르는 동안은 보증기관으로부터 보증서를 발급받기 어려울 뿐만 아니라, 공공기관이 시행하는 사업에 입찰도 할 수 없어 사업에 적지 않은 타격을 받는다. 그래서 신속하게 회생절차종결을 해 줄 필요가 있다. 사실 변제는 회생절차진행 중에 이미 시작되었고 수행가능성은 인가결정시에 검토가 된 것이므로 회생계획이 인가되면 종결조건은 충족되었다고 보아야 한다. 하지만 현재의 실무는 여기까지 이르지 못하고 있는 경우가 많은 것 같다. 회생계획이 인가되면 필요적으로 종결하도록 입법적으로 강제할 필요가 있다.

　여하튼 법원으로서는 더욱 기업 친화적으로 회생절차를 운영할 필요가 있다. 회생절차에서도 기업인들에게 최대한 경영상의 자율성을 보장해주고, 인가되면 종결이라는 실무가 확실하게 정착되어야 한다. 그러다 보면 '법정관리'라는 용어도 자연스럽게 없어지지 않을까.

회생절차에서 채권신고를
못한 경우 구제방법

　회생절차가 시작되면 채권자(회생채권자)에게 가장 중요한 것
은 채권신고이다. 법원은 회생절차개시결정을 하면서 채권자가
법원에 채권을 신고할 기간을 정한다. 채권자는 법원이 정한 채
권신고기간 내에 채권신고를 하여야 한다. 채권신고기간 내에 채
권신고를 하지 아니할 경우 회생계획이 인가되면 해당 채권은
실권될 수 있다. 물론 관리인이 해당 채권을 채권자목록에 기재
하면 실권되지 않는다. 목록에 기재된 채권은 채권신고를 한 것
으로 간주되기 때문이다. 하지만 다툼이 있는 채권에 대하여는
관리인이 해당 채권을 채권자목록에 기재하지 않을 것이므로 채
권자가 채권신고기간 내에 채권신고를 하지 아니하면 실권될 우
려가 있다.

　문제는 현실적으로 채권자는 거래 상대방에 대하여 회생절차

가 개시되었다는 사실을 알기 어렵다는 것이다. 실무적으로 법원의 회생절차개시결정이 개별 채권자에게 통지되는 경우는 드물고 법원 인터넷 게시판에 공고하는 것으로 갈음하기 때문이다. 이로 인해 채권자는 채권신고기간 내에 채권을 신고하지 못하는 경우가 자주 발생한다. 채권신고기간 내에 채권을 신고하지 못한 채권자의 채권은 모두 실권되는가. 구제방법은 없는가. 회생절차 개시사실을 몰라 채권신고를 하지 못한 채권이 어떠한 경우라도 실권된다고 하는 것은 정의 관념에 반한다. 그래서 「채무자 회생 및 파산에 관한 법률」(채무자회생법)이나 대법원은 회생절차의 각 단계별로 이에 대한 구제방법을 마련하고 있다.

○ 회생계획안 심리를 위한 관계인집회가 끝나기 전

채권신고기간 이후에 채권을 신고할 수 있는 추후 보완신고 제도가 있다(제152조). 회생계획안 심리를 위한 관계인집회가 끝나기 전이라면 이용할 수 있는 제도이다. 다만 이 제도는 채권자가 '책임질 수 없는 사유'로 채권신고기간 내에 신고를 하지 못한 경우에 인정되는 것이다. 채권자가 채권신고기간이 지난 후에 상대방에 대하여 회생절차가 개시된 사실을 알게 되었고, 아직 회생계획안 심리를 위한 관계인집회가 끝나기 전이라면 추후 보완신고를 통해 구제받을 수 있다. 채권자는 법원에 채권신고를 하고, 법원은 해당 채권을 조사하기 위한 특별조사기일을 지정하여 조사·확정한다.

○ 회생계획안 심리를 위한 관계인집회가 끝난 후부터 회생
　절차 종결 전까지

회생계획안 심리를 위한 관계인집회가 끝난 후 채권자가 상
대방에 대하여 회생절차가 개시된 사실을 알게 된 경우에는 어떻
게 되는가. 원칙적으로 회생계획안 심리를 위한 관계인집회가 끝
나면 추후 보완신고를 할 수 없다. 하지만 대법원은 일정한 요건
을 갖춘 경우 위 관계인집회가 끝난 후에도 추후 보완신고를 인
정하고 있다. 회생채권자가 회생절차개시사실 및 회생채권 등의
신고기간 등에 관하여 개별적인 통지를 받지 못하는 등으로 회생
절차에 관하여 알지 못함으로써 회생계획안 심리를 위한 관계인
집회가 끝날 때까지 채권신고를 하지 못하고, 관리인이 그 회생
채권의 존재 또는 그러한 회생채권이 주장되는 사실을 알고 있
거나 이를 쉽게 알 수 있었음에도 회생채권자 목록에 기재하지
아니한 경우, 회생채권자는 회생계획안 심리를 위한 관계인집회
가 끝난 후에도 추후 보완신고를 할 수 있다. 다만 회생채권자는
회생절차에 관하여 알게 된 날로부터 1개월 이내에 회생채권의
신고를 보완하여야 한다. 위와 같은 경우에도 회생계획인가결정
에 의하여 회생채권이 실권되고 회생채권의 신고를 보완할 수 없
다고 하면, 회생채권자로 하여금 회생절차에 참가하여 자신의 권
리의 실권 여부에 관하여 대응할 수 있는 최소한의 절차적 기회
를 박탈하는 것으로서 헌법상의 적법절차 원리 및 과잉금지 원칙
에 반하여 재산권을 침해하는 것으로 허용될 수 없기 때문이다.[5]

---

5 대법원 2014. 9. 4. 선고 2013다29448 판결, 대법원 2012. 2. 13.자 2011

다시 말하면 회생채권자가 회생법원이 정한 신고기간이 경과할 때까지는 물론 관계인집회가 끝나거나 서면결의 결정이 되어 더 이상 추후보완 신고를 할 수 없는 때까지도 회생채권신고를 기대할 수 없는 사유가 있는 경우에는 제152조 제3항[6]에도 불구하고 회생채권의 신고를 보완하는 것이 허용된다. 만약 그러한 경우까지도 신고기간 내에 회생채권 신고를 하지 않았다고 하여 무조건 실권된다고 하면 이는 국민의 재산권을 기본권으로 보장한 헌법정신에 배치되는 것이다. 다만 이 경우도 책임질 수 없는 사유로 회생채권신고를 할 수 없었던 채권자를 보호하기 위한 것이므로 신고기한은 제152조 제1항을 유추하여 그 사유가 끝난 후 1개월 이내에 하여야 한다.[7]

한편 회생절차에서 회생채권·회생담보권 조사절차나 회생채권·회생담보권 확정절차를 통하여 확정된 권리가 회생회사의 관리인의 잘못 등으로 회생계획(또는 회생계획변경계획)의 권리변경 및 변제대상에서 아예 누락되거나 이미 소멸한 것으로 잘못 기재되어 권리변경 및 변제대상에서 제외되기에 이른 경우 등에

그256 결정 등 참조.

6 채무자회생법 제152조 (신고의 추후 보완) ① 회생채권자 또는 회생담보권자는 그 책임을 질 수 없는 사유로 인하여 신고기간 안에 신고를 하지 못한 때에는 그 사유가 끝난 후 1월 이내에 그 신고를 보완할 수 있다.
③ 제1항의 규정에 의한 신고는 다음 각 호의 어느 하나에 해당하는 때에는 하지 못한다.
  1. 회생계획안심리를 위한 관계인집회가 끝난 후
  2. 회생계획안을 제240조의 규정에 의한 서면결의에 부친다는 결정이 있은 후

7 대법원 2016. 11. 25. 선고 2014다82439 판결.

는, 특별한 사정이 없는 한 실권된다고 볼 수 없다. 이 경우 채권자는 회생회사에 대하여 아직 회생절차가 진행 중인 때에는 회생계획의 경정 등을 통하여 그 권리를 구제받을 수 있다.[8]

○ 회생절차가 종결된 경우

그렇다면 회생절차가 종결된 경우에는 어떻게 하여야 하는가. 회생절차가 종결되면 채권자는 법원에 추후 보완신고를 할 방법이 없기 때문이다. 회생절차가 종결된 경우에도 대법원은 일정한 경우 실권을 부정하고 있다. 즉, 회생절차에서 회생채권자가 회생절차개시사실 및 회생채권 등의 신고기간 등에 관하여 개별적인 통지를 받지 못하는 등으로 회생절차에 관하여 알지 못함으로써 회생계획안 심리를 위한 관계인집회가 끝날 때까지 채권신고를 하지 못하고, 관리인이 그 회생채권의 존재 또는 그러한 회생채권이 주장되는 사실을 알고 있거나 이를 쉽게 알 수 있었음에도 회생채권자 목록에 기재하지 아니한 경우에는 회생계획이 인가되더라도 그 회생채권은 실권되지 아니한다고 하고 있다. 이러한 경우 회생절차가 종결되었다면 채권자는 상대방에 대하여 이행소송 등을 통하여 채권을 회수할 수 있다.[9]

이처럼 채권자는 채권신고기간 내에 채권신고를 하지 못하였더라도 절차 단계별로 구제받을 수 있는 방법이 있다는 점을 알아 둘 필요가 있다.

---

8 대법원 2008. 6. 26. 선고 2006다77197 판결. 회생절차가 종결된 때에는 종결 후의 회사를 상대로 이행의 소를 제기하는 등으로 그 권리를 구제받을 수 있다.
9 대법원 2020. 9. 3. 선고 2015다236028(본소), 2015다236035(반소) 판결, 대법원 2012. 2. 13.자 2011그256 결정 등 참조.

구조조정의 새로운 패러다임

법원에서 기업에 대한 구조조정을 할 수 있도록 제도화 된 것은 오래 전이다. 하지만 상당 기간 법원을 통한 기업구조조정은 법전 속에서만 존재하였다고 할 정도로 그 역할이 크지 못했다. 관치금융의 그림자 탓도 있지만, 법원으로서도 경험이나 전문성 부족으로 준비를 하지 못한 측면도 있었다. 하지만 1997년 IMF, 2008년 금융위기 등을 거치면서 법원은 기업구조조정에 대한 경험을 축적하기 시작하였고, 점차 중추적인 역할을 수행하기에 이르렀다. 기업구조조정에 있어 법원의 역할은 시대와 경제상황에 따라 조금씩 달라져 왔다.

「채무자 회생 및 파산에 관한 법률」(채무자회생법)이 시행되기 전, 이른바 회사정리법 시절에는 법원이 전권을 가지고 기업을 관리·감독하면서 기업구조조정을 하였다. 1997년 IMF 이후 시절의 경우가 그랬다. 그래서 당시 법원에서 하는 기업구조조정을 '법정관리'라고 불렀다. 기업이 법원에 회사정리(지금의 회생절차)를 신청하면 법원은 원칙적으로 기존경영자를 배제한 채 제3자를 관리인으로 선임하여 기업을 경영하도록 하였다. 기업에 대한 자금지원도 대부분 채권금융기관(은행)에 의존하고 있었고, 인수합병(M&A)에 필요한 자금조달도 은행을 통해서 했다. 기존경영자는 경영실패에 대한 책임을 지고 경영에 관여할 수가 없었다. 이로 인해 기업에 대한 회사정리사건도 적었고, 법원의 기업구조조정에서의 역할도 미미한 편이었다. 오히려 정부가 주도하는 금융권을 중심으로 한 구조조정이 일반적이었다.

그러다 2006년 4월 1일 채무자회생법 시행으로 큰 변화가 있었다. 2008년 금융위기를 거치면서 시장중심의 구조조정 요구가 많았다. 이에 채무자회생법은 기존경영자 관리인제도의 이념을 받아들여 기존경영자에게 기업부실에 대한 중대한 책임이 없는 한 기존경영자를 관리인으로 선임하였다(실무적으로는 관리인을 선임하지 않음으로써 기존경영자가 관리인으로 간주되도록 운영하였다). 이로 인해 기업들이 회생절차를 적극적으로 신청하기에 이르렀고, 법원 역시 특별한 사정이 없는 한 기존경영자의 경영권을 보장해 주었다. 하지만 시행 초기 인수합병의 주도권은 여전히 채권금융기관(은행)이 쥐고 있었다. 부실채권(NPL) 시장이 활성화되기는 했지만, 부실채권을 인수한 유동화회사 등은 채권회수에만 관심이 있어 회생계획에 대한 동의를 하지 않아 오히려 법원을 통한 기업구조조정에 걸림돌이 되었다.

하지만 최근 기업구조조정의 패러다임에 변화가 일기 시작했다. 정부의 정책적인 지원 아래 구조조정이 채권금융기관 중심에서 자본시장 중심으로 급속하게 변하고 있다. 사모펀드(PEF) 시장이 활성화되고, 시장의 유동성이 풍부해지면서 은행의 역할은 현저하게 줄어들었다. 국내외 대규모의 펀드를 기반으로 다양한 구조조정 플레이어들이 등장하였다. 회생절차가 진행 중인 기업들의 인수자금 대부분은 사모펀드를 기반으로 조성되고 있다. 이들은 법원에서 진행 중인 인수합병뿐만 아니라 법원 밖에서의 인수합병도 주도하고 있다. 이렇게 기업구조조정에 대한 패러다임이 변화된 주된 이유는 펀드 등 다양한 자금조달 방식의 등장으로 시중에 자금이 넘쳐나고 있고, 지정감사제도와 표준감사시간제도의 시행으로 회계투명성이 확보됨으로써 회계정보가 상당히 정확해졌다는 점에 있다. 몇 년 전까지만 해도 회계감사가 부실해 분식회계나 우발부채의 위험이 항상 도사리고 있었다. 그래서 이러한 리스크를 줄이기 위해 법원을 통한 구조조정을 시도했던 것이다.

구조조정의 형태도 기존의 사후적 구조조정을 넘어 사전적 구조조정, 나아가 예방적 구조조정이 등장하고 있다. 기업은 살아 움직이는 것이고, 구조조정의 속도는 기업의 운명을 좌우한다. 법원을 통한 사후적 구조조정은 이미 한계에 이르렀고, 선제적인 구조조정의 필요성이 강조되고 있다. 문제는 이러한 구조조정 패러다임의 변화에 맞는 시스템이 갖추어지지 못하고 있다는 점이다. 유암코와 캠코에 구조조정파트가 신설되고, 한국성장금융이 다양한 펀드를 통해 구조조정에 필요한 자금을 지원하고 있는 정도이다. 시장의 수요를 충족시키기 위해서는 다양한 형태의 구조조정 시스템이 필요하다. 행정부 주도의 기업구조조정(행정형), 민사조정을 통한 기업구조조정(사법형), 구조조정전문가가 주도하는 기업구조조정(민간형) 등이 그것이다. 이러한 다양한 형태의 구조조정시장이 형성될 수 있는 법률적 보완이 필요하다.

자본시장 중심으로 구조조정 축이 바뀌고, 구조조정의 시기가 점점 더 빨라지는 것은 거스를 수 없는 대세이다. 법원도 이러한 구조조정의 패러다임 전환에 대비해야 한다.

판사님, 차라리 파산선고를 해 주십시오

서울회생법원 근무 당시 회생계획안(채무자가 채권자들에게 채무를 어떻게 변제할 것인지를 기재한 문서이다)을 심리하고 결의하는 관계인집회에서 있었던 일이다. 회생계획안에 대해 관리인이나 조사위원으로부터 보고를 받은 후 회생계획안을 심리하는 단계까지는 별다른 문제없이 통상적인 사건과 마찬가지로 원만하게 진행되었다. 그런데 회생계획안에 대한 가결을 하는 단계에서 법정이 소란스러워지기 시작했다. 특별히 이의를 제기하지 않던 채권자들이 한명씩 일어나더니 회생절차나 회생계획에 대하여 불만을 드러내는 발언을 하였다. 급기야는 채권자 한 명이 일어나 격양된 논조로 "판사님, 저는 회생계획안에 동의할 수 없고, 차라리 파산선고를 해주십시오."라고 하는 것이었다.

해당 사건은 담보권자는 없고 일반채권자(회생채권자)만 있는 회생사건이었다. 회생계획안의 대략적인 내용은 회생채권의 26%

를 변제하고, 나머지는 출자전환하는 것이었다. 채권자들은 회사를 살리기 위해 자신들의 집을 담보로 대출받아 투자하였는데, 26%만 변제받는다고 하니 하늘이 무너지는 심정이라는 것이다. 더욱 분노하는 것은 회생절차를 진행하는 동안 한 번도 채권자들을 모아 놓고 어찌하여 회생절차에 이르게 되었는지, 앞으로 어떻게 얼마를 변제할 것인지 등에 관하여 설명한 적도 없고, 자신들에게 회생계획안에 대한 동의 여부도 사전에 묻지 않았다는 것이다. 채권자들은 상당한 금원을 회사에 투자한 관계로 집이 경매로 넘어가 길거리에 나앉게 생겼고, 회사의 경영에 전혀 관여도 못했는데, 사장은 매월 꼬박꼬박 상당한 정도의 급여를 받아 가고 있다는 것이다.

전후 사정으로 보아 채무자 회사의 사장은 회생계획안에 동의하지 않을 것 같은 채권자들과는 전혀 접촉을 하지 않은 것으로 추단되었다. 사장 입장에서야 가결에 필요한 채권자들의 동의만 받으면 되기 때문에 극렬하게 반대하거나 협조가 어렵다고 판단되는 채권자와는 접촉하지 않고, 심지어 몰래 회생절차를 진행하는 경우가 더러 있다. 해당 사건도 채권자의 70% 이상의 동의를 받아[10] 회생계획안 가결에 문제가 없다고 판단한 사장이, 반대하는 채권자들에 대해 이해를 구하지 않은 것으로 보였다.

예전에는 회생절차를 신청하면 채무자의 재산 상태를 조사한 후 채권자들을 모아 놓고 대표자가 회생절차에 이르게 된 경위

---

10 회생채권자 의결권 총액의 3분의 2 이상의 동의만 받으면 가결된다.

나 자산부채 상황 등을 설명하는 관계인집회가 있었다. 하시반 현재는 이러한 관계인집회가 임의적인 것으로 되었고, 실무적으로도 조사위원이 조사한 내용을 요약하여 채권자들에게 보내는 것으로 갈음하고 있다. 회생절차의 신속한 진행을 위해 제도적 개선을 한 것이었다. 그러다 보니 채권자들에게 양해를 구하는 절차가 사라져버렸다. 물론 사안이 중대하고 복잡한 경우 채권자들을 모아놓고 관계인설명회를 개최하도록 하지만 극히 드물다.

해당 사건은 회생계획안에 대하여 가결요건을 갖추었고, 회생계획의 수행에 필요한 인가요건도 모두 갖추었다. 그래서 채권자들에게 충분한 시간을 주어 하소연을 들어준 후, 회생절차의 진행과정에 다소 부족한 부분이 있음을 설명하였다. 나아가 회생계획을 인가하더라도 그동안의 사정을 안내하는 자리를 마련하겠다고 약속한 후 관계인집회를 종료하였다. 관계인집회를 마치고 주심판사에게 관계인설명회를 개최하여 회생절차에 이르게 된 경위나 사장의 급여를 삭감하는 등의 자구책 등을 설명하고, 채권자들의 양해를 구하도록 조치하였다.

회생절차는 기본적으로 채권자들의 희생을 전제로 한다. 다수의 채권자들이 회생계획안에 동의하면 반대하는 일부 채권자들도 강제적으로 채무를 조정(감액)당할 수밖에 없다. 채무조정으로 인한 손실을 채권자들이 분담하는 것이다. 재정적 어려움에 빠진 채무자를 구제한다는 목적에서 강행되는 채무조정이지만, 그 전에 채권자들에게 충분한 참여 기회를 보장함으로써 절차적 정당성도 갖출 필요가 있다. 다년간 회생절차를 진행하면서 채무

자의 입장만 고려한 것은 아니었는지 반성을 하게 하는 사건이
었다.

구조조정에서 필요한 것은
치료제가 아닌 백신

2020년 11월 11일 기업구조혁신지원센터(캠코 양재타워 20층)에서 2020년 제2회 기업구조혁신포럼[11]이 개최되었다. 한국증권학회가 주관하고, 한국자산관리공사(캠코)와 한국성장금융의 후원으로 '기업의 성공적 턴어라운드를 위한 실행 방법론 및 사례'라는 주제로 자본시장 플레이어들의 발제 및 토론이 있었다. 필자도 패널로 참석하였다. 신종 코로나바이러스 감염증(코로나19)으로 인해 온라인(YouTube)으로 생중계하는 화상회의 방식으로 진행되었다.

발제자 중 한 분은 다년간 구조조정 업무 경험을 바탕으로 한계기업이 성공적으로 구조조정을 마친 사례와 실패한 사례를 나누

---

11 2018년부터 매년 개최되고 있다. 필자는 2022년부터 기업구조혁신포럼 운영위원으로 참여하고 있다. 2024년에는 "기업구조조정 투자시장 활성화"라는 주제로 개최되었고, 필자는 좌장을 맡았다.

어 그 진행과정 및 성공과 실패의 원인은 물론 성공적인 구조조정을 위한 방향성까지 심도 있게 분석해 주었다. 다른 한 분은 기업 구조조정의 핵심목표를 기업가치의 향상에 두고, Value-up(기업가치 향상)을 위한 핵심과제를 세밀하게 분석한 후 기업가치 상승의 구체적인 방법을 제시하였다. 이론적 분석에서 나아가 사례를 통한 시연을 해주었고, 기업가치 상승을 위한 외부전문가의 활용과 선택 기준은 물론 최근 주목받고 있는 ESG(Environment, Social, Governance)까지 포함하여 발표해 줌으로써 기업가치의 상승을 위한 방법론에 새로운 혜안을 갖게 해주었다.

발제가 끝난 후 필자를 비롯한 구조조정 전문가, 구조조정을 실제 경험한 경영인들이 자신들의 경험을 바탕으로 질의와 토론이 있었다. 그 과정에서 법원의 구조조정에 대한 회의론과 아쉬움에 대한 내용의 언급도 있어 한편으론 반성하고, 다른 한편으론 구조조정에 대한 새로운 시각을 가지게 되었다는 점에서 의미가 있는 포럼이었다.

2020년은 국가적으로나 세계적으로 성장이라는 단어와는 거리가 먼 해라고 해도 과언이 아니었다. 국제통화기금(IMF)이 2020년 세계경제성장률을 -4.9%라고 전망했을 만큼, 우리나라는 물론 전 세계 경제가 깊은 침체에 빠졌었다. 코로나19로 인해 기업의 구조조정은 성장이 아니라 생존의 문제라는 것이 참가자들의 공통적인 의견이었다. 그것도 당장 그리고 신속하게 해야 한다는 것이다.

하지만 기업 입장에서는 주변 상황이 녹록지 않다. 구조조정의 축이 자본시장 중심으로 급속하게 변화하고 있지만, 이직까지는 초기적인 단계이고 자본시장 플레이어들도 부족한 상태이다. 부실채권(NPL)시장이 활성화되고 있지만, 그럴수록 채무조정을 통한 구조조정이 어려워지고 있다. 부실채권을 보유하고 있는 채권자는 채권회수의 극대화가 유일한 목표이기 때문에, 기업 구조조정을 통한 회생에는 별다른 관심이 없다. 기업 중 99%가 중소기업인데, 투자자(자본시장 플레이어)는 운영비용의 문제로 소액 다수의 투자보다 거액 소수의 투자를 선호한다. 그러다 보니 정책자금 조차도 어려움에 처한 중소기업에는 눈을 돌리고 있지 않다. 중소기업 입장에서는 신규자금의 조달이 요원할 수밖에 없다. 외부적으로 세계화의 종말이 화두가 될 정도로 자국 우선주의가 팽배하다. MMT(현대화폐이론)가 주목을 받고(일본의 아베노믹스, 미국의 양적완화가 대표적이다), 미국우선주의(America first), 브렉시트 및 리쇼어링(Reshoring)이 강조되고 있다. 얼마 전 RCEP(역내포괄적동반자협정)이 체결되었지만, 미국과 중국의 주도권 싸움(TPP의 부활)과 국가 간의 이해관계로 그 성과는 미지수다.

역사적으로 팬데믹은 미래를 앞당겨 왔다. 흑사병이 중세의 암흑기에서 르네상스로의 황금기를 이끌었듯이, 코로나19는 위기지만 기업에게는 좋은 기회일 수도 있다. 코로나19로 인한 기업들의 희생이 헛되지 않고 진정한 도약을 위해 기업들에게 필요한 것은 무엇일까. 당연히 구조조정이다. 그것도 선제적인, 좀더 나아가 예방적인 구조조정이다. 기업이 위기를 맞은 후 구조조정에 들어간다면 이미 늦다. 문제적 상황에서 구조조정을 시도

한다고 해도 회생을 장담할 수 없는 상황이 발생할 수 있다. 기업이 정상적으로 운영되고 있을 때 미리 구조조정을 시도하여야 한다. 그래야 별다른 시행착오 없이 성공적으로 구조조정을 할 수 있다. 기업의 구조조정에는 실패의 가능성이 있는 치료제가 아니라 부작용 없이 확실한 효과가 보장되는 백신이 필요한 이유이다.

계속기업가치의 함정

위기가 일상화된 시대에 회생절차는 기업이 생존을 위해 선택할 수 있는 유력한 대안이다. 회생절차의 목적은 재정적으로 어려운 기업이 계속기업가치(going concern value)를 유지하면서 사업을 계속하도록 하는 것이다. 계속기업가치가 청산가치(liquidation value)보다 크면 회생절차는 관련자들 모두에게 이익이다. 채권자들은 장래에 기업이 취득하게 될 계속기업가치를 재원으로 보다 많이 변제받게 되고, 종업원들은 일을 계속할 수 있으며, 주주는 투자금을 보존할 수 있다.

계속기업가치는 회생절차에서 중요한 개념 중 하나다. 회생절차를 계속 진행할 것인지, 회생계획안을 사업계속형(존속형)으로 작성할 것인지 청산형으로 작성할 것인지, 제출된 회생계획안을 관계인집회 결의에 부칠 것인지 등을 결정하기 위해서는 계속기업가치의 산정이 필수적이다. 계속기업가치란 기업을 계속 존속시키면서 정상적으로 영업을 해 나갈 때 얻을 수 있는 경제적 가치를 말한다. 회생절차를 계속 진행하고 관계인집회 결의에 부치기 위해서는 계속기업가치가 청산가치보다 커야 한다. 청산가치란 기업이 청산을 통하여 해체 소멸되는 경우 기업을 구성하는 개별 재산을 분리하여 처분할 때의 가액을 합산한 것을 말한다. 계속기업가치는 이해관계인에게 분배할 재원이 되는 기업의 미래가치를 제시함으로써 회생계획안의 기본 골격을 형성하고, 청산가치는 이해관계인에게 보장되어야 할 최소한의 몫으로 두 가지 가치의 정확한 산정은 매우 중요하다. 실무적으로 청산가치는 별다른 다툼도 없고 큰 문제가 되지 않는다. 항상 다툼이 있고 문제가 되는 것은 계속기업가치이다.

계속기업가치는 기업의 미래 현금(수익)흐름을 현재가치로 환산(할인)하는 현금흐름할인법에 의하여 산정한다. 현금흐름할인법은 미래에 창출할 것으로 기대되는 현금 흐름을 해당 기업의 위험도를 반영한 적정할인율로 현재 가치화한 것이다. 예컨대 기업이 매년 100억 원의 현금(수익)을 10년 동안 벌어들일 것으로 예상되는 경우, 이들 현금 흐름에 적절한 할인율을 적용하여 현재 시점의 가치로 환산하는 것이다. 실무적으로 적정할인율은 무위험이자율(기본할인율)에 위험프리미엄(권고범위가 2.5%~6.5%이나 보수적으로 산정하여야 한다는 의미에서 통상 6.5%를 적용하는 경우가 많다)을 더한 것을 사용한다.

문제는 미래의 현금 흐름을 현재가치로 할인하는 적정할인율이 지나치게 높다는 점이다. 무위험이자율에 위험프리미엄을 합하면 일반적으로 9∼11%의 정도에 이른다. 유동성이 넘쳐나는 시기에 적정할인율로는 너무 높다. 이로 인해 회생절차를 신청한 기업의 계속기업가치는 현저하게 낮게 산정되어 청산가치를 넘기기가 쉽지 않다. 기업의 청산가치가 계속기업가치를 초과할 경우 실무적으로 회생절차개시신청을 기각하거나, 회생절차를 폐지하는 사례가 빈번하게 발생하고 있다.

비교법적으로는 청산가치가 계속기업가치를 초과하는 경우 회생절차를 폐지하도록 규정한 예를 찾기는 어렵다. 미국은 회생계획인가 요건으로 청산가치보장원칙(회생절차에서 얻을 수 있는 이익이 청산할 경우보다 많아야 한다는 원칙)을 규정하고 있으나, 계속기업가치가 청산가치를 초과할 것을 절차 계속의 요건으로 하고 있지 않다. 일본도 계속기업가치가 청산가치를 초과하는 것을 절차 계속의 요건으로 하고 있지 않을 뿐만 아니라 청산가치보장원칙을 회생계획인가(채무자의 변제계획을 법원이 승인하는 것) 요건으로 명시하고 있지도 않다.

계속기업가치가 청산가치에 미치지 못하더라도 회생절차개시신청을 기각하거나 회생절차를 폐지하는 것은 신중할 필요가 있다. 계속기업가치는 장래의 예상된 가치에 지나지 않고 그 실현가능성도 확정적으로 판단할 수 없는 본질적인 한계가 있기 때문이다. 적정할인율에 대한 고민도 다시 하여야 할 것이다. 기업은 생물이므로 사업실적은 언제든지 호전될 수 있고, 근로자의 생활터전이라는 점에서 조기에 회생절차에서 탈락되는 일이 없도록 발상의 전환이 요구된다.

회생절차가 성공하기 위한 조건

기업들은 다양한 이유로 법원에 회생을 신청한다. 일시적인 유동성의 위기를 벗어나기 위해서가 일반적이지만, 증권시장에서의 상장폐지를 방어하기 위한 하나의 수단으로 신청하기도 한다. 법원이나 재야에서 수년간의 회생사건 처리 경험을 바탕으로 회생절차가 성공하기 위한 몇 가지 조건에 대해 생각해 본다.

첫째 채권자들의 개별적인 권리행사를 제한하는 것이다. 채권자나 담보권자의 개별적인 권리행사에 의해 사업계속의 기초인 채무자의 재산이 훼손되는 것을 막아야 한다. 개별적인 집행이 되면 계속기업가치의 실현이 불가능하다. 회생절차는 채무자가 가지고 있는 기존 재산을 가지고 채무를 변제하는 것이 아니라 계속기업을 유지하면서 장래에 벌어들이는 수입으로 채무를 변제하는 것이다. 따라서 채무자가 가지고 있는 재산은 그것이 유휴재산이 아닌 한 유지되어야 한다. 이를 위해 법원은 회생절차신청이 들어오면 채권자들의 권리행사를 제한하기 위해 중지 명령이나 포괄적 금지명령을 발령한다.

둘째 채무부담의 경감이다. 채무자가 사업 활동의 결과로 일정한 수익이 예상되는 경우에도 그 수익의 전부 또는 대부분을 기존채무의 변제에 사용한다면, 신규신용공여를 받는 것도 어려울 뿐만 아니라 사업계속을 위한 신규투자도 불가능하다. 그런 의미에서 채무경감은 회생을 위해 불가결한 것이다. 비록 자산이 부채를 초과한다고 하더라도 대부분 사업유지에 필요한 자산이므로 이를 매각하여 변제하는 것은 곤란하다. 결국 장래에 벌어들일 수입으로 채무를 변제하여야 하는데, 회생절차에 들어온 기업의 특성상 유동자금이 넉넉지 않고 사업성도 장담할 수 없어 채무를 일정 부분 감면하지 않고서는 회생이 어렵다.

셋째 신규자금의 유입이다. 현실적으로 회생절차에 들어간 기업이 신규자금을 확보하는 것은 쉽지 않다. 신규자금을 확보하는 방법으로 외부에 있는 제3자로부터의 대출이나 출자가 있지만, 사업성이나 계속기업가치를 담보할 수 없는 회생기업에게 자금을 투자할 제3자는 별로 없다. 사모펀드의 활성화로 자본시장에 자금이 넘쳐나고 있지만, 그것이 회생기업으로 들어오기는 쉽지 않다. 신규자금의 유입을 위한 제도적 보완이 필요하다.

넷째 사업성 있는 부분과 사업성 없는 부분을 분리하여 경영조직을 재편하고, 경영진을 교체하는 등을 통하여 사업의 수익력을 회복하여야 한다. 사업성이 없는 부분은 과감하게 매각할 필요가 있다. 경영진에게도 구조조정 전문가가 수행하는 만큼의 역할이 요구된다.

다섯째 노동조합이나 종업원들의 적극적인 협조가 필요하다. 한계상황에 있는 기업을 되살리기 위해서는 채권자들이나 주주들의 희생만이 아니라 임직원들의 양보도 필수적이다. 기업과의 협력이 장기적으로는 기업뿐만 아니라 임직원 모두에게 도움이 될 수 있다는 사실을 인지하고 기업과 갈등을 빚기보다는 협력을 통해 위기를 극복해 나가는 노력이 필요하다.

경영학의 아버지 피터 드러커(Peter Drucker)는 "경제의 목적은 중산층을 만드는 것이다."라고 했다. 기업의 회생은 지역사회의 허리인 중산층을 굳건하게 만드는 필수조건이다. 일자리 창출 및 잠재적인 세원의 확보라는 차원에서 정부도 어려운 상황에 처한 기업들이 성공적으로 회생할 수 있도록 관심을 가져야 할 것이다.

회생절차를 통한 대표이사의
연대보증채무 감면

　중소기업에 해당하는 甲(갑)회사는 대표이사 A의 연대보증 아래 신용보증기금과 신용보증약정을 체결하였다. 甲회사는 위 약정에 따라 신용보증기금으로부터 발급받은 신용보증서를 은행에 제출하고 10억 원을 대출받았다. 또한 甲회사는 사업이 어려워지자 친구인 乙(을)로부터 5억 원을 차용하였고, 대표이사 A는 위 차용금채무에 대하여 연대보증을 하였다. 甲회사는 변제기에 은행대출금을 갚지 못하였고, 신용보증기금은 10억 원을 대신 변제하였다. 甲회사는 정상적인 채무 변제가 어렵다고 판단하여 서울회생법원에 회생절차개시를 신청하였다. 甲회사의 회생절차에서 신용보증기금과 乙은 회생채권으로 10억 원(구상금채권), 5억 원(대여금채권)을 각 신고하였다. 甲회사의 회생계획은 회생채권에 대하여 30% 정도의 변제를 예정하고 있다. 주채무자인 甲회사의 채무가 회생계획에 따라 면책(감액)될 경우 민법상 부종성의 원칙(주채무가 줄어들면 보증채무도 동일하게 줄어드는 것)에 따라 대표이사 A의 연대보증채무도 면책되는가.

회사의 대표이사는 회사가 신용보증기금 등으로부터 신용보증서를 발급받거나 다른 사람으로부터 돈을 빌릴 때 연대보증을 할 수밖에 없는 것이 현실이다. 대표이사가 연대보증을 하지 않을 경우 신용보증서를 발급받거나 돈을 빌릴 수 없기 때문이다. 연대보증인은 주채무자가 채권자에 대하여 부담하는 채무가 면책되거나 변경이 있게 된 경우에는 민법상 부종성의 원칙에 따라 연대보증인의 채무 역시 그 한도 내에서 면책되거나 변경된다. 이러한 원칙이 지켜진다면 회사의 회생절차에서 주채무가 회생계획인가결정에 따라 면책될 경우 연대보증채무도 면책되어 대표이사는 연대보증채무로부터 벗어날 수 있다. 그러나 회생절차에서는 회생계획의 인가결정에 따라 주채무자가 채권자에 대하여 부담하고 있는 채무가 면책되거나 변경이 있더라도 연대보증인은 부종성의 원칙이 배제되어 그 채무에 아무런 면책이나 변경이 없다. 이는 회생절차에서의 채권자를 보호하기 위한 입법적 결단에서 비롯된 것이다.

이와 같이 회사의 회생절차에서 민법상 부종성의 원칙이 적용되지 않아 주채무자(회사)에 대한 채무조정에도 불구하고 연대보증을 한 대표이사에게는 그 효력이 미치지 않으므로 기업인이 새로운 사업을 하는데 장애요인이 되고 있다. 이에 중소기업진흥에 관한 법률(제74조의2), 신용보증기금법(제30조의3), 기술보증기금법(제37조의3)은 연대보증을 한 대표이사를 보호하기 위한 특별규정을 두고 있다. 채권자가 중소벤처기업진흥공단, 신용보증기금, 기술보증기금인 경우 중소기업의 회생계획인가결정을 받은 시점에 주채무가 감경 또는 면제될 경우 연대보증채무도 동일한 비율로 감경 또는 면제되도록 한 것이다. 회생절차를 이용하는 중소기업의 신용보증기금 등에 대한 주채무가 회생계획에 따라 감면되는 경우 이로 인한 효과를 그 주채무를 연대보증한 대표이사에게도 미치도록 하여, 재정적 어려움에 빠진 중소기업의 실효성 있는 회생과 함께 대표이사의 재기를 도모하고 있는 것이다.

앞의 사안에서 甲회사의 회생계획에 회생채권에 대한 변제율이 30%로 정해지고, 위 회생계획이 인가된 경우, 대표이사 A는 신용보증기금에 대하여는 30%의 범위(3억 원)에서만 연대보증채무를 부담하면 된다. 주채무 70% 면책되었고 그에 따라 연대보증인인 대표이사 A의 연대보증채무도 동일한 비율로 면책되었기 때문이다. 반면 乙에 대한 연대보증채무는 5억 원 그대로 남는다. 주채무의 감면으로 연대보증채무의 감면을 받을 수 있는 경우는 채권자가 중소벤처기업진흥공단, 신용보증기금, 기술보증기금인 경우에 한정되기 때문이다. 또한 중소기업의 대표이사를 구제하기 위한 규정이므로 중소기업이 아닌 기업(대기업)의 대표이사에게는 적용되지 않는다.

영업용 부동산 매각을 예정한
중소기업 회생절차

　　회생절차를 통해 구조조정을 하려는 상당수의 기업은 중소기업이다. 중소기업은 대부분 보유자산이 없지만, 자산을 보유하고 있더라도 회생절차를 진행하기엔 어려운 점이 많다. 보유자산이 비영업용 부동산이면 매각을 통해 채무변제를 할 수 있지만, 영업용 부동산(예컨대 공장용이나 매장용 토지·건물 등)인 경우 매각은 곧 폐업을 의미하기 때문이다.

　　중소기업이 보유하고 있는 영업용 부동산은 대부분 회생절차 개시신청 전에 담보권이 설정되어 있는 경우가 많다. 회생절차를 신청하는 중소기업들은 사업을 안정적으로 유지하기 위해 영업용 부동산을 보유하면서 경영을 계속하되, 회생계획에 따른 변제기간 동안 담보권(회생담보권)을 분할 변제하는 내용의 회생계획을 수립하고자 하는 경향이 있다. 그러나 현실은 담보권자(회생담보권자)의 조기 변제 요구로 회생절차 진행 초반에 영업용 부동산을 매각하여 담보권을 변제하는 내용의 회생계획을 작성할 수밖에 없다. 회생계획이 인가되려면 회생담보권자의 의결권 총액의 4분의 3 이상의 동의를 받아야 하는데, 이러한 동의 요건을 갖추기 위해서는 회생담보권자의 조기 매각에 따른 변제 요구를 받아들일 수밖에 없기 때문이다.

하지만 영업용 부동산의 매각은 회생계획의 수행가능성에 문제를 일으킨다. 회생절차는 기본적으로 보유자산을 매각하여 채무를 변제하는 것이 아니라, 보유자산은 그대로 유치한 채 사업을 계속하면서 장래에 벌어들이는 수입으로 변제하는 제도이다. 그런데 담보권자의 요구에 따라 영업용 부동산을 매각하면 사업을 계속할 수 없고, 당연히 회생계획에 따른 변제도 불가능하다. 그러면 회생계획은 수행할 수 없고, 결국 회생절차는 폐지될 수밖에 없다. 영업용 부동산을 매각하면서도 사업을 계속할 수 있는 방법은 없을까.

먼저 기존 영업용 부동산을 매각하고 좀 더 저렴한 곳으로 이전하는 것이다. 중소기업의 특성상 적은 비용으로 이전하는 것이 가능하다. 이전한 후에도 전과 같이 사업을 계속할 수 있다면, 기존 영업용 부동산을 매각하여 담보권을 변제할 수 있다. 그러나 현실적으로 중소기업의 영업용 부동산 이전은 곤란한 점(허가나 민원 등)이 많아 적절한 대안이 되기는 어렵다.

다음으로 매각 후 재임대(Sale & Lease Back) 방식을 이용하는 것이다. 중소기업은 일반적으로 영업용 부동산을 매각하여야 담보권의 변제가 가능한 경우가 많다. 그러나 영업용 부동산을 매각하면 중소기업의 생산·영업기반이 상실되어 회생가능성이 낮아지는 문제가 있다. 중소기업은 영업용 부동산을 매각하더라도 생산·영업 기반을 유지하기 위해 해당 부동산을 다시 임차하는 매각 후 재임대 방식을 고려할 필요가 있다. 매각 후 재임대 방식은 기업의 신용도에 비해 상대적으로 유리한 조건으로 자금을 조달하여 부채상환 문제를 해결할 수 있고, 새로운 영업용 부동산을 찾아야 하는 부담과 이전비용을 감소시키는 장점이 있다. 반면 임차료를 지급하여야 하는 것으로 인해 영업활동을 통한 현금흐름이 적어질 수 있다는 문제가 있다.

한국자산관리공사(캠코)는 오래 전부터 경영정상화 가능성이 높고, 영업현금흐름 창출로 5년 내에 매각한 자산의 재매입이 가능하다고 판단되는 기업을 대상으로 '자산매입 후 임대 프로그램'을 운영하고 있다. 위 프로그램을 통하여 한국자산관리공사는 회생절차가 진행 중인 기업의 자산을 인수한 후 5년간 임대를 보장하고, 임대기간 종료 3개월 전까지 우선매수권을 부여하여 계속기업의 유지를 지원하고 있다. 영업용 부동산을 다른 곳으로 이전하기 어려운 중소기업은 영업용 부동산을 매각하여 담보권에 대한 변제재원을 마련하면서도 기업 활동을 계속할 수 있는 매각 후 재임대 방식을 잘 활용할 필요가 있다.

일반회생 종결 후 변제불능 시 대책

의사 A씨는 2023년 1월 의료기기 관련 리스료를 낼 수 없을
정도로 운영하던 병원이 어려워지자 법원에 회생절차개시신청을
하였다. 회생절차개시신청 당시 자산은 20억 원, 부채는 55억 원
상당이었다. 부채가 55억 원인 관계로 개인회생절차는 이용할
수 없어 통상의 회생절차를 신청한 것이다. 회생절차는 순조롭게
진행되어 10월경 회생계획인가결정을 받았다. 회생절차를 통한
채무조정으로 채무변제에 대한 부담이 줄어 리스료 등 채무를
변제하는데 별다른 지장이 없다고 판단되었다. A씨가 회생계획
에 따라 변제를 시작하자 법원은 12월경 회생절차를 종결하였다.
회생절차가 종결된 후 A씨는 별다른 문제 없이 병원을 운영하
였고 채무도 회생계획에 따라 변제하고 있었다. 하지만 2024년
2월 들어 문제가 발생하였다. 경기 불황과 병원들 사이의 경쟁
심화로 병원 수입이 급격하게 줄어 정상적으로 회생계획을 수행

할 수 없는 상태에 이르렀다. A씨는 어떻게 하여야 할까.

개인에 대한 회생절차(이를 일반회생절차라 부른다)가 조기에 종결된 후 회생계획을 수행할 수 없는 부득이한 사유(수입의 급감 등)가 발생한 경우 선택할 수 있는 도산절차상의 구제책은 무엇이 있을까. 회생절차가 종결되기 전이라면 회생계획의 변경을 통하여, 즉 변제하여야 할 금액을 다시 감액하는 방법으로 해결할 수 있었을 것이다. 하지만 회생절차가 종결되어 법원이 더 이상 관여할 수 없기 때문에 회생계획을 변경할 수는 없다. 현재 상태에서 개인채무자 A씨가 고려해 볼 수 있는 방법으로 몇 가지가 있다.

먼저 회생절차를 다시 신청하는 것이다. A씨는 회생절차를 이미 한번 신청하여 종결까지 되었지만, 다시 회생절차개시를 신청할 수 있다. 회생절차개시신청에 특별한 자격 제한이 없기 때문이다. 예상치 못한 수입 감소를 원인으로 다시 회생절차를 신청하는 것이므로 회생절차남용으로 보기도 어렵다. A씨가 회생절차를 다시 신청한다고 하더라도 원래 채무가 다시 원상으로 회복되는 것은 아니다. 이전 회생절차에서 회생계획이 인가됨으로써 원래의 채무는 회생계획에서 변제하기로 한 액수대로 변경되었다. 예컨대 채권자 甲의 채권이 5억 원이었지만, 이전 회생절차의 회생계획에 2억 원만 변제하는 것으로 정하여졌다면, 甲의 채권은 회생계획이 인가됨으로써 2억 원으로 변경된다. 따라서 A씨는 회생계획에 따라 변경된 채무를 전제로 다시 회생절차를 신청할 수 있다. 물론 회생계획인가 이후 변제한 금액도 채무에서 제외된다. 다만 회생절차를 다시 신청할 경우 다시 10년을 변제기간으로 한 회생계획안을 작성하여야 하는 부담이 있을 수 있다.

다음으로 개인회생절차개시신청이다. 개인회생절차를 이용하려면 신청 당시 무담보채무는 10억 원, 담보채무는 15억 원 이하여야 한다. 이전 회생절차를 통하여 채무가 조정된 결과나 회생계획인가 이후 회생계획에 따른 변제를 함으로써 개인회생절차개시 신청 당시 남은 채무액이 위 금액 이하가 된 경우 A씨는 개인회생절차를 신청할 수 있다.

마지막으로 개인파산신청을 고려할 수 있다. 회생계획의 수행이 전혀 불가능하고, 병원을 폐업할 정도로 향후 수입이 없을 것으로 예상되는 경우 개인파산신청도 한 방법이다. 특히 A씨가 고령으로 더 이상 의사 생활이 어렵다고 판단되면 유력한 대안이다. 하지만 일반적인 경우 의사는 고수입이 예상되는 직업으로 개인파산을 신청하더라도 남은 채무를 면책 받기 쉽지 않을 것이다.

결국 A씨는 남은 채무총액이 개인회생절차에서 요구하는 금액 이하인 경우에는 개인회생절차를 이용할 수 있고, 그렇지 않으면 다시 회생절차를 신청할 수밖에 없다.

개인에 대한 채무조정에 있어
회생절차가 유용한 경우

A씨는 경기불황으로 운영하던 병원이 어려워지자 개인회생 절차 신청을 고려하고 있다. 채무는 담보채무가 13억 원, 무담보 채무가 8억 원이라 개인회생절차를 신청할 수 있는 자격은 갖추 었다. 하지만 한 가지 문제가 있다. 병원을 설립할 당시 은행으 로부터 대출을 받기 위해 국민건강보험공단으로부터 받게 되는 요양급여를 담보로 제공한 것이다. 담보권이 실행되어 요양급여 를 받지 못하게 되면 병원을 운영하는 것은 사실상 어렵다. A씨 는 개인회생절차를 통하여 채무를 조정할 수 있을까. 아니면 회 생절차를 신청하여야 하는 것일까.

「채무자 회생 및 파산에 관한 법률」은 회생절차를 이용함에 있어 그 자격에 제한을 두고 있지 않으므로 개인도 회생절차를 이용할 수 있다. 결국 개인채무자는 회생절차나 개인회생절차의 장단점을 고려하여 둘 중 하나의 절차를 선택할 수 있다. 하지만 변제기간에 있어 일반적으로 회생절차는 10년임에 반하여 개인회생절차는 3년이다. 회생절차에서 회생계획이 인가되기 위해서는 채권자 다수의 동의를 얻어야 하지만, 개인회생절차에서는 채권자의 동의를 필요로 하지 않는다. 재산에 대한 관리처분권에 있어서도 회생절차는 관리인에게 전속하지만 개인회생절차는 채무자가 그대로 관리처분권을 유지한다. 이처럼 통상 개인회생절차가 여러 가지 점에서 회생절차보다 유리하다. 따라서 채무가 일정 규모(담보채무 15억 원, 무담보채무 10억 원)를 넘어 개인회생절차를 이용할 수 없는 경우를 제외하고, 일반적으로 둘 다 이용이 가능하다면 개인회생절차를 이용하는 것이 편리할 것이다.

하지만 개인회생절차를 이용할 수 있는 채무자에게 있어서도 회생절차가 개인회생절차보다 유리한 경우가 있다.

첫째 개인회생절차에서 담보권은 별제권으로 일정기간이 지나면(변제계획이 인가되고 나면) 담보권 실행을 저지할 방법이 없다. 이는 주택을 담보로 대출을 받은 후 재정적 어려움에 빠진 개인채무자가 주택을 보유하면서 회생을 할 수 없게 만들 가능성이 많다. 또한 영업에 필수적인 재산에 대한 담보권의 실행도 저지할 방법이 없다. 따라서 채무액 한도 내에 있는 개인채무자라도 주택이나 영업에 필수적인 재산에 담보권이 설정되어 있어 담보권의 실행을 저지할 필요가 있는 경우에는 회생절차를 이용할 수밖에 없을 것이다. 회생절차에서 담보권은 회생담보권으로서 권리행사가 제한되기 때문이다.

둘째 채무자가 개인회생절차개시 신청일 전 5년 이내에 면책(파산절차에 의한 면책을 포함한다)을 받은 사실이 있을 때에는 개인회생절차신청이 기각된다. 하지만 회생절차에서는 기각사유에 해당하지 않는다. 따라서 개인회생절차개시 신청일 전 5년 이내에 개인회생절차든 파산절차든 면책을 받은 채무자는 회생절차를 신청하여야 한다.

셋째 개인회생절차에서는 비면책채권이 확대되어 있다. 회생절차에서 면책이 되지 않는 것은 "회생절차개시 전의 벌금, 과료, 형사소송비용, 추징금 및 과태료의 청구권"에 한정된다. 하지만 개인회생절차에서는 위 청구권을 비롯하여 많은 채권들이 비면책채권이다. 개인파산절차의 경우에도 비면책채권이 많다. 따라서 채무자가 부담하고 있는 비면책채권이 과다한 경우에는 회생절차를 이용하는 것도 고려해 볼 만하다.

넷째 개인채무자에게 낭비, 재산은닉 등 면책불허가사유가 있다고 하더라도 회생절차를 이용할 수 있다. 즉 개인회생절차상의 면책불허가사유가 있다고 하더라도 회생절차를 통하여 면책(채무조정)을 받을 수 있다는 것이다.

A씨의 경우 요양급여가 병원 운영에 필수적이라면 개인회생절차가 아니라 회생절차를 신청하여야 한다. 개인회생절차에서는 담보권 실행을 막을 수 없지만 회생절차에서는 담보권을 행사할 수 없기 때문이다.

채무자의 회생절차남용

2021년 10월 14일 서울회생법원 제1호 법정. 파산사건의 채권자집회가 개최되고 있었다. 파산사건의 경우 일반적으로 채권자집회에 채권자들이 거의 오지 않는다. 하지만 이날 한 사건에는 법정을 가득 메울 정도로 많은 사람들이 왔다. 채무자 회사가 리조트를 운영하고 있어 채권자들이 많기도 하였지만, 절차 진행에 대한 불만으로 다수의 채권자가 온 것 같았다. 해당 사건은 2년 전에 채무자가 회생절차개시신청을 하였지만, 기각되었다. 이후 채권자들이 신속한 채권회수를 위해 법원에 파산신청을 하였다. 그러자 채무자가 다시 회생절차개시신청을 하였고, 법원은 회생절차개시결정을 하였다. 그로 인해 채권자들이 신청한 파산절차는 중지되었다. 이후 회생절차는 폐지되었고, 다시 파산절차가 진행되어 파산선고가 되었다. 그러는 동안 3년이란 시간이 흘렀다.

절차 지연으로 당연히 채권자들은 불만이 많을 수밖에 없었다. "회생절차에서 채권신고를 하였는데, 다시 파산절차에서 채권신고를 한다는 것이 말이 되는가"에서부터 회생절차 진행 기간 동안 내부 운용자금 100억 원 가까이를 사용하였다는 것까지. 파산절차 지연에 따른 하소연이 다수를 이루었다. 채권자들의 의견을 경청하면서 회생제도에 대해 다시 한번 생각하게 되었다.

최근 들어 채무자들의 회생절차 남용 사례가 가끔 눈에 띈다. 먼저 채권자의 파산신청에 대항하기 위한 채무자의 회생절차개시신청이다. 채권자는 채무자가 변제를 하지 않거나 재산 은닉의 의심이 드는 경우 책임재산을 채무자의 관리로부터 박탈하여 파산관재인에게 이전시켜 신속, 적정하게 청산을 도모하려고 파산을 신청한다. 또한 채무자를 압박하기 위한 수단으로 파산을 신청하는 경우도 있다. 파산절차보다 회생절차가 우선한다는 원칙에 따라 회생절차개시신청 또는 회생절차개시결정은 파산선고의 장애사유가 될 수 있다. 파산선고에 대한 심리중이든 파산선고 후이든 회생절차개시신청을 하는 것이 가능하다. 회생절차개시신청에 대한 결정이 있을 때까지 법원은 직권으로 채무자에 대한 파산절차의 중지를 명할 수 있고. 회생절차개시결정이 있으면 파산절차는 중지된다. 이러한 점을 이용하여 채권자의 파산신청에 대응하기 위해 채무자가 회생절차개시신청을 하는 경우가 있다.

파산신청에 대항하기 위한 회생절차개시신청은 긍정적인 측면이 있지만 악용되는 부정적인 측면도 없지 않다. 실무적으로 파산신청 이후에 회생절차개시신청이 있는 경우 주사위원을 선임하여 청산가치보장원칙이 지켜질 수 있는지, 회생계획안의 작성이 가능한지 및 중요 채권자들의 의견을 듣는 방법으로 회생절차개시신청 기각 사유가 없는지를 조사하게 한다(이를 '개시전조사'라 한다). 파산절차와 회생절차가 경합하는 경우 회생절차가 우선하는 것이 원칙이지만, 법원에 파산절차가 계속 중이고, 그 절차에 의하는 것이 채권자의 일반의 이익에 부합한 경우에는 회생절차개시신청을 기각하여야 할 것이다. 앞에서 본 사례가 대표적인 남용사례로 볼 수 있다. 어차피 회생이 불가능한 사건을 무리하게 회생절차개시신청을 함으로써 채권자들에게 배당되어야 할 금원이 무용한 회생절차 진행에 소비되어 버린 경우이다.

다음으로 부정수표단속법위반죄를 피하기 위한 회생절차개시신청이다. 회생절차가 개시되면 채무자는 지급권한이 없으므로 수표가 부도나더라도 부정수표단속법위반죄로 처벌되지 않는다.

마지막으로 근로기준법위반죄를 벗어나기 위한 회생절차개시신청이다. 대표자는 근로자가 퇴직 후 14일 이내에 임금 등을 지급하지 않으면 근로기준법위반죄로 처벌받지만, 14일 이전에 회생절차가 개시되면 형사처벌을 면한다. 지급권한이 관리인에게 있기 때문이다.[12]

회생절차가 채무자의 효율적인 회생을 위해 존재하는 것이지만, 경우에 따라 파산절차의 회피나 형사처벌을 피하기 위해 악

---

12 [제3장] <10.> 칼럼을 참조할 것.

용되는 경우가 있다. 최근 파산절차를 피하기 위한 회생절차개시 신청이 늘고 있는 것은 회생절차에 대하여 부정적인 인식을 심어줄 수 있다는 점에서 우려스러운 일이다.

회생절차개시신청만으로
기한이익이 상실되는가

2022년 2월 서울회생법원을 끝으로 23년간의 법관생활을 마감하고, 사내변호사를 거쳐 2023년 2월 말부터 개인변호사로서 업무를 시작하였다. 법원에 있을 때도 그랬지만 여전히 감당하기 어려운 빚에 시달리는 기업이나 개인을 위해 일을 하고 있다. 그들의 빚을 용서해달라는 것이 주된 업무이다. 그 동안 법원과 실무가들의 노력으로 회생절차를 비롯한 도산제도는 비약적인 발전을 해왔지만, 여전히 연구와 고민의 부분들은 남아 있는 것 같다.

자본주의 사회는 계약의 자유를 인정하고 있고, 그 근저에는 계약의 대가를 치를 수 있다는 믿음인 신용이 자리하고 있다. 계약은 신용을 바탕으로 체결되는 것이기 때문에 계약 당시의 신용 상태에 중대한 변경이 발생할 경우 계약을 해제(해지)하는 등의 조치를 취하는 것이 자연스러운 현상이다. 대표적인 것이 도산해제조항(도산해지조항)이다. 계약당사자들 사이에 상대방이 지급정지나 파산, 회생절차개시의 신청, 회생절차개시와 같이 신용상태가 악화될 때에 대비하여 이러한 도산에 이르는 과정의 일정한 사실이 상대방에게 발생하는 것을 계약의 해제권(해지권) 발생원인으로 정하거나 당연해제(해지)사유로 정하는 특약을 두는 경우가 있다. 이를 도산해제조항이라 한다.

도산해제조항이 유효한지에 관하여 그 동안 다양한 논의가 있었다. 하지만 현재 도산해제조항은 회생절차의 목적에 반하므로 효력이 없다는데 별다른 이견이 없다. 즉 재정적 파탄상태에 빠진 상대방(채무자)이 회생을 위하여 회생절차를 신청하였음에도 그 회생의 기반이 되는 계약목적물의 사용·수익권을 상실하게 되는 한편, 채권자는 환취권(계약목적물을 회수해 갈 수 있는 권리)의 행사 등을 통하여 이를 회수하게 되어 회생절차의 진행에 중대한 지장이 초래될 수 있다는 것이다. 법원도 기본적으로 같은 입장으로 보인다.

그런데 최근 회생절차개시신청을 대리하면서 뜻밖의 상황을 직면하였다. 회생절차개시신청을 한 후 의뢰인으로부터 난감한 일이 발생하였다는 연락을 받은 것이다. 회생절차개시신청을 한 다음날 운용자금을 빌린 거래 은행으로부터 기한이익을 상실하였으므로 대출금을 상환하라는 요구를 받았음은 물론, 대출 당시 연대보증을 하였던 제3자에 대하여도 즉시 가압류 등 회수조치를 취하겠다는 통보를 받았다는 것이다.

사정을 알아보니 이랬다. 실무적으로 금융기관이 대출을 실행함에 있어 상대방(채무자)의 지급정지, 회생절차개시의 신청, 파산신청 등의 경우에 기한이 도래한 것으로 보는 기한이익상실조항(accelaration clause)을 둔다는 것이다. 그 예로 은행여신거래 기본약관 제7조[13]에 있는 기한전의 채무변제의무 규정을 들 수 있다. 이처럼 회생절차개시신청만으로 기한이 도래한 것으로 보는 기한이익상실조항을 둔 경우 그 효력을 인정할 것인가.

회생절차개시신청으로 기한이익이 상실된다는 조항의 효력과 관련하여 우리나라에서는 아직 논의가 전혀 없거나 활발하지 않

---

13 은행여신거래기본약관 제7조(기한전의 채무변제의무)

① 채무자에 관하여 다음 각 호에서 정한 사유 중 하나라도 발생한 경우에는, 은행으로부터의 독촉·통지 등이 없어도, 채무자는 당연히 은행에 대한 모든 채무의 기한의 이익을 상실하여(지급보증거래에 있어서의 사전구상채무 발생, 유가증권대여에 있어서의 기한전의 대여증권반환의무·대여유가증권상에 설정하였던 담보권설정등록 말소의무를 포함합니다. 이하 같습니다), 곧 이를 갚아야 할 의무를 집니다.

1. 제 예치금 기타 은행에 대한 채권에 대하여 가압류·압류명령이나 체납처분 압류통지가 발송된 때 또는 기타의 방법에 의한 강제집행 개시나 체납처분 착수가 있는 때. 다만, 담보재산이 존재하는 채무의 경우에는 채권회수에 중대한 지장이 있는 때에만 가압류를 사유로 기한의 이익을 상실합니다.

2. 채무자가 제공한 담보 재산(제1호의 제 예치금 기타 은행에 대한 채권은 제외)에 대하여 압류명령이나 체납처분 압류통지가 발송된 때 또는 기타의 방법에 의한 강제집행 개시나 체납처분 착수가 있는 때

3. 파산·회생·개인회생절차개시의 신청이 있거나, 채무불이행자명부 등재 신청이 있는 때

4. 조세공과에 관하여 납기전 납부고지서를 받거나, 어음교환소의 거래정지처분이 있는 때

5. 폐업, 도피 기타의 사유로 지급을 정지한 것으로 인정된 때

6. 채무자의 과점주주나 실질적인 기업주인 포괄근보증인의 제 예치금 기타 은행에 대한 채권에 대하여 제1호의 명령이나 통지가 발송된 때

은 것 같다. 금융기관 입장에서 회생절차개시신청도 신용상태에 있어 중대한 변경으로 볼 수 있으므로 이를 기한이익상실사유로 규정하는 것은 일응 수긍이 가는 측면도 있다. 하지만 이러한 기한이익상실조항의 효력을 인정하면 여러 가지 문제가 있다.

먼저 단지 회생절차개시신청을 했다는 것만으로 기한이익이 상실된 것으로 보면 회생절차개시신청이 되는 순간 채권자가 상계를 할 수 있는 상계적상이 창출된다. 하지만 이는 회생절차의 원만한 진행을 위해 상계권의 시기적 제한을 두고 있는 채무자회생 및 파산에 관한 법률(채무자회생법)의 취지에 반한다. 또한 기한이익이 상실될 경우 담보권자의 담보권 실행이 가능하게 되는데, 이 또한 담보권의 실행을 중지·금지하고 있는 채무자회생법과 충돌된다.

다음으로 채무자가 영업을 계속하여 그 수익금으로 채권자들에게 변제할 의도로 회생절차개시를 신청하였음에도 회생절차개시신청 그 자체를 기한이익상실사유로 삼는 것은 채무자의 의도와 다른 결과를 초래하여 회생절차의 목적에도 반한다.

마지막으로 가까운 일본의 경우에도 다수의 학자들이 회사갱생절차(우리나라의 회생절차의 모델이 된 절차이다)에서 회사갱생절차개시신청만으로 기한이익을 상실한다는 기한이익상실조항은 효력이 없다고 하고 있다.

채무자회생법의 규정 취지나 회생절차의 목적 및 외국의 상황 등을 고려해 보면, 회생절차개시신청만으로 기한이익이 상실된다는 조항은 무효라고 보는 것이 타당하다. 금융기관이 회생절차개시신청만으로 기한이익을 상실한다는 조항을 두는 것은 기업이나 개인으로 하여금 회생제도의 이용을 주저하게 하는 요인이 될 수 있다. 이는 조기에 회생절차에 진입하여 회생의 성공가능성을 높여야 한다는 세계적인 흐름에도 배치된다. 나아가 상대방(채무자)의 대출에 대하여 연대보증을 한 제3자에 대하여도 즉시상환청구의 사유가 되어 연쇄도산을 초래할 우려도 있다. 금융기관도 이러한 점을 고려하여 법원에서 해당 조항이 무효라는 것을 선언하기 전에 선제적으로 해당 규정을 삭제하거나 개정함으로써 어려워진 기업이나 개인에게 숨 쉴 수 있는 공간, 즉 회생절차로 진입할 수 있도록 긍정적인 시그널을 줄 필요가 있다.

상거래채권이 채무조정의
대상이 되는 것이 타당한가

현재 채무자의 채무를 조정하여 재건을 돕는 법으로 기업구조조정 촉진법과 채무자 회생 및 파산에 관한 법률이 있다. 흔히 전자에 의한 것을 워크아웃(사적정리)이라고 하고, 후자에 의한 것을 회생절차라 한다. 양자의 차이는 여러 가지가 있지만 그중 대표적인 것이 전자는 금융채권만 채무조정의 대상이 됨에 반하여, 후자는 금융채권은 물론 상거래채권도 채무조정의 대상이 된다는 것이다.

예를 들어 보자. A회사는 甲(갑)은행으로부터 운전자금 명목으로 10억 원을 대출받았고, 거래처 乙(을)회사로부터 원재료 5억 원을 외상으로 구입하였다. 사업이 어려워진 A회사는 채무조정을 위한 방법으로 워크아웃이나 회생절차를 고려할 수 있다. 이때 워크아웃을 선택할 경우 甲은행에 대한 채무는 조정(감액 또는 면제)을 받을 수 있으나, 乙회사에 대한 채무는 상거래채권이므로 조정을 받을 수 없다. 회생절차를 선택할 경우에는 甲은 행이나 乙회사에 대한 채무를 모두 조정받을 수 있다.

법원에 재직할 당시에는 상거래채권도 채무조정의 대상으로 하는 것이 채무자의 회생을 위해 좀 더 바람직하다고 생각했고, 그 타당성에 대하여 별로 고민해 보지 않았다. 하지만 막상 법원을 퇴직하고 회생사건을 대리하면서 상거래채권을 채무조정 대상으로 하는 것이 적절한지 의문이 들었다. 법원 안에서 보지 못한 것들이 법원 밖에서는 많이 보였던 것이다.

우선 상거래채권이 채무조정의 대상이 됨으로 인해 거래관계가 단절되는 상황이 발생할 수 있다는 것이다. 거래상대방으로서는 법적으로 회생절차개시 이후의 거래에 대하여는 채무조정의 대상이 되지 않지만(이들은 공익채권에 해당하여 수시로 우선적으로 변제받을 수 있다), 회생절차개시 전에 거래한 채권의 채무조정에 대한 반감으로 회생절차개시 이후에도 거래를 하지 않으려고 하는 경향이 있다. 정상적인 거래를 하려면 현금으로 바로 지급할 것을 요구한다. 이러한 상황의 발생은 회생을 신청하는 채무자로서는 원치 않은 상황이다.

다음으로 상대방 입장에서도 문제이다. 상거래채권이 채무조정의 대상으로 되면 거래상대방도 재정적 어려움에 빠지게 될 가능성이 많다. 이 경우 연쇄도산이 발생할 수 있다. 회생을 신청하는 대부분의 채무자는 중소기업이다. 중소기업 입장에서 1억 원이나 2억 원은 적은 돈이 아니다. 중소기업은 소액이라도 변제를 받지 못하면 회사가 어려움에 처하게 된다. 이러한 점을 고려하여 채무자회생법은 상거래채권에 대하여 우선적으로 변제할 수 있는 규정을 두고 있기도 하다(채무자회생법 제132조 제1항, 제218조 제1항 제3호).

　마지막으로 절차 진행의 신속을 위해서도 상거래채권은 채무조정 대상에서 제외할 필요가 있다. 일반적으로 상거래채권은 소액이지만 채권자가 다수인 경우가 많다. 따라서 상거래채권의 채무조정을 위해서는 많은 채권자와 접촉을 해야 하므로 시간이 오래 걸릴 수 있다. 반면 금융채권의 경우는 금액이 크지만, 채권자 수가 많지 않아 상대적으로 채무조정이 쉬운 편이다. 실무적으로 소액채권자가 많은 경우(항공사나 여행사 회생사건 등)에는 법원의 허가를 받아 변제를 하기도 한다.

부인권[14]은 꼭 행사해야 하는가

회생채권자들은 채무자의 재산으로부터 만족을 얻는다. 채무자의 재산은 일반적으로 채권추심을 통해 증가한다. 하지만 진정한 의미의 채무자 재산의 증가는 부인권 행사에 의하여 일어난다. 부인권의 행사에 의해 채무자의 재산에서 일탈되었던 재산이 원상으로 회복되기 때문이다. 그래서 부인권을 행사하여야 함에도 관리인이 이를 게을리하거나 행사가 부적절한 경우 이해관계인은 법원에 감독권 발동을 촉구하거나(부인권행사명령) 관리인의 해임을 신청하거나 관리인의 선관주의의무 위반을 근거로 책임을 물을 수 있다.

기업이든 개인이든 재정적 어려움에 처하게 되면 비정상적인 거래가 발생한다. 급전을 마련하기 위해 고가의 물건을 저가에

---

14 민사법에서 사해행위취소권(채권자취소권)에 해당한다. 다만 사해행위취소권이 채권자를 해하는 행위를 대상으로 함에 반하여, 부인권은 여기에 편파행위(특정채권자에게 변제하는 행위 등)까지 그 대상이 확대된다.

매각하거나, 채무변제를 독촉하는 채권자들 중 일부 거래처에 대해 대금을 지급하거나, 특수관계인에게 금전을 대여하는 등이 그것이다. 이들은 부인권 행사의 대상이 된다. 그렇다면 부인권을 행사할 요건이 갖추어진 경우 항상 부인권을 행사하여야 하는가.

부인권은 이해관계인 전체의 이익을 위하여 관리인에 의해 행사된다. 회생채권자들로서는 부인권의 행사에 의해 채무자의 재산이 증가한다면, 회생계획에서 변제액이 증가할 가능성이 있으므로, 적절하게 부인권을 행사하는 것에 이해관계를 갖는다. 반대로 부인권 행사로 채무자의 재산이 증가할 가능성이 없다면 이해관계를 갖는다고 볼 수 없다. 따라서 부인권의 행사는 그 요건을 갖추었더라도 그 행사로 인해 채무자의 재산이 증가할 수 있다는 것이 전제되어야 한다. 그렇지 않을 경우 부인권 행사는 회생절차의 지연만을 초래할 뿐 실익이 없다.

예컨대 채무자가 상대방(통상은 특수관계인인 경우가 많다)에게 금원을 이자부로 대여하였다고 하자. 현재 상대방은 영업을 중단하고 휴업상태에 있으며, 자본잠식 및 당기순손실이 발생하고 있다. 나아가 집행할 재산도 없다. 채무자도 이러한 점을 고려하여 회수가능성이 없다고 보아 전액 대손 처리하였다. 이러한 상태에서 부인권을 행사하더라도 채무자의 재산이 증가할 수 없다. 대여금은 이자 약정이 있으므로 무상부인도 아니다. 따라서 상대방에 대한 대여가 부인권의 대상이 된다고 하더라도 상대적으로 비난가능성은 크지 않다. 이러한 점들을 고려하면 부인권을 행사하지 않는 것이 바람직할 수도 있다.

부인권 행사에 의해 채무자의 재산이 증가되는 경우에도 채무자에 대한 불이익이 고려되지 않을 수 없다. 위기시기에 채무자로서는 그 소유재산을 매각하여 사업의 운전자금을 조달하거나 긴급대출을 받기 위해 그 재산에 담보권을 설정함으로써 파탄을 막을 수 있다. 그러나 이러한 행위가 나중에 부인의 대상이 될 가능성이 있다면, 제3자로서는 채무자와 거래를 거절하게 될 것이고, 그 결과 위기에 빠진 채무자로서는 파탄을 회피할 수단이 없게 된다. 따라서 채무자와 이해관계인의 이익의 조화를 꾀하기 위하여 행위를 한 시기나 행위의 목적 등을 고려하여, 부인권 행사나 성부를 결정하지 않을 수 없다.

　또한 부인의 성립이 예상되는 사안에서도, 회생절차개시결정 후 사업계속을 위해 상대방의 협력을 확보하는 것이 불가결한 경우에 있어서는, 부인권을 행사할 것이 아니라 화해에 의한 해결 등의 가능성을 찾아야 할 것이다. 가령 사업계속에 필수적인 원재료 물품대금을 지급한 경우를 보자. 상대방으로서는 채무자가 위기에 빠질 경우 기존 물품대금을 지급하지 않으면 원재료를 공급하지 않을 것이다. 회생절차가 개시된 후 물품대금 지급에 대하여 부인권을 행사한다면 상대방은 원재료를 공급하지 않을 것이고, 채무자의 회생은 어렵게 될 것이다.

담보신탁, 새로운 구성이 필요할 때다!

　　회생절차 진행을 어렵게 하는 여러 요인이 있다. 최근 문제되는 것으로 부동산담보신탁이 있다. 부동산담보신탁이란 채무자가 위탁자가 되고 채권자를 수익자로 하여, 채무자가 신탁부동산의 소유권을 수탁자에게 이전하고 수탁자는 담보목적을 위하여 신탁재산을 관리한 후 채무자가 채무를 변제하면 부동산을 위탁자에게 반환하나 채무자가 채무를 변제하지 아니할 때에는 신탁재산을 처분하여 그 대금으로 채권자인 수익자에게 변제하고 잔액이 있을 때에는 채무자에게 반환하도록 한 신탁을 말한다.

　　대부분의 기업들은 공장 건설이나 운영 자금 조달을 위해 보유하고 있는 부동산을 신탁하는 경우가 많다. 건설회사(시행사)가 자금조달(PF)을 위해서도 부동산담보신탁이 이용된다. 자금을 대여하는 채권자는 부동산이 신탁되어 있을 경우 기업이 도산하더라도 그것에 영향을 받지 않고 신탁부동산을 공매 처분하여 대여금을 회수할 수 있다. 이를 도산절연이라 한다. 도산절연이 되는 이유는 대법원이 부동산담보신탁에 있어 수탁자 앞으로 소유권이전등기를 마치게 되면 대내외적으로 소유권이 수탁자에게 완전히 이전되고, 위탁자와의 내부관계에 있어서 소유권이 위탁자에게 유보되어 있는 것은 아니므로 위탁자가 신탁한 부동산은 더 이상 위탁자인 채무자의 재산이 아니라고 보고 있기 때문이다.

부동산담보신탁의 경우 부동산은 채무자의 재산이 아니고 수탁자의 재산이 되므로 채무자가 회생신청을 하면 채권자(수탁자)가 공매신청을 해버린다. 이러한 이유로 부동산을 담보신탁하고 있는 채무자는 회생신청을 하지 않으려 하고, 회생을 신청하더라도 회생절차의 진행이 어렵다.[15] 해당 부동산은 채무자에게 있어 중요한 공장이거나 생산시설 등인데, 이들이 공매처분되면 기업을 계속적으로 운영할 수 없기 때문이다.

대책은 없는가. 본질적인 해결책은 대법원 판례를 변경하는 것이다. 미국의 경우 부동산담보신탁의 실질은 담보이기 때문에 담보권으로 보고 있다. 우리도 부동산담보신탁은 자금 조달을 하기 위한 담보로서의 실질을 갖는 것이라고 할 수 있다. 따라서 기존의 대법원 판례를 변경하여 부동산담보신탁을 담보권으로

---

15 실무적으로 회생절차 진행을 위해 신탁과 관련된 채권자는 회생채권자에 불과함에도 해당 채권을 전액 변제하는 것으로 회생계획안을 작성하고 있다.

구성할 필요가 있다.

하지만 대내외적으로 소유권이 이전된다는 대법원 판례의 변경을 기대하기는 쉽지 않다. 실체법에서의 판례법리를 변경할 수 없더라도 회생절차가 개시된 경우 그 이론 구성을 달리할 수 있지 않을까. 이른바 도산법적 재구성이 가능하지 않을까. 회생절차가 개시되면 회생절차의 목적, 부동산담보신탁의 실질 등을 고려하여 부동산담보신탁은 회생담보권으로 재구성할 수도 있을 것이다.

요컨대 도산법적 재구성도 타당해 보이는 측면도 있지만, 실체법리와 도산법리의 괴리가 발생하고, 이는 거래의 안정성을 해칠 수 있다. 또한 도산절차가 개시되었다고 하여 실체법에서 법리가 변경되어야 한다는 뚜렷한 근거를 찾기도 어렵다. 결국 담보신탁은 본질적으로 담보이기 때문에 기존의 판례를 담보권으로 구성하는 것으로 변경할 필요가 있다.

제 3 장

파산절차, 개인회생절차

화차(火車), 단지 행복해지고 싶었을 뿐

법원에 개인회생이나 개인파산을 신청하는 사람들은 어떤 사람들일까. 2003년 광주지방법원에서 개인파산업무를 시작할 때나 지금이나 개인파산 또는 개인회생을 신청하는 사람들에 대한 사회의 시선은 곱지 못하다. 낭비벽이 심하고 경제관념이 없으며 도덕적으로 문제가 있다는 인식이 일반적이다. 과연 개인파산이나 개인회생을 신청하는 것이 단지 개인들의 무책임한 도덕적 해이(moral hazard)에서 비롯된 것일까.

"세키네 쇼코씨는 유달리 낭비벽이 심한 여자가 아니었습니다. 나름대로 열심히 생활했어요. 그녀 신상에 일어난 일은 상황이 조금만 바뀌면 나나 당신에게도 얼마든지 일어날 수 있는 일입니다."

현대사회에서 신용카드와 신용대출로 파산상태에 이른 한 여자의 파멸과 금융권의 부조리를 고발한 미야베 미유키의 소설

『화차』(우리나라에서 이를 원작으로 한 영화도 만들어졌다)에서, 작가는 '세키네 쇼코'가 개인파산을 신청하게 된 과정에 대해 누구나 파산상태에 이를 수 있음을 말하고 있다. 나아가 미야베 미유키는 상당히 고지식하고 겁이 많고 마음이 약한 사람이 개인파산에 이르는 경우가 많다고 묘사하고 있다.

오랜 기간 개인파산업무를 담당해온 경험으로는 미야베 미유키의 이러한 분석에 동의하지 않을 수 없다. 평범한 사람도 어느 순간 신용카드나 신용대출의 늪에서 벗어나지 못하고, 자신도 모르게 빚의 구렁텅이로 빠지는 경우가 있다. 소설 속 세키네 쇼코도 많은 빚을 지게 된 이유에 대해 "단지 행복해지고 싶었을 뿐"이라고 말하고 있다.

미야베 미유키는 파산상태에 이른 사람들을 화차에 올라탄 것에 비유한다. 화차는 생전에 악행을 저지른 망자를 태워 지옥으로 실어 나르는 불수레다. 파산상태에 이른 개인이 불수레에 올라탄 것이 맞을 수도 있지만, 악행을 저지른 것이라는 점에는 동의할 수 없다. 실무에서도 개인들은 개인파산보다 개인회생을 신청하려고 하는 경우를 많이 본다. 생계비를 빼고 나면 변제할 재원이 없어 개인회생을 신청할 수 없는 사람들도 생계비를 줄여가면서까지 개인회생을 고집한다. 그들에게 왜 개인파산신청을 하지 않고 개인회생을 신청하느냐고 물으면, 그들은 말한다. 그래도 조금이라도 변제해야 마음이 편하다고. 힘 닿는 데까지 변제를 해야 한다고.

개인이 파산상태에 이른 것은 일정 부분 본인의 책임도 있다. 하지만 은행 등 금융기관을 비롯한 사회의 책임도 부인할 수 없다. 금융기관은 개인들의 신용상태를 고려하지 않은 채 돈을 빌려주거나 신용카드를 사용하도록 하였고, 고금리와 과도한 수수료를 요구하고 있기도 하다. 개인들은 화차에 탈 수도 있다는 사실을 모른 채 빚을 늘려간다. 금융기관은 빚이 지속적으로 늘어남에도 이를 방임함으로써 개인들이 화차에서 내릴 수 있는 기회를 봉쇄한다. 빚은 어느 순간 크레디트(credit), 즉 신용이라는 이름으로 둔갑한다. 빚을 많이 낸 사람은 신용이 좋은 사람으로 돼버린 것이다. 거기다가 사회는 개인들로 하여금 무분별한 소비에 빠지도록 온갖 정보들을 제공한다. 이렇게 저렇게 하면 돈을 왕창 벌 수 있다. 주식을 해라. 집을 사라. 어느 나라로 여행을 가야 재미있다 등등. 개인들은 수집된 정보로 인해 자신도 모르게 과소비에 이르게 된다. 정보파산에 빠지는 것이다.

2024년 2분기 기준으로 가계부채는 1,896조 원을 넘어섰다. 고금리, 고물가로 인한 R(Recession · 경기침체)의 공포가 우리 경제에 드리우고 있다. 성실하지만 불운하게 빚을 진 사람들은 새로운 출발을 할 수 있도록 법원이 도와주어야 한다. 개인의 빚이 단기간에 발생한 것이 아니고, 장기간에 걸쳐 쌓인 것으로 개인들에게 다시 시작하고 싶다는 의지가 있다면 구제해 주어야 한다. 과도한 빚을 짊어지고 사는 것은 결코 한 개인의 문제가 아니다. 가장으로서 경제생활이 곤란해지면 가족 나아가 사회문제로 이어진다. 미래의 자산인 아이들은 공정한 경쟁에서 멀어지고, 빚의 대물림은 계속된다. 앞을 봤더니 너무 막막하고 뒤를

봤더니 너무 멀리 와버린 사람들, 법원은 결코 이들을 포기해서
는 안 된다. 거기에 회생법원의 존재 이유가 있는 것이다.

실패한 채무자에 대한 파산,
면책은 타당한가

채무자회생법은 기본적으로 실패한 채무자(빚을 갚지 않거나 갚을 수 없는 채무자)를 어떻게 처리할 것인가에 대한 고민에서 시작한 것이다. 빚은 언제부터 생기기 시작한 것일까. 역사 이래 부의 불평등은 현실이었다. 현재도 진행 중이다. 이로 인해 사람들 사이에는 금전 차용 관계가 발생하였고, 그로 인해 필연적으로 빌린 돈을 갚지 못하는 상황은 늘 존재하여 왔다.

채권자 입장에서 빚을 갚지 않으면 어떻게 대처해야 하는가. 오래 전에는 빚을 다 갚을 때까지 채무자를 감옥에 보내거나 노예로 삼기도 하였다. 로마의 12표법에 의하면 채권자는 채무자를 체포하고 구금할 수 있었고, 일정한 기간이 지나면 채무자를 죽여 시체를 갈라서 나누어 가지거나, 노예로 팔아 그 대가를 나누어 가질 수도 있었다. 윌리엄 셰익스피어의 명작 『베니스의 상인』에서 샤일록이 돈을 갚지 못할 경우 1파운드의 살을 베이가기로 한 것은 소설 속 이야기만은 아니다.

사람들은 왜 빚을 지는가. 사람들이 빚을 지는 것은 본인의 게으름이나 낭비에서 비롯된 경우도 있지만, 성실하고 정직하게 살았음에도 빚의 굴레에서 벗어나지 못하는 경우도 있다. 이처럼 성실하고 정직하게 살아온 사람들도 감옥에 보내거나 노예로 삼아 평생 빚을 갚도록 하는 것이 타당한가. 예를 들어 한 번 생각해보자. 30대 초반에 월 300만 원의 급여를 받고 성실하게 사는 사람이 아버지가 사업자금을 빌리는 데 보증을 서주어 40억 원이 넘는 빚(보증채무)을 부담하게 되었다고 하자. 이 사람은 자신의 급여를 전부 빚 갚는 데 사용하여도 평생 빚을 갚지 못한다. 약속(계약)은 지켜져야 한다는 법언에 따르면 이 사람은 평생 빚을 갚아야 한다. 아버지를 위해 보증을 서주었지만 과연 이 사람을 얼마나 비난할 수 있을까. 이 사람으로 하여금 평생 빚 갚으며 살아가라고 하는 것이 정의인가. 아니면 채무를 탕감해주고 새로운 삶을 살 수 있도록 해주는 것이 타당한가. 이 사람에게 평생 빚을 갚으며 살라고 하면 일할 의욕도 없어져 직장을 그만둘 수도 있다. 이로 인해 결혼, 출산, 가족부양 등에 심각한 영향을 미칠 수도 있다. 실로 희망이 없는 삶이 된다. 이러한 현상이 바람직한가.

이러한 근본적인 고민 속에서 파산·면책제도가 등장하였다. 성실하고 정직하게 살아온 사람들에게 새로운 삶의 기회를 부여하기 위해 빚을 없애주자는 것이다. 그렇게 하여 이 사람으로 하여금 희망이 있는 새로운 삶을 살아갈 수 있도록 해주자는 것이다. 빚(채무)의 면책(discharge)을 통해 새로운 출발(fresh start)을 할 수 있도록 하는 것이다. 법적으로 노예제도가 없어졌지만 경제적으로는 여전히 존속한다. 파산·면책은 이러한 경제적 노예 상태에 대한 대응책이자 노예해방으로서 정당화되는 것이다.

채무자는 개인뿐만 아니라 기업(법인)도 포함된다. 그렇다면 기업(법인)에게 있어 파산제도는 무슨 의미가 있을까? 기업에게 있어 파산은 더 이상 추급할 재산이 없음을 채권자들에게 공식적으로 알리는 의미가 있다(더 이상 재산이 없으니 추급하지 말라는 것이다). 일단 파산절차를 이용하여 빚 정리를 한 기업인은 이전의 경험을 바탕으로 새로운 법인을 만들어 창조적인 사업에 종사할 수 있다. 그렇게 되면 고용창출이 되고 가정이 안정화되는 등 사회경제적으로도 긍정적인 효과가 발생하게 된다.

바보야! 문제는 스피드야

법원에서 회생·파산 업무를 10년 정도 담당했다. 언젠가 모 신문 기자가 오랫동안 회생·파산업무를 해오면서 회생·파산사 건을 처리함에 있어 가장 중요한 것이 무엇이라고 생각하느냐는 질문을 했다. 나는 한순간의 망설임도 없이 스피드라고 했다. 회 생·파산이 이루고자 하는 목적은 채무자가 놓인 상황에 따라 다를 수 있다. 효율적인 회생, 공정하고 공평한 배당(변제)과 절 차보장도 그중 하나로 드는 것이다. 하지만 재정적 어려움에 처 한 채무자에게 있어 무엇보다 중요한 것은 결론에 이르기까지의 스피드라고 생각한다.

2014년 창원지방법원에서 파산부장을 맡고 있던 시절이다. 당시 창원지방법원의 가장 큰 문제는 개인파산사건이었다. 3,000 건이 넘는 개인파산사건이 쌓여 있었고 매달 접수되는 사건도 만만치 않았다. 신건의 심문기일을 지정하려고 사건을 가져오라고 했더니, 2012년 4월 접수사건을 가져오는 것이다. 처음에는 상황 파악이 되지 않아 의문만을 품은 채 기일지정을 했다. 나중에 알고 보니 사건의 적체가 심각한 상황이었다. 접수된 지 2년이 넘어서야 심문을 하게 된 것이다. 회생·파산업무를 담당하는 판사로서 도저히 이해가 되지 않았다. 당연히 민원은 엄청났고 회생·파산이 존재하는 이유가 뭔지 의심되는 지경이었다.

파산관재인을 추가로 선임하고 과감하게 동시폐지(파산선고와 동시에 파산절차를 끝내는 것)를 했다. 거의 매주 개인파산사건 집회를 진행하였다. 6개월 만에 쌓여있던 3,000건이 넘는 사건을 모두 처리했다. 쌓인 사건을 처리하고 나니 동시폐지사건은 1개월 만에 면책결정이 나가고, 파산관재인을 선임하는 사건은 3개월 만에 면책결정이 나갔다.

회생법원에 개인파산을 신청하는 사람들은 면책이 목적이고, 그것도 신속하게 면책을 받는 것이다. 법은 면책불허가사유가 없는 한 필요적으로 면책을 해주도록 규정하고 있다. 그런데 법원이나 파산관재인은 법에 규정도 없는 수많은 서류 제출을 요구하고 그로 인해 면책은 한없이 늦어지고 있다. 지연된 면책은 별로 감흥이 없다. 신속한 면책이야말로 실패한 채무자에게 희망이다. 망설이고 면책결정이 늦어질수록 삶은 지쳐가고 새로운 출발은 멀어지며 사회안전망은 무너질 수 있다. 면책은 예산이 필요 없는 따뜻한 복지라는 것을 되새겨 볼 필요가 있다.

학자금, 청춘들은 아프다

코로나, 고금리 및 인플레이션으로 인한 경제 충격의 직격탄은 대학생도 피할 수 없었다. 대학을 졸업한 청춘들의 취업이 녹녹지 못하다. 더욱 목을 죄는 것은 학자금 대출이다. 통계에 의하면 학자금 대출을 갚지 못해 신용불량자가 된 청춘이 약 1만 명에 육박하고, 1만 7천 명이 취업 이후에도 학자금 대출을 갚지 못하고 있다고 한다.

학자금 대출은 대학생에게 학자금을 대출하고 그 원리금은 소득이 발생한 후, 즉 취업을 한 이후에 소득 수준에 따라 상환하도록 하는 대출이다. 이는 현재의 경제적 여건에 관계없이 고등교육에 대한 접근 가능성을 높여, 개개인에게는 기회의 균등을 보장하고, 사회적으로는 우수한 인력을 양성하기 위한 노력의 일환으로 도입된 것이다. 이러한 도입취지에도 불구하고 학자금 대출은 대학 졸업자들에게 큰 부담으로 작용하고 있다. 학자금 대출금의 총액 자체가 상당히 높은 수준에 도달하였을 뿐만 아니라 학자금 대출의 질이 계속 악화되고 있다. 졸업 후 학자금 대출 원리금을 연체하고 있는 수가 점점 더 증가하고 있는 것이다.

정부나 지방자치단체는 물론 신용회복위원회도 연체된 학자금 대출 문제를 해결하기 위한 여러 가지 대책(이자율을 낮추거나 변제기의 연장 등)을 내놓고 있다. 그러나 정부 등의 대책들은 법적인 구속력이 없어 쌍방 사이에 합의가 되지 않거나 분쟁이 발생할 경우 실효적인 대책이 될 수 없다. 그래서 주목해 볼 수 있는 것이 법원에서 진행하고 있는 개인파산절차와 개인회생절차다. 법원에서 진행하는 절차는 법적인 절차로 채무조정에 반대하는 채권자를 포함한 모든 채권자에게 효력을 미친다는 점에서 긍정적이다.

2022년 이전에는 개인파산절차에서 학자금 대출은 면책이 되지 않는다. 학자금 대출이 면책되지 않도록 한 것은 학자금대출의 특수성에 기인한다. 다수의 국민이 지속적으로 학자금대출제도의 혜택을 누리기 위해서는 학자금 대출 재원이 계속 유지되어야 한다. 학자금 대출 재원은 다수의 국민이 고등교육을 받기 위하여 계속적으로 사용되어야 하는 공공재적 성격을 갖기 때문이다. 학자금 대출금을 회수하여 재원을 유지하는 것은 학자금대출제도의 영속성을 확보하기 위하여 매우 중요하므로 면책을 인정하지 않는 것이었다.

하지만 젊은 청춘들이 대학을 졸업한 후에도 학자금 대출로 사회생활이 어렵다는 점을 고려하여 2022년 1월 1일부터는 학자금대출대권도 면책되도록 법을 개정하였다. 늦었지만 환영할 만한 일이다.

개인회생절차에서는 학자금 대출에 대하여 면책을 받을 수 있지만, 면책을 받으려면 원칙적으로 3년간 가용소득(소득에서 생계비를 제외한 금액) 전부를 변제에 사용하여야 한다. 대학을 갓 졸업한 청춘들에게 3년은 짧은 기간이 아니고, 가용소득 전부를 변제에 투입하도록 요구하는 것은 결혼과 출산 등에 부정적 영향을 미친다는 점에서 한계가 있다. 이런 점에서 여전히 학자금 대출채권에 관한 충분한 구제책이 마련되어 있지 못하다고 볼 수 있다.

미국에서는 학자금대출채권의 경우 개인파산절차나 개인회생 절차에서 모두 면책되지 않는다. 다만 채무자와 가족이 과도한 곤경(undue hardship)에 처하게 되는 경우 예외가 인정된다. 이른바 "Brunner Test"라 부른 것으로, ① 채무자에 대하여 학자금 대출의 상환이 강제된다면, 현재의 수입과 지출에 기초하여 최소한도의 생활수준을 유지할 수 없고, ② 이러한 상황이 학자금대출상환이 필요한 기간 중 상당한 부분 동안 계속될 가능성이 있음을 나타내는 추가적인 상황이 존재하며, ③ 채무자가 학자금 대출을 상환하기 위하여 성실하게 노력한 경우에는 면책이 허용된다.

우리도 개인회생절차에서 변제가 어려운 경우 면책을 허용하는 특별면책제도가 있으므로 법원은 학자금대출채권에 대하여도 면책을 적극적으로 인정할 필요가 있다. 또한 미국의 실무운용을 참고하여 일정한 경우 학자금대출채권에 대한 면책을 허용하는 법 개정을 통한 정책적 배려도 필요하다.

청춘들은 미래의 중요한 인적자산이다. 김난도 교수의 말처럼 아프니까 청춘일까, 아니면 청춘이니까 아픈 것일까. 어느 것이든 청춘들의 아픔은 치유해 주어야 한다.

면책, 전액 변제가 필요한 것은 아니다

실무에서 자주 받는 질문 중 하나가 개인회생절차를 진행하다 정상적으로 변제하지 못하면 어떻게 되느냐 하는 것이다. 살다 보면 본인이 생각하지도 않게 실직될 수도 있고 중대한 병을 앓을 수도 있다. 이러한 경우에는 원래 변제하기로 한 계획이 정상적으로 이루어질 수 없다. 그럼 면책이 되지 않는 것인가. 이러한 경우 구제책은 없는가. 결론적으로 변제가 정상적으로 이루어지지 않더라고 면책을 받을 수 있다는 것이다.

A씨는 대학 졸업 후 어렵다는 취업 한파를 이기고 취업하여 평범한 직장 생활을 하기 시작했다. 집안이 넉넉하지 못했던 A씨는 대학 다닐 때 학자금 대출을 받을 수밖에 없었다. 4년 내내 받다 보니 대출금이 3,000만 원에 이르렀다. 직장에서 받는 급여는 300만 원 정도였다. 2년 정도 직장 생활을 하다 결혼을 하게 되었고 아이도 한 명 태어났다. 그러나 결혼과 출산으로 빚이 1

억 원에 이르게 되었다. 대출금 이자 부담과 아이에 대한 양육비는 이들 부부를 괴롭혔고 혼자 벌어서는 감당하기 어려운 지경에 이르렀다.

A씨는 고민을 거듭하다 서울회생법원을 찾았다. 개인회생절차를 신청하기 위해서다. 개인회생절차는 계속적이고 일정한 수입이 있는 개인이 3년간 일부 채무를 변제하면 나머지 채무를 면책시켜 주는 제도이다. 3년간 변제하는 재원은 수입(급여)에서 생계비를 제외한 금액(가용소득)이다. A씨는 부양가족 2명과 주거비 등을 고려하여 200만 원을 생계비로 인정받았다. 그래서 가용소득을 100만 원으로 하여 3년간 변제계획을 작성한 후 법원에 제출하였고, 법원은 A씨의 변제계획을 인가(허가)해 주었다.

A씨는 첫해는 문제없이 변제계획에 따라 변제를 하였다. 그런데 둘째 해에 아이가 1명 더 태어나면서 변제에 어려움을 겪기 시작하였다. 그래서 변제계획에 따른 변제를 제대로 이행하지 못해 또 한 번의 난관을 만나게 되었다. 변제계획에 따른 변제를 제대로 이행하지 못하면 원칙적으로는 진행하던 개인회생절차는 폐지(중단)되고 원래의 채무를 모두 변제하여야 한다. A씨는 어떻게 하여야 하는가. 그리고 법원은 어떻게 하여야 하는가.

개인회생절차에서 면책은 2가지가 있다. 하나는 개인이 변제계획에 따라 정상적으로 변제를 완료하면 필요적으로 면책을 하는 것이다. 이를 일반면책이라 부른다. A씨의 경우는 변제계획에 따른 정상적인 변제를 하지 못하였으므로 이 방법에 의한 면책은 불가능하다. 다른 하나는 개인이 변제계획에 따라 변제를 하던 도중 직장을 잃는 것 등과 같이 예상치 못한 사정이 발생하여 변제계획을 수행할 수 없는 경우 법원이 재량으로 면책을 해주는 것이다. 이를 특별면책이라 부른다.

법원이 특별면책을 하기 위해서는 3가지 조건이 충족되어야 한다. 첫째 개인이 책임질 수 없는 사유로 인하여 변제를 완료하지 못하여야 한다. 둘째 법원이 면책결정을 할 때까지 개인이 채권자들에게 변제한 금액이 파산선고를 받았을 때보다 커야 한다. 셋째 변제계획의 변경이 불가능하여야 한다. A씨의 경우는 아이의 출산이라는 우연한 사정에 의하여 생계비 증가로 변제를 하지 못한 것이므로 첫 번째 조건은 충족한다. A씨가 법원을 다시 찾은 시점에서 변제금액을 계산해 보니 둘째 조건도 충족하였다. 변제계획을 변경하는 것이 가능한지를 보면 아이의 출산으로 생계비가 늘어나는 점에 비추어 가용소득은 마이너스가 될 가능성이 높다. 그래서 세 번째 조건도 충족한 것으로 판단된다. 서울회생법원은 최종적으로 A씨에 대하여 즉시 면책결정을 하였다.

개인회생을 신청하는 당사자나 대리인 중에서 개인회생절차가 폐지(중단)되면 무조건적으로 본래의 채무를 모두 변제하여야 하고 면책은 안 된다고 오해하는 분들이 있다. 개인이 변제계획에 따라 변제를 하다 본인이 책임질 수 없는 사유(실직, 퇴직, 아이의 출산 등)로 정상적인 변제를 하지 못하면 경우에 따라 법원은 직권으로 면책결정을 할 수 있다. 이러한 점에서 면책제도는 사회안전망으로서 역할을 하는 것이다. A씨가 법원으로부터 면책을 받지 못하였다면 A씨의 가정은 위태로워졌을 것이다. 법원이 A씨에 대하여 면책결정을, 그것도 즉시 해줌으로써 한 가정이 빚으로부터 벗어나 행복한 삶을 살 수 있는 길을 열어준 것이다.

📖 [보론 5] 면책이란 무엇인가

거의 모든 개인채무자가 파산을 신청하는 궁극적인 목적은 면책(discharge)을 통하여 빚(debt)으로부터 해방을 얻기 위함이다. 면책은 채권자들로 하여금 채권 회수를 위한 더 이상의 행동(가압류, 강제집행 등)을 금지시킨다. 왜냐하면 면책이 되면 채무자는 더 이상 채무를 변제하지 않아도 되기 때문이다. 면책은 채무자들에게 채권자들의 어떠한 채권회수 조치에 대하여도 합법적인 방어막을 제공한다. 면책은 채무자의 새로운 출발(fresh start)에 있어 핵심이다. 어떤 채무자는 도덕적 책임감에서 면책된 채무를 변제하기도 하지만, 그들이 그렇게 할 법적인 의무는 없다.

개인의 경우 파산절차를 거쳐 배당을 마친 다음에 남은 채무는 면책불허가사유(낭비 등)가 없으면 면책되어 채무를 변제하지 않아도 된다. 이를 면책이라 한다(주의할 것은 면책의 대상이 되는 것은 파산채권이다. 따라서 파산선고 이후에 발생한 채권이나 재단채권은 면책되지 않는다. 물론 파산채권 중 벌금 등과 같이 면책되지 않는 채권도 있다. 이를 비면책채권이라 한다). 법인의 경우는 원래 유한책임이고 법인이 가지고 있는 재산으로 전부 채권을 변제한 다음 소멸하면 그만이므로 면책을 논할 필요성이 없다. 빚이 없는 법인의 존재가 필요하면 다시 새로운 법인을 설립하면 된다. 그래서 면책이라는 것은 개인에게만 문제된다.

면책절차가 파산절차와 별도로 규정되어 있지만 개인의 경우 파산절차와 면책절차를 동시에 진행한다. 개인이 파산신청을 하면서 특별한 의사표시가 없으면 면책신청도 같이 한 것으로 간주한다. 개인의 경우 면책불허가사유가 없으면 면책하도록 되어 있다. 그래서 개인의 경우 파산절차가 시작되면 면책불허가사유가 있는지를 조사하는 데 중점을 두어 진행한다. 면책불허가사유가 있더라도 법원은 여러 가지 사정을 고려하여 면책을 할 수 있다(이를 재량면책이라 한다).

소득이 전혀 없거나 많지 않으면서 과다한 빚(채무)을 지고 있는 개인은 파산·면책을 신청하여 면제되지 않는 재산을 채권자들에게 내놓고 파산선고 이전의 채무를 남긴 채 떠날 수 있어야 한다. 면책은 개인채무자에게 채권자들의 추심으로부터 자유로운 장래소득을 누릴 권리를 부여하는 것이다.

개인회생절차의 경우도 면책이 있다. 차이가 나는 것은 개인파산은 원칙적으로 아무런 변제 없이 잔존채무가 전부 면책되는 것임에 반하여, 개인회생은 일부 채무를 변제하고 나무지 채무를 면책하는 것이라는 점이다.

참고로 회생절차의 경우에도 회생계획이 인가되면 채무자회생법이나 회생계획에서 인정된 권리를 제외하고 모두 실권된다. 이런 점에서 사실상 면책이 존재한다고도 볼 수 있지만, 법원의 '면책결정'에 의한 것이 아니라는 점에서 개인파산이나 개인회생에서의 면책과는 다르다.

측은지심

역사적으로 채무자는 어떠한 이유에서건 빚을 갚지 못한다. 빚을 갚지 못한 채무자는 어떻게 처리하여야 하는가. 시대를 거슬러 올라가면 앞에서 본 바와 같이 아주 오래 전에는 노예가 되기도 했고 감옥에 보내지기도 했다. 그러나 지금은 법원을 통하여 합법적이고 신속하게 빚으로부터 벗어날 수 있다. 그것이 개인파산과 개인회생이다.

개인파산은 개인이 소비생활을 하는 과정에서 생긴 채무를 본인의 힘으로는 도저히 갚을 수 없을 때 법원이 채무자가 가진 총재산을 채권자에게 공평하게 나누어 갚아주고 나머지 채무를 모두 면책시켜 주는 절차이다. 반면 개인회생은 정기적으로 생계비 이상의 수입을 얻을 가능성이 있는 급여소득자나 영업소득자가 원칙적으로 3년간 일정 금액을 변제하면 나머지 금액은 모두 면책시켜 주는 절차이다.

개인파산절차를 이용할 것이냐 개인회생절차를 이용할 것이냐는 기본적으로 개인에게 계속적인 수입이 있는지 여부에 달려 있다. 문제는 계속적인 수입이 있지만 수입이 많지 않은 개인의 경우이다. 이러한 처지에 놓인 개인은 생계비를 공제하면 변제재원이 없기 때문에 개인파산절차를 이용하는 것이 맞다. 그러나 현재 일부 법원실무는 조금이라도 수입이 있으면 생계비를 줄여서라도 개인파산보다 개인회생을 이용하도록 하고 있다.

생계비란 말 그대로 개인이 일상적인 생활을 유지하는데 필요한 최소한의 비용이다. 이러한 측면에서 생계비를 줄이는 것은 인간다운 삶을 포기하도록 강요하는 것일 수도 있다. 채권자들에 대한 변제재원을 확보하기 위하여 생계비를 인위적으로 줄이는 것은 생계비를 제외한 가용소득으로 변제하도록 한 법 취지에도 맞지 않다. 그리고 통상적으로 대부분의 채권자들은 금융기관인데 그들도 신용평가를 제대로 하지 못한 책임이 있다. 이러한 점에서 생계비에도 미치지 못하거나 적은 수입을 가진 개인에 대하여 개인파산보다 개인회생을 이용하도록 한 후 생계비를 줄여 변제계획을 작성하도록 하는 현재의 일부 법원실무는 돌이켜 볼 여지가 있다.

개인파산이나 개인회생사건 담당 판사에겐 무엇보다 측은지심이 필요하다. 삶의 무게를 느끼고 마지막 희망을 걸고 법원을 찾은 채무자에게 "괜찮아요, 다시 시작할 수 있습니다"라고 위로와 격려를 해 줄 수 있는 마음 말이다.

7

청춘파산

"면책을 받은 후 많은 것이 바뀌었다. 무엇보다 내 행동에 큰 변화가 있었다. 나는 등을 곧게 펴고 걸었고 안경 밑으로 주변을 둘러보지 않게 되었다. 더 이상 모자를 눌러쓰지 않아도 되었다. 미행하는 자가 없는지 살피기 위해 외출 시 주머니에 늘 소지하던 작은 손거울을 빠뜨렸을 때, 다시 집으로 뛰어 들어가지 않아도 되었다. 10년 만에 출옥한 죄수처럼 낯선 편안함을 만끽했다."

소설가 김의경은 한 젊은 여성의 파산과 그 극복과정을 그린 소설 『청춘파산』에서 면책에 대한 감회를 이와 같이 표현하고 있다. 자서전적 소설에서 작가는 빚으로 인해 사회생활이나 심지어 연애에 있어서도 자유롭지 못하다는 것을 절감한다. 일상은 빚의 굴레에서 벗어나기 위해 몸부림치는 하루살이 아르바이트다. 그녀에게 면책은 빚이 빚으로 바뀌는 마술이다.

면책은 정당한가. 파산제도가 생긴 때부터 현재까지 늘 따라다니는 딜레마다. 약속은 가끔 지키지 않아도 된다는 것은 우리에게 익숙하지 않은 상황이다. 여기에 도덕적 해이라는 채권자들의 공격이 더해지면 면책은 어느새 멀어진다. 청춘들에게 있어서는 더 가혹하다. 청춘들이 파산면책을 신청하면 충분히 근로능력이 있다는 이유로 면책에 소극적인 것이 현실이다.

매년 학자금 대출을 이용한 학생 수는 계속 증가하고 있다. 청춘들은 학자금 대출로 사회에 진출하기도 전에 감당하기 어려운 빚을 지게 된다. 취업하는 것도 만만치 않다. 결혼은 생각하지도 못한다. 그렇다고 청춘들의 빚을 줄여주기 위한 대책은 보이지 않는다. 우리 사회에서 청춘들을 위한 사회안전망은 존재하지 않는다.

청춘들의 빚은 우리 경제에 있어 블랙스완(black swan)이 아니라 회색코뿔소(grey rhino)다. 도저히 일어날 것 같지 않은 일이 아니라 우리 사회에 지속적인 경고로 충분히 예상할 수 있는 일이다. 우리 경제의 미래이자 장래의 재정원천인 청춘들의 빚에 관심을 가질 필요가 있다. 청춘들이 살아야 사회에 활력이 넘치는 것이다.

현재 청춘들의 개인파산면책신청은 점점 늘어나고 있다. 빚 때문에 고생하는 청춘들은 빚처럼 널려 있다. 법원은 청춘들의 파산에 좀 더 관대할 필요가 있다. 그들에게 면책은 새로운 출발을 하기 위한 유일한 돌파구일 수 있기 때문이다.

면책, 끝날 때까지 끝난 게 아니다

김의경의 장편소설 『청춘파산』은 앞에서 본 것처럼 빚에 시달리던 주인공이 법원으로부터 면책을 받았음에도 여전히 교묘한 방법으로 돈을 받아 내려는 사채업자들의 채무 독촉을 극복해 나가는 과정을 담고 있다. 작가의 개인적인 체험이 일부 들어 있지만, 현실에서도 흔히 발생하는 일이다. 면책이 되면 채무의 이행을 구할 수 없음에도, 채무자의 법의 무지를 이용하여 사실상 돈을 받아 내거나, 이행의 소를 제기한 후 채무자가 응소하지 않는 것을 악용해 면책된 채무를 부당하게 회수해 가기도 한다.

개인이 법원으로부터 면책결정을 받으면 빚을 변제하지 않아도 된다. 채권자는 채무자에 대하여 이행을 강제할 수 없는 것이다. 그렇지만 면책을 받은 이후 어떠한 이유로건 채무자가 채권자에게 변제하면 반환받을 수 없다. 그렇다면 면책을 받았음에도 채권자의 변제독촉에 시달리는 채무자는 어떻게 대처하여야 하는가. 한 가지 사례를 들어 그 대책을 살펴보기로 한다.

김아경(가명)씨는 채권자 A은행(채권 1억 원), B은행(채권 1억 5,000만 원, 2024년 김씨를 상대로 소송을 제기하여 승소판결을 받았다)을 채권자목록에 기재하여 서울회생법원에 파산신청을 한 후 최종적으로 면책결정을 받았다.

먼저 채권자 A은행이 김씨를 상대로 1억 원의 지급을 구하는 소송을 제기한 경우 김씨는 어떻게 대처하여야 하는가. 김씨는 A은행의 소에 응소하여 해당 채권은 면책되었다고 주장하기만 하면 된다. 그러면 A은행은 소송에서 패소판결을 받을 수밖에 없다. 문제는 채권자 A은행이 소송을 제기하지는 않으면서 밤낮으로, 또는 추심업체를 통하여 전화 등 여러 방법으로 1억 원을 변제할 것을 독촉하는 경우이다. 이런 경우 김씨는 직접 A은행을 상대로 면책확인의 소를 제기하여 자신의 불안정한 지위에서 벗어날 수 있다.

다음으로 채권자 B은행에 대한 경우의 대책을 보자. B은행은 이미 승소판결을 받은 상태이므로 다시 소송을 제기하지는 않을 것이다. 확정된 판결을 근거로 김씨의 급여나 다른 재산에 대해 강제집행을 하거나 강제집행을 예고하며 채무변제를 독촉할 것이다. 이처럼 채권자가 면책된 채무에 관한 판결을 가지고 있는 경우, 김씨는 B은행을 상대로 청구이의의 소를 제기하여 면책의 효력에 기한 기존 판결에 의한 집행력의 배제를 구하면 된다. 면책확인의 소는 제기할 수는 없다는 것이 대법원의 입장이다.

마지막으로 채권자 C은행이 채권자목록에 자신의 채권 1억 원이 누락되었음을 이유로 채무변제를 독촉하는 경우에는 어떻게 할 것인가. 김씨는 5년 전 C은행으로부터 돈을 빌리는 친구를 위하여 보증을 섰고, 변제기도 2년 전에 지났다. 그럼에도 C은행은 김씨에 대하여 아무런 조치를 취하지 않았다. 그래서 김씨는 친구가 이미 변제한 것으로 생각하고 채권자목록에 C은행의 채권(보증채권)을 기재하지 않았다. 채무자는 면책신청을 할 때 채권자목록을 제출하여야 한다. 면책절차에서 채권자목록에 누락된 채무도 원칙적으로 면책된다. 다만 채무자가 악의로 채권자목록에 해당 채권의 기재를 누락한 경우에는 면책되지 않는다. 다시 말해 채무자가 채권이 있음을 알면서 일부러 채권자목록에 해당 채권을 기재하지 않는 경우에는 면책되지 않는다.[1] 위 상황에서 김씨는 일부러 C은행의 채권을 채권자목록에 기재하지 않았다고 보기 어렵다. 따라서 C은행에 대하여 면책되었음을 주장할 수 있다.

참고로 채권자가 면책된 채무에 대하여 추심행위를 한 경우에는 과태료 처분을 받는다는 것도 알아둘 필요가 있다. 채권자는 면책을 받은 개인에 대하여 면책된 사실을 알면서 면책된 채권에 기하여 강제집행, 가압류 또는 가처분의 방법으로 추심행위를 하지 못한다. 채권자가 이를 위반하여 추심을 하는 경우에는

---

[1] 실무적으로 특정채권자가 채무자의 면책에 강력히 반대하여 재판부에 면책불허를 탄원할 우려가 있는 경우 일부러 해당 채권자를 누락할 수도 있다. 이때에는 면책 받기 어려울 것이다.

500만 원 이하의 과태료 처분을 받게 된다.[2]

　『청춘파산』에서 채무 독촉에 시달리던 주인공이 사랑하는 연인을 만나게 되면서 품은 소망은 아주 소박하다. "누군가를 좋아하게 되었을 때 먼저 헤어질 것을 생각하지 않아도 되는 것. 누군가가 좋아지는 것을 겁내지 않아도 되는 것"이다. 면책 받은 자들의 소박한 꿈은 지켜주어야 한다. 면책이 되었음에도 이를 무시하고 빚 독촉으로 괴롭히는 것을 막는 근본적인 대책을 마련할 필요가 있다.

---

2 채무자회생법 제660조 제3항.

9

면책제도 남용에 대한 대책

개인에 대하여 면책제도가 존재하는 이유 중 하나는 개인채무자의 과다한 빚을 탕감하여 줌으로써 새로운 출발을 할 수 있도록 하는 것이다. 법원이 개인에 대하여 면책결정을 하면 빚은 소멸되고 더 이상 변제하지 않아도 된다. 성실하게 열심히 살았는데 어쩌다 운이 나빠 빚의 수렁에 빠진 개인에 대하여 면책을 해주는 것은 도덕적으로 비난할 이유는 없다. 문제는 면책제도를 남용하는 개인이 있을 수 있다는 것이다. 채권자들은 면책이 도덕적 해이를 초래하고 성실하게 상환하는 대다수 개인들에게 허탈감을 준다고 날을 세운다. 분명 면책제도의 악의적인 이용으로 빚이 없어지는 것은 정의 관념에 맞지 않다.

그렇다면 개인들의 면책제도 남용에 대한 대책은 없는가. 「채무자 회생 및 파산에 관한 법률」은 면책제도 남용에 대한 여러 가지 대책을 마련하고 있다.

첫째 면책불허가제도이다. 개인이 과다한 낭비나 도박 그 밖의 사행행위를 하여 현저히 재산을 감소시키거나 과대한 채무를 부담한 사실이 있으면 법원은 면책을 허가하지 않을 수 있다. 신용카드를 무분별하게 사용하는 개인들이 여기에 해당할 수 있다. 또한 개인들이 변제재원이 될 재산을 숨기거나 손괴하거나 채권자에게 불이익하게 처분하는 행위(예컨대 지나치게 헐값으로 재산을 매각하는 경우)를 할 경우에도 면책이 불허될 수 있다.

둘째 면책취소제도이다. 면책취소란 개인에 대하여 아래에서 보는 사기파산죄에 관한 유죄판결이 확정된 경우나 부정한 방법으로 면책을 받은 경우 이미 한 면책을 취소하는 것을 말한다. 사기파산죄에 관한 유죄판결이 확정된 경우는 개인의 악성이 강하기 때문에 법원은 직권으로 언제든지 면책취소의 결정을 할 수 있다. 부정한 방법이란 채권자를 속이거나 협박, 금전이나 특별이익의 공여 등의 방법으로 면책을 얻은 경우를 말한다.

셋째 형사처벌을 하는 것이다. 개인채무자가 자기 또는 타인의 이익을 도모하거나 채권자를 해할 목적으로 변제에 사용할 재산을 숨기거나 손괴하거나 채권자에게 불이익하게 처분하는 행위 등을 하는 경우 사기파산죄로 처벌된다.

넷째 부인권 제도이다. 부인권이란 개인채무자가 파산선고 전에 재산을 무상이나 저가에 양도하는 등 채권자들을 해하는 행위를 한 경우 그 효력을 부인하여 일탈된 재산을 원상으로 회복시키기 위하여 행사하는 권리를 말한다. 부인권은 채권자를 해하는 개인채무자의 행위를 부인하여 일탈된 재산을 다시 회복함으로써 변제할 재산의 충실을 기하기 위하여 인정된 것이다.

다섯째 채권자가 개인채무자의 면책에 동의하더라도 법원은 직권으로 면책불허가사유가 있는지를 심리할 수 있다. 채권자들은 개인채무자가 면책을 신청할 경우 자신에 대한 채무 이외에 다른 사람들에 대한 채무가 어떻게 늘어나게 되었는지 알 수 없어 면책에 동의하는 경우가 많다. 따라서 법원은 채권자가 면책에 동의하더라도 면책제도 남용의 우려가 있는 자에 대하여 심문을 한 후 그러한 남용사실이 인정되면 면책불허가를 할 수 있다. 미국의 경우는 채권자가 면책에 동의할 경우 즉시 면책을 하여야 한다. 이러한 점에서 우리나라는 좀 더 엄격하게 면책 여부를 심사하고 있다고 할 수 있다.

여섯째 개별사건마다 파산관재인을 선임한다. 개인파산절차에서 법원은 채권자의 권리보호와 면책제도의 남용을 방지하기 위하여 대부분의 사건에서 파산관재인을 선임하여 개인채무자의 재산을 조사하게 하고 면책제도 남용의 여지가 없는지 여부를 살피도록 한다.

이처럼 면책제도의 남용을 막기 위한 시스템은 많이 마련되어 있다. 채권자들도 이러한 시스템이 잘 작동될 수 있도록 개인파산절차에 적극적으로 참여하여 의견을 제시하거나 반박서류를 제출할 필요가 있다.

파산신청, 형사처벌로부터
자유로워질 수 있다

기업을 경영하다 보면 경제적인 상황 등으로 부득이 사업을 접어야 하는 경우가 발생한다. 사업을 정리하기로 한 후 그 처리방법은 다양하다. 종업원을 퇴사시키고 기업을 방치할 수도 있고 폐업절차를 밟을 수도 있다. 회사의 경우 청산절차를 진행하기도 한다. 또한 「채무자 회생 및 파산에 관한 법률」(채무자회생법)에 따른 파산절차를 신청할 수도 있다. 파산절차는 법원의 감독 아래 파산관재인이 채무자의 재산을 환가하여 배당한다는 점에서 채무자의 수고로움을 덜어주고 공정한 절차로 채권자들에게도 유리한 제도이다.

그러나 현실적으로 회사를 정리하기 위해 파산절차를 이용하는 경우는 많지 않다. 여기에는 여러 가지 이유가 있다. 법인파산을 신청할 때는 파산절차에 필요한 비용을 충당하기 위한 예납금을 납부하여야 하는데, 파산상태에 이른 회사의 경우 이러한 비용조차 납부할 능력이 되지 않는다. 또한 파산절차가 시작되면 파산관재인이 선임되어 절차를 진행하기 때문에 신청인은 파산절차에서 주도적인 역할을 할 수 없다. 무엇보다 파산이 주는 부정적인 이미지도 파산신청을 주저하게 하는 한 요인이다.

하지만 파산절차를 이용하면 여러 가지 이로운 점이 있다. 그중 한 가지가 파산절차를 이용함으로써 회사의 대표이사는 형사처벌의 위험에서 벗어날 수 있다는 것이다.

사용자는 근로자가 퇴직한 경우 그 지급사유가 발생한 때부터 14일 이내에 임금, 퇴직금 등 일체의 금품을 지급하여야 하고 이를 위반할 경우 근로기준법위반이나 근로자퇴직급여보장법위반으로 형사처벌을 받게 된다. 하지만 파산절차를 잘 이용하면 이러한 형사처벌에서 자유로워질 수 있다. 예를 들어보자. 김모씨(대표이사)는 학교에 급식 식자재를 납품하는 회사를 운영하다 식자재 가격 및 인건비 상승 등으로 사업을 접을 수밖에 없었다. 김모씨는 종업원을 모두 퇴사시켰다. 하지만 일부 종업원들에 대한 임금을 지급하지는 못했다. 이 경우 김씨는 파산신청을 하지 않고 회사를 방치하면 종업원들이 퇴직한 날로부터 14일이 지난 때 근로기준법위반죄나 근로자퇴직급여보장법위반죄로 형사처벌을 받게 된다.

반면 법원에 파산신청을 하는 경우에는 형사처벌을 받지 않을 수도 있다. 법원에 파산신청을 하여 종업원들의 퇴사일로부터 14일 이내에 파산선고가 되면 임금 등 미지급으로 인한 근로기준법위반죄나 근로자퇴직급여보장법위반죄로 처벌받지 않는다. 근로기준법위반죄 등은 지급사유 발생일로부터 14일이 경과하는 때 성립한다. 파산선고가 되면 사용자가 파산선고 당시에 가진 모든 재산은 파산재단에 속하고, 파산선고에 의하여 사용자는 파산재단을 구성하는 재산에 관한 관리처분권을 잃고 그 관리처분권은 파산관재인에게 속한다. 근로자의 임금·퇴직금은 그 발생시기를 묻지 않고 재단채권이 되는데, 재단채권은 대표이사가 아닌 파산관재인이 변제하여야 한다. 따라서 법인일 경우 종업원들이 퇴직한 날로부터 14일이 경과하기 전에 파산선고가 되면 대표이사는 지급권한을 상실하고(파산관재인에게 지급의무가 있다), 형사처벌을 받지 않는다. 다만 파산선고가 종업원 퇴직일로부터 14일이 지나서 된 경우에는 14일이 경과한 때 이미 근로기준법위반죄 등이 성립되었으므로 형사처벌을 피할 수 없다. 신속한 파산신청이 요구되는 이유이다.

부정수표단속법위반으로 인한 형사처벌도 면할 수 있다. 파산신청에 따라 변제 등을 금지하는 보전처분이 된 후 수표가 부도 처리된 경우 대표자는 부정수표단속법위반죄로 처벌되지 않는다. 발행된 수표가 제시기일에 지급이 거절되더라도 그 지급거절사유가 예금부족, 거래정지처분이나 수표계약해제 또는 해지로 인한 것이어야만 부정수표단속법위반죄를 구성한다. 그러나 파산신청에 따른 보전처분이 있을 경우에는 그 지급을 위탁받은 은행은 예금이 있는지의 여부에 관계없이 보전처분을 이유로 당연히 지급거절을 하여야 하므로 회사에 대한 보전처분이 있은 후에 지급제시가 되었다면 은행이 지급거절사유를 예금부족으로 하였다 하더라도 그 지급거절이 채무자회생법에 의하여 가해진 지급제한에 따른 것인 이상 수표의 발행행위는 부정수표단속법 위반죄를 구성하지 않기 때문이다.

파산신청, 근로자를 위한 마지막 배려

숙박업(호텔)을 운영하는 甲회사에서 근무하던 근로자 B와 C는 임금이 3개월 정도 밀리자 함께 퇴직하였다. 몇 년 전부터 운전자금 부족으로 재정난을 겪던 甲회사는 금리 인상과 인플레이션 등으로 매출이 급격히 감소하자, B와 C에게 밀린 임금과 퇴직금을 지급하지 못하였다. 甲회사의 사장은 더 이상 사업성이 없다고 판단하여 호텔을 정리할 생각이다. 이런 경우 B와 C는 어떻게 밀린 임금과 퇴직금을 받을 수 있을까.

근로자는 근로복지공단으로부터 체당금을 통해 미지급 임금과 퇴직금을 지급받을 수 있다. 체당금이란 근로자가 회사의 폐업, 파산, 회생 등 사유로 임금이나 퇴직금을 받지 못할 경우, 근로복지공단에서 사업주를 대신하여 일정한 한도 내에서(3개월분의 임금·휴업수당과 3년간의 퇴직금) 우선적으로 지급해 주는 돈을 말한다.[3]

근로자가 체당금을 지급 받기 위해서는, 첫째 회사가 법원에 의한 재판상 도산(회생, 파산)을 인정받아야 한다. 구체적으로 사업주에 대하여 회생절차개시결정이 있거나 파산선고의 결정이 있어야 한다. 둘째 상시 근로자 300인 이하 사업장에서 사업주의 경영악화로 인하여 사업이 폐지되었거나 폐지 과정에 있고, 임금 등을 지급할 능력이 없거나 현저히 곤란한 상태에 있음을

---

3 임금채권보장법 제7조(체불 임금등의 지급) ① 고용노동부장관은 사업주가 다음 각 호의 어느 하나에 해당하는 경우에 퇴직한 근로자가 지급받지 못한 임금등의 지급을 청구하면 제3자의 변제에 관한 「민법」 제469조에도 불구하고 그 근로자의 미지급 임금등을 사업주를 대신하여 지급한다.
1. 「채무자 회생 및 파산에 관한 법률」에 따른 회생절차개시의 결정이 있는 경우
2. 「채무자 회생 및 파산에 관한 법률」에 따른 파산선고의 결정이 있는 경우
3. 고용노동부장관이 대통령령으로 정한 요건과 절차에 따라 미지급 임금등을 지급할 능력이 없다고 인정하는 경우
4. 사업주가 근로자에게 미지급 임금등을 지급하라는 다음 각 목의 어느 하나에 해당하는 판결, 명령, 조정 또는 결정 등이 있는 경우
   가. 「민사집행법」 제24조에 따른 확정된 종국판결
   나. 「민사집행법」 제56조 제3호에 따른 확정된 지급명령
   다. 「민사집행법」 제56조 제5호에 따른 소송상 화해, 청구의 인낙 등 확정판결과 같은 효력을 가지는 것
   라. 「민사조정법」 제28조에 따라 성립된 조정
   마. 「민사조정법」 제30조에 따른 확정된 조정을 갈음하는 결정
   바. 「소액사건심판법」 제5조의7 제1항에 따른 확정된 이행권고결정
② 제1항에 따라 고용노동부장관이 사업주를 대신하여 지급하는 임금등[이하 "체당금"이라 한다]의 범위는 다음 각 호와 같다. 다만, 대통령령으로 정하는 바에 따라 제1항 제1호부터 제3호까지의 규정에 따른 체당금의 상한액과 같은 항 제4호에 따른 체당금의 상한액은 근로자의 퇴직 당시의 연령 등을 고려하여 따로 정할 수 있으며 체당금이 적은 경우에는 지급하지 아니할 수 있다.
1. 「근로기준법」 제38조 제2항 제1호에 따른 임금 및 「근로자퇴직급여 보장법」 제12조 제2항에 따른 최종 3년간의 퇴직급여등
2. 「근로기준법」 제46조에 따른 휴업수당(최종 3개월분으로 한정한다)

관할 고용노동청으로부터 인정받아야 한다. 즉 사업주가 사실상 도산에 처했다는 사실을 인정받아야 한다.[4]

근로자가 근로복지공단으로부터 체당금을 지급받으려면 위 2가지 사유 중 하나를 증명하여야 한다. 그런데 근로자가 둘째 사유인 사업주가 사실상 도산에 처했다는 것을 증명하는 것은 쉽지 않다. 이로 인해 사업주가 사실상 도산에 빠진 경우 근로자들은 체당금을 신청하고 수령하기까지 너무 오랜 시간이 걸리게 된다. 그러나 회생절차개시결정이나 파산선고결정은 사업주가

---

4 임금채권보장법 시행령 제5조(도산등사실인정의 요건·절차) ① 법 제7조 제1항 제3호에서 "대통령령으로 정한 요건과 절차에 따라 미지급 임금등을 지급할 능력이 없다고 인정하는 경우"란 사업주로부터 임금 등을 지급받지 못하고 퇴직한 근로자의 신청이 있는 경우로서 해당 사업주가 다음 각 호의 요건에 모두 해당되어 미지급 임금 등을 지급할 능력이 없다고 고용노동부장관이 인정(이하 "도산등사실인정"이라 한다)하는 경우를 말한다.
1. 별표 1의 방법에 따라 산정한 상시 사용하는 근로자의 수(이하 "상시 근로자수"라 한다)가 300명 이하일 것
2. 사업이 폐지되었거나 다음 각 목의 어느 하나의 사유로 사업이 폐지되는 과정에 있을 것
   가. 그 사업의 생산 또는 영업활동이 중단된 상태에서 주된 업무시설이 압류 또는 가압류되거나 채무 변제를 위하여 양도된 경우(「민사집행법」에 따른 경매가 진행 중인 경우를 포함한다)
   나. 그 사업에 대한 인가·허가·등록 등이 취소되거나 말소된 경우
   다. 그 사업의 주된 생산 또는 영업활동이 1개월 이상 중단된 경우
3. 임금등을 지급할 능력이 없거나 다음 각 목의 어느 하나의 사유로 임금등의 지급이 현저히 곤란할 것
   가. 도산등사실인정일 현재 1개월 이상 사업주의 소재를 알 수 없는 경우
   나. 사업주의 재산을 환가하거나 회수하는 데 도산등사실인정 신청일부터 3개월 이상 걸릴 것으로 인정되는 경우
   다. 사업주(상시근로자수가 10명 미만인 사업의 사업주로 한정한다)가 도산등사실인정을 신청한 근로자에게 「근로기준법」 제36조에 따른 금품 청산 기일이 지난 날부터 3개월 이내에 임금등을 지급하지 못한 경우

도산에 처했다는 것을 공적기관인 법원을 통해 확인받는 것이므로 회생절차개시나 파산신청 후 회생절차개시 결정문이나 파산선고 결정문을 근로복지공단에 제출하기만 하면 근로자들은 체당금을 지급받을 수 있게 되어 근로자의 체당금 수령기간이 대폭 줄어들게 된다.

회생절차는 사업주(채무자)의 존속을 전제로 하고 임금 등 채권은 공익채권으로 규정하여 수시로 우선적으로 변제받을 수 있도록 하고 있다. 그래서 회생절차가 개시된 경우 근로자가 체당금을 지급받는 일은 흔치 않다. 문제는 사업주가 파산상태에 이른 경우이다. 일반적으로 사업주가 파산상태에 이르면 일반 채권의 지급이 불가능할 뿐만 아니라 근로자들에 대한 임금 등도 상당히 밀려 있는 경우가 대부분이다. 물론 파산절차에서도 임금 등은 재단채권으로 인정하여 수시로 언제든지 변제받을 수 있다. 하지만 이는 법률적으로 그렇다는 것이다. 현실적으로는 파산절차에 들어가면 환가할 채무자의 재산은 거의 없다. 이로 인해 사실상 파산절차를 통해 임금 등을 전부 지급받는 것은 어렵다.

임금 등 채권은 다른 일반채권과 달리 근로자, 나아가 가족들의 생계와도 직결되는 문제다. 따라서 어떤 상황에서건 어떤 식으로든 지급이 완료될 수 있도록 제도적 장치가 필요하다. 사업주가 파산한 경우에 그 필요성은 더 절실하다. 그래서 퇴직 후 재취업 시까지 당장의 생활비가 급한 근로자들에게 체당금은 가뭄의 단비와 같은 존재이다. 따라서 위 사례에서 甲회사는 사업을 접어야 할 경우에는 그냥 방치할 것이 아니라 근로자들이 신속히 채당금을 지급 받을 수 있도록 파산신청을 통해 파산선고 결정을 받는 등 적극적인 협조를 해주어야 한다.

B와 C가 근로복지공단으로부터 체당금을 지급 받고도 미지급 임금 등이 있다면, 파산관재인에게 이를 증명하여 그 잔액의 지급을 청구할 수 있다. 근로자의 임금 등은 파산절차에서 재단채권으로 일반 파산채권보다 우선하여 변제받으므로[5] 파산의 경우 근로자들의 임금 등은 두텁게 보장되는 측면이 있다. 이러한 관점에서 파산신청은 성실하게 근무하였던 근로자를 위한 마지막 배려가 될 수 있다.

---

5 나아가 근로자의 최종 3개월분의 임금, 재해보상금 및 최종 3년분의 퇴직금에 대하여는 최우선변제권을 인정하고 있다(채무자회생법 제415조의2).

고소득자에 대한 면책의 딜레마

몇 해 전 일이다. 지인들과 삼겹살에 소주 한잔을 하고 있는데, 고등학교 후배 변호사로부터 전화가 왔다. 요지는 이렇다. 자신의 의뢰인이 의사이고, 법원에 일반회생(개인을 대상으로 하는 회생절차)을 신청했으나, 채권자들의 반대로 폐지되었다. 달리 방법이 없어 법원에 개인파산신청을 하였고, 파산선고를 받았다. 하지만 2년이 넘도록 면책에 대한 아무런 결정을 해주지 않아 의뢰인은 이러지도 저러지도 못하고 있다. 어떻게 해야 하느냐는 것이다.

실무적으로 고소득이 예상되는 직업(의사, 변호사 등)을 가진 개인이 개인파산을 신청하는 경우가 가끔 있다. 이들이 곧바로 개인파산을 신청하는 경우는 드물고, 일반회생을 신청하였다가 채권자들의 반대로 폐지된 후 개인파산을 신청하는 경우가 대부분이다. 왜 이러한 현상이 발생하는 것일까.

의사의 경우를 보자. 일반적으로 의사가 개업을 하려면 병원을 운영할 공간은 물론, 고가의 의료 장비가 필요하다. 통상적으로 수억 원이 넘는 의료 장비를 리스로 구입한다. 병원을 오픈하고 생각과 달리 잘 되지 않을 경우 문제가 발생한다. 매달 리스료를 제대로 내지 못할 뿐만 아니라 직원들의 급여도 주지 못하는 상황에 부딪친다.

재정적 어려움에 처한 의사는 법원에 일반회생을 신청한다. 개인에 대하여는 개인회생절차라는 간단한 절차가 마련되어 있지만, 통상 의사는 고가의 의료 장비 리스 등으로 채무액이 많기 때문에 개인회생절차를 이용할 수 없다. 개인회생절차를 이용하려면 무담보채무가 10억 원, 담보부채무가 15억 원 이하여야 한다. 두 가지 요건을 동시에 충족하여야 한다. 일반회생이란 개인이 통상적으로 10년 동안 장래에 벌어들일 수입으로 채무를 나누어 변제하고, 나머지 채무를 면제받는 절차를 말한다. 문제는 10년 동안 나누어 변제하는 회생계획이 수행되려면 일정액 이상의 채권자들 동의가 필요하다는 점이다. 이를 가결요건이라 한다. 채권자에는 담보가 없는 일반채권자와 담보가 있는 담보권자가 있다. 가결요건을 갖추기 위해서는 일반채권자의 경우 채권액의 3분의 2 이상, 담보권자의 경우 채권액의 4분의 3 이상의 동의를 얻어야 한다. 하지만 채권자들은 의사가 돈을 많이 벌거라고 여겨 채무를 감면하는 회생계획에 동의하지 않는다. 그러면 결국 회생절차는 폐지된다.

회생절차가 폐지되면 의사가 선택할 수 있는 것은 개인파산밖에 없다. 문제는 의사가 법원에 개인파산을 신청하면 담당 법관은 면책을 주저한다는 것이다. 이유는 간단하다. 고수익이 예상되는 의사에 대하여 면책을 해주면, 기존 채무는 면책 받고 장래 수입은 본인의 소득이 되는데, 이것이 정의인가라는 생각에서다. 그렇다고 면책불허가결정도 못한다. 왜냐하면 면책불허가사유는 「채무자 회생 및 파산에 관한 법률」(제564조 제1항)에 규정되어 있는데, 딱히 면책불허가사유가 발견되지 않는다. 그러다 보니 이러지도 저러지도 못하고 사건을 방치해 두는 것이다. 결국 그 피해는 고스란히 개인파산을 신청한 의사에게 돌아간다. 파산선고를 받았으니 의사도 못하고, 면책을 받지 못하였으니 새로운 출발도 어렵다. 취업도 못하니 생계도 막막하다.

어찌 해야 할까. 일반회생에서 채권자가 동의하지 않아 달리 구제방법이 없는 경우에는 면책을 고려하여야 한다. 2003년 광주지방법원 수석부에서 개인파산을 맡던 시절 40억 원이 넘는 채무를 지고 있는 의사가 개인파산을 신청한 사례가 있었다. 많이 고민했지만, 결국 면책을 결정했다. 성실한 개인이라면 면책결정을 신속하게 하여 새롭게 출발할 수 있도록 해주어야 한다. 심정적으로 전부 면책이 어렵다면 일부 면책을 하는 것도 고려해 볼 만하다. 일부면책의 허용 여부에 대하여는 다툼이 있지만(개인적으로 일부 면책은 바람직하지 않다고 본다), 내심적 불수용으로 방치하는 것보다는 타협적인 관점에서 일부 채무만을 면책하고 일부 채무는 변제하도록 하는 것도 한 방법일 수 있다.

고소득자라고, 고소득이 예상된다고 합리적 이유 없이 면책에 주저할 이유는 없다. 면책제도를 남용하는 것은 막아야 하겠지만, 신속하게 새로운 출발을 할 수 있게 해주어야 한다는 면책제도의 취지를 깊이 새기면서 면책제도를 운용할 필요가 있다. 거기에 회생법원의 존재 이유가 있는 것이다.

면책 후 다시 면책을 받을 수 있는가

서울에서 조그만 식당을 운영하던 김모씨는 2008년 세계 금융위기 여파로 늘어나는 채무를 감당하지 못해 식당을 정리하고, 2014년 11월경 서울중앙지방법원에 개인파산을 신청하였다. 다행히 절차가 순조롭게 진행되어 2016년 1월 15일 법원으로부터 면책결정을 받았고 위 결정은 같은 해 1월 29일 확정되었다. 면책을 받은 이후 김모씨는 많은 변화가 있었다. 추심업자들로부터 독촉 전화도 받지 않게 되었고, 이유 없이 주위를 둘러보는 일도 없게 되었다. 새로운 식당을 인수하고 수리한 후 영업을 재개하였다. 말 그대로 새로운 출발을 한 것이다.

하지만 2020년은 그에게 가혹했다. 신종 코로나바이러스 감염증(코로나19)으로 식당 손님은 급격히 줄었고, 9시까지 영업제한에서 급기야 5인 이상 식사도 금지하는 바람에 또다시 한계상황에 내몰리게 되었다. 은행 대출과 정부 지원금으로 간신히 버

텨왔지만, 매월 고정적으로 나가는 임대료와 종업원 급료를 견디지 못해 식당을 중단할 수밖에 없었다. 김모씨는 다시 서울회생법원에 개인파산을 신청하려고 하는데, 2016년 면책 받은 것이 있어 다시 면책을 받을 수 있는지 걱정이다. 과연 김모씨는 개인파산절차를 통해 다시 면책을 받을 수 있을까.[6]

「채무자 회생 및 파산에 관한 법률」은 채무자가 반복적으로 면책을 받는 것은 채권자의 이익을 해하고, 채무자가 면책제도를 악용할 위험이 있으므로 일정 기간이 지나지 않으면 면책을 할 수 없도록 규정하고 있다. 채무자가 면책 신청 전에 개인파산절차에 의하여 면책을 받은 경우 면책결정의 확정일부터 7년이 경과되지 아니하면 다시 면책을 받을 수 없다, 이전에 받은 면책이 개인회생절차를 통해서 받은 것이라면 5년이 경과하여야 면책을 받을 수 있다. 개인회생절차에서 면책을 받은 경우 채무자는 개인파산절차에서 면책을 받은 경우보다 2년의 혜택을 부여받고 있다. 개인회생절차에서 면책을 받은 경우 2년의 혜택을 부여한 것은 개인회생절차에서는 적어도 소액이나마 채권자들에게 변제하였다는 것을 고려한 것이다.

그런데 면책 제한 기간인 7년(5년)은 어디에서 온 것일까. 면

---

6 2022년 서울회생법원 통계에 의하면 개인도산절차 신청 경험이 있는 채무자의 비율이 계속적으로 증가하고 있다. 개인파산·면책사건을 신청하였던 채무자는 6.7%(132건), 개인파산·면책사건에서 면책결정까지 받았던 채무자는 5.3%(105건), 개인회생사건을 신청하였던 채무자는 8.3%(164건), 개인회생사건에서 면책결정까지 받았던 채무자는 0.86%(17건), 일반회생을 신청하였던 채무자는 0.3%(6건)에 이른 것으로 나타났다. 총건수로는 1969건이었다.

책제도가 미국에서 비롯된 것이므로 미국의 경우를 살펴볼 필요가 있다. 미국에서 개인은 한 번 파산신청을 한 뒤 또다시 파산신청을 하려면 7년을 기다려야 했었다(2005년부터는 8년으로 늘어났다). 여기서 7년은 성경에서 따온 것이라고 한다. 모세가 율법을 세울 때 7년마다 채무로 인한 노예의 해방을 정하였다. 신명기 15장 1절, 2절에 "매 칠년의 끝에 (채무를) 면제하라. 면제의 규례는 이러하니라. 무릇 그 이웃에게 꾸어준 채주(채권자)는 그것을 면제하고 그 이웃에게나 그 형제에게 독촉하지 말지니 이해는 여호와의 면제년이라 칭함이니라."라고 규정된 것이 그것이다.

김모씨의 경우 2025년 파산신청을 할 경우 면책을 받는데 별다른 문제가 없다. 이전 개인파산절차에서의 면책확정일이 2016년 1월 29일이므로 이때부터 이미 7년을 경과하였기 때문이다. 따라서 김모씨가 개인파산을 신청하고(개인파산을 신청하면 신청인의 반대 의사표시가 없는 한 면책신청까지 한 것으로 본다) 낭비나 재산은닉 등 다른 면책불허가사유가 없다면 면책을 받을 수 있다.

만약 김모씨가 2019년에 면책을 받은 것이라면 김모씨는 면책을 받지 못하는 것인가. 2025년까지는 7년을 지나지 않았기 때문에 원칙적으로는 김모씨는 파산을 신청하여도 면책을 받을 수 없다. 다만 다른 면책불허가사유와 마찬가지로 7년의 면책 제한 기간은 절대적으로 면책이 배제되는 것은 아니고 위 기간이 경과되지 아니하였더라도 재량면책은 가능하다. 법원이 채무의 발생원인과 증가 경위, 변제노력의 정도, 채무자와 가족들의 현재

생활정도, 경제적 갱생에 대한 의욕과 갱생의 가망성 등 여러 사정을 고려하여 면책을 결정할 수도 있다. 결국 김모씨가 2019년에 면책을 받아 아직 7년이 경과하지 않았더라도 법원으로부터 재량면책을 받을 여지는 있다.

14

개인회생절차에서 부인권 행사의 딜레마

김모씨는 대학을 졸업하고 취업 후 결혼도 하였다. 하지만 대학 다닐 때 받은 학자금대출과 아파트 구입을 위한 은행 대출금을 월급으로 상환할 수 없는 지경에 이르렀다. 그래서 김씨는 개인회생절차를 이용하여 빚을 정리하기로 마음먹었다. 그리고 주거 안정을 위해 개인회생절차를 신청하기 전 아파트를 처에게 증여하였다. 이후 김씨는 법원에 개인회생절차를 신청하였고 개인회생절차가 개시되었다. 은행은 아파트 증여가 채권자를 해하는 행위라고 생각하고 대책을 고심하고 있다.

김씨가 개인회생절차를 신청하지 않았다면 은행은 채권자취소권을 행사할 수 있다. 채권자취소권이란 채무자가 채권자를 해할 목적으로 재산을 처분한 경우 그 처분을 취소하고 재산을 원상으로 회복할 수 있는 권리를 말한다. 채권자인 은행은 김씨의 처를 상대로 채권자취소의 소를 제기하여 증여를 취소하고, 아파트를 김씨에게로 원상회복시킬 수 있다.

　하지만 김씨가 개인회생절차를 신청한 경우 은행은 채권자취소권을 행사할 수 없다. 개인회생절차가 개시되면 채권자는 개별적으로 권리행사를 할 수 없기 때문이다. 대신 「채무자 회생 및 파산에 관한 법률」은 부인권제도를 두고 있다. 부인권이란 개인회생절차개시 전에 채무자가 채권자를 해하는 것을 알고 한 행위(사해행위) 등을 한 경우, 개인회생절차개시 후 그 행위의 효력을 부인하고 일탈된 재산의 회복을 목적으로 하는 권리를 말한다. 개인회생절차개시 전 채권자가 행사할 수 있는 채권자취소권과 같다. 다만 채권자취소권은 채권자가 행사하지만, 부인권은 채무자가 행사한다는 점에서 차이가 있다.

　개인회생절차개시 전 채권자취소권의 행사 주체는 채권자이기 때문에 그 행사에 있어 별다른 문제가 없다. 그러나 개인회생절차가 개시되면 부인권의 행사 주체는 채무자인데, 사해행위를 한 당사자 역시 채무자이므로 부인권이 효과적으로 행사되기는 어렵다. 회생위원이 부인권 행사에 참가할 수 있고 채권자가 부인의 소에 보조참가를 할 수 있지만, 궁극적인 해결책이 되지 못한다. 제도적 보완이 필요하다.

　먼저 개인회생절차에서 변제기간이 3년이고 부인의 소를 제기하더라도 3년 이내에 종결되기 어렵다는 점을 고려하여 일본과 같이 부인권을 인정하지 않는 방법이 있다. 채무자가 사해행위를 한 경우 변제계획을 불인가하거나 면책을 불허하면 된다.

　다음으로 회생위원에게 부인권을 행사하도록 하는 것이다.

회생위원이란 개인회생절차에서 법원의 감독을 받아 채무자이 재산상황 등은 조사하고 변제계획의 수행을 감독하는 등 개인회생절차가 적정하고 원활하게 진행될 수 있도록 하는 업무를 수행하는 자를 말한다. 회생위원에게 부인권을 행사하게 함으로써 부인권 행사의 실효성을 높일 수 있는 장점이 있다. 하지만 부인소송에 오랜 시간이 걸리고, 회생위원은 법원의 감독을 받는다는 점이 문제다. 또한 법원직원인 회생위원이 소송을 수행하는 것이 적절한지(현재 회생위원은 대부분 법원사무관이 맡고 있다), 소송경험의 부족 및 업무과중은 어떻게 해결할 것인지 등도 걸림돌이다.

마지막으로 미국처럼 관재인(Trustee)을 두어 부인권 행사를 맡기는 것이다. 관재인은 독립된 제3자이므로 부인권 행사의 실효성은 높일 수 있지만, 누구를 관재인으로 할 것인지, 비용은 누가 부담할 것인지 등의 문제가 있다.

현실적인 방법으로 개인회생절차의 특수성을 고려하여 부인권을 인정하지 않거나, 부인권을 인정하더라도 채권자로 하여금 행사하도록 하는 것이 타당하다고 본다. 채권자는 직접적인 이해관계가 있으므로 효과적인 부인권 행사를 기대할 수 있기 때문이다.

15

주택담보대출에 대한 신속한 대처의 필요성

주택담보대출 금리(변동금리) 등의 기준이 되는 코픽스(COFIX·자금조달비용지수)가 2024년 9월 3.4%에 이르렀다. 한국은행이 기준금리를 인하하였음에도 코픽스는 상승전환하였다. 이는 가계부채를 관리하기 위한 금융기관의 개입 때문으로 보는 것이 일반적인 견해이다. 금융기관의 디레버리징(Deleveraging, 부채정리)이 본격적으로 시작될 경우 주택담보대출은 경제에 큰 부담으로 작용할 수 있다. 어쩌면 우리 경제의 회색코뿔소(gray rhino)인지도 모른다. 주택은 서민들의 주거안정을 위한 사회안전망이라는 점에서 단순히 부동산 이상의 의미를 갖는다. 주택담보대출 문제에 대한 선제적 대응이 필요한 이유다.

회생법원 입장에서 주택담보대출 문제를 해결할 방법이 있을까.

먼저 생각해 볼 수 있는 것이 개인회생절차다. 개인회생절차는 개인의 과다한 채무를 덜어주어 신속하게 정상적인 경제활동을 할 수 있도록 하는 제도이다. 하지만 개인회생절차의 채무조정 대상에는 신용대출만 포함되고 담보대출은 포함되지 않는다. 개인회생절차가 시작되더라도 주택담보대출 채권자는 주택을 경매에 넘길 수 있다. 주택이 경매될 경우 개인채무자는 주거를 상실함은 물론 주거비 부담과 생활의 불안정 등으로 개인회생절차의 진행이 쉽지 않게 된다. 주택에 대한 소유권이 박탈되는 것은 인간다운 삶의 기초가 흔들리게 될 수 있다는 점에서, 재정적 어려움에 처한 개인에게 다시 한번 정상적인 사회인으로 복귀할 수 있는 기회를 부여하자는 개인회생제도의 취지에 정면으로 반한다.

이런 문제의식에서 서울회생법원은 금융위원회, 신용회복위원회와 함께 주택담보대출채권 연계형 개인회생절차(주택담보대출채권에 관한 채무재조정 프로그램)를 마련하였다. 주택담보대출 연계형 개인회생절차는 채무자가 신용회복위원회의 주택담보대출 채무조정과 법원의 개인회생절차 신용대출 채무조정을 동시에 병행하여 이용할 수 있도록 한 것이다. 금융기관에 대하여 주택담보대출을 부담하고 있는 채무자가 법원에 개인회생절차 개시신청을 할 경우, 개인회생절차 초기에 신용회복위원회를 통하여 채권자와 채무자 사이에 주택담보대출채권에 관한 협의를 할 수 있는 장을 마련하고, 그에 따라 당사자 사이에 이루어진 합의 내용을 변제계획에 반영함으로써 개인회생절차 내에서 주택담보대출에 관한 채무조정이 이루어질 수 있는 기회를 부여하는 것이다. 하지만 주택담보대출 연계형 개인회생절차는 법원이 주도적으로 할 수 있는 것도 아니고, 법적 근거를 갖는 강제적인 것도 아니라는 점에서 한계가 있다.

다음으로 회생절차(일반회생) 이용을 고려해 볼 수 있다. 개인회생절차에서 담보권은 별제권으로 변제계획이 인가되면 담보권 실행을 저지할 방법이 없어, 주택담보대출채권이 있는 개인채무자가 주택을 보유하면서 개인회생절차를 진행하기는 어렵다. 하지만 회생절차에서는 담보권자도 권리행사가 제한된다. 따라서 개인채무자라도 주택담보대출에서 비롯된 담보권의 실행을 저지할 필요가 있는 경우 회생절차를 이용하면 된다. 하지만 회생절차는 변제기간이 10년으로 길고 채권자들의 동의도 필요하며 비용 부담이 크다는 문제가 있다.

결국 입법적 해결이 필요하다. 일본의 경우 민사재생법에 "주택담보채권에 관한 특칙"을 두어 주택을 담보로 대출받은 개인채무자가 주택을 보유하면서 회생할 수 있도록 하고 있다. 주택담보채권을 담보하는 저당권 실행절차에 대하여 중지명령을 할 수 있도록 하고, 주택자금특별조항을 정한 변제계획의 효력이 저당권에도 미치도록 하여 변제를 계속하고 있는 한 저당권을 실행할 수 없도록 하고 있다.

우리도 국회에서 주택담보대출에 관한 특례를 도입하기 위한 몇 번의 시도가 있었다. 하지만 최종적인 입법으로 완성되지는 못하였다. 주거안정이라는 것에서부터 경제에 대한 예견되는 부담의 완화라는 측면에서 주택담보대출에 대한 입법적 보완을 서두를 때다.

가상화폐로 발생한 빚, 면책 가능할까

30대인 A씨는 깊은 고민에 빠졌다. 비트코인, 이더리움 등 가상화폐[7]의 가격이 연일 '떡상'을 기록 중이었다. 친구들은 이미 가상화폐에 투자하여 몇 배를 벌었다는 이야기도 들렸다. A씨에게 가상화폐는 아주 잠깐 우연히 열린 유일한 기회로 여겨졌다. 처음엔 모아 놓은 돈으로 가상화폐에 투자했다. 이후 가상화폐 가격이 오르자 빚을 내어 투자하기 시작했다. 하지만 얼마 후 가상화폐의 가격은 '떡락'을 거듭하였고, A씨는 투자금을 모두 잃었다. 빚은 원금에 이자가 붙어 눈덩이처럼 늘어 2억 원에 이르렀다. A씨는 법원을 통해 빚을 정리하려고 한다. 과연 가능할까.

A씨가 고려할 수 있는 것으로 개인파산절차와 개인회생절차가 있다. 일정한 수입이 없는 경우는 개인파산절차를, 일정한

---

7 '가상자산'이 법률적으로 좀 더 정확한 표현이나, 이해의 편의를 위해 여기서는 일반적으로 사용하고 있는 '가상화폐'라는 용어를 쓰기로 한다.

수입이 있는 경우(급여소득자 등)는 개인회생절차를 이용할 수 있다.

개인파산절차의 경우를 보자. A씨가 개인파산절차를 통해 면책 받으려면 두 단계를 통과하여야 한다. 먼저 파산신청이 기각되지 않아야 한다. 파산신청이 파산절차남용으로 인정되는 경우 기각된다. 파산신청이 파산절차남용에 해당하는지는 파산절차로 인해 채권자와 채무자를 비롯한 이해관계인에게 생기는 이익과 불이익 등 그 권리 행사에 관련되는 제반 사정을 종합적으로 고려하여 판단한다. 정직하고 성실한 채무자의 새로운 출발을 도모하면서도 채권자에게 보다 공평한 만족을 보장하려는 파산제도의 본래적 기능이 정상적으로 발휘될 수 있도록, 채무자의 현재 및 장래의 변제능력이 무겁게 고려됨은 물론, 그 외에도 파산신청의 동기와 그에 이른 경위, 지급불능의 원인 및 그에 관련한 이해관계인들의 행태, 채무자가 예정하는 지출 등의 낭비적 요소 등이 문제될 수 있다. 면책불허가사유도 고려되지만, 재량면책(면책불허가사유가 있음에도 면책하는 것)의 여지도 판단 근거가 된다. A씨의 경우 일시에 빚을 내서 다액을 가상화폐에 투자한 것이므로 파산절차남용에 해당하여 파산신청이 기각될 수도 있다. 파산제도의 기능과 재량면책의 여지가 있다는 점에서 파산선고가 될 수도 있지만, 가능성은 크지 않다.

파산선고가 되더라도 면책불허가사유가 없어야 한다. 채무자가 과다한 사행행위를 하여 현저히 재산을 감소시키거나 과대한 채무를 부담한 사실이 있는 때는 면책이 허가되지 않을 수 있다.

A씨의 경우 사행행위 여부가 문제될 수 있다. 투기적인 거래자체가 문제되는 것은 아니지만 자신의 자력을 넘는 거래로 현저히 과대한 채무를 부담한 것으로 볼 수 있기 때문이다. A씨의 가상화폐투자는 사행행위에 해당하여 면책이 불허될 수 있다. 물론 사행행위에 해당하더라도 그의 자력, 직업, 지식 등을 고려한 재량면책의 여지는 있지만, 그 가능성은 낮다.

개인회생절차의 경우를 보자. 개인회생절차개시신청이 성실하지 아니한 때에는 신청이 기각될 수 있다. 신청이 성실하지 아니함을 이유로 개인회생절차개시신청을 기각하려면 채무자가 개인회생절차의 진행에 따른 효과만을 노리고 하는 등 부당한 목적으로 개인회생절차개시신청을 한 사정이 인정되어야 한다. 채무자가 부당한 목적으로 개인회생절차 개시신청을 하였는지는 신청에 이르게 된 경위, 채무 규모, 발생 시기 및 사용 내역 등 제반 사정을 종합하여 판단한다. A씨의 경우 투자 경위나 채무 규모, 발생 시기 등을 고려하면 개인회생절차개시신청이 기각될 수도 있다. 가능성은 낮지만, 개인회생절차가 개시되면 A씨는 변제계획에 따라 일부 채무를 변제하고 나머지 채무는 면책 받을 수 있다.

결국 A씨와 같이 단기간의 가상화폐 투자로 지게 된 빚은 개인파산절차나 개인회생절차를 통해 면책될 가능성이 크지 않다. 젊은 청춘들의 가상화폐에 대한 투자가 좀 더 신중할 필요가 있는 이유이다.

법원을 통한 빚으로부터 해방[8]

어느 시대이든 사회의 큰 화두는 신용불량자 문제이다. 신용불량자로 등록된 사람들은 대부분 정상적인 사회활동을 할 수 없을 뿐만 아니라 가족붕괴, 소비 급감으로 인한 경기불황의 한 원인으로 작용한다. 신용불량자 문제를 해결하기 위하여 마련된 제도 중 하나가 개인파산과 개인회생절차이다.

개인파산이란 성실한 개인이 소비생활을 하는 과정에서 생긴 채무를 본인의 힘으로는 도저히 갚을 수 없을 때 법원이 이를 인정하여 채무자가 가진 총재산을 채권자에게 공평하게 나누어 갚아주고 나머지 채무를 모두 면책시켜 주는 절차이다. 반면 개인회생이란 정기적으로 생계비 이상의 수입을 얻을 가능성이 있는 급여소득자 또는 영업소득자가 최장 3년간 일정한 금액을 변

---

8 이 글은 2003년부터 2004년까지 광주지방법원 수석부에 근무하면서 광주일보에 기고한 글을 수정한 것이다. 당시에는 개인파산을 소비자파산이라고 불렀다.

제하면 나머지 금액은 모두 면책시켜 주는 절차이다.

두 제도의 가장 큰 차이는 채무자에게 정기적인 수입이 있느냐 여부이지만, 그 이외에도 채무자가 파산선고를 받을 경우 공무원, 의사 등 그 자격의 제한을 받으나 개인회생은 그러한 자격의 제한이 없고, 개인회생절차를 이용할 경우 개인파산절차와 달리 현재 진행되고 있는 집에 대한 경매절차를 중지시킬 수 있고 가압류된 급여를 채무자 본인이 전액 수령할 수도 있다.

성실한 채무자는 개인파산절차나 개인회생절차를 통하여 면책을 받을 수 있을 것이다. 따라서 파산선고를 받을 경우 자격 제한을 받을 염려가 있거나 정기적인 수입이 있는 채무자는 개인회생절차를, 파산선고를 받더라도 자격 제한과 무관한 채무자 및 정기적인 수입을 인정받기 어렵거나 수입이 적은 채무자는 개인파산절차 이용을 고려해 볼 만하다.

면책확정 후에 한 상환약정은
유효한가[9]

A씨는 2018년부터 2022년까지 1억 5천만 원을 B씨에게 대여하였다. B씨는 다니던 직장이 경기불황으로 문을 닫아 실직하였지만, 특별한 재산도 없었고 직장을 구하는 것도 쉽지 않았다. B씨는 채무를 더 이상 변제할 수 없게 되자 2023년 7월 법원에 개인파산을 신청하였다. 법원은 2023년 9월 파산선고를 하였고, 2024년 5월 면책결정을 하였다. 이후 면책결정이 확정되었음에도 A씨는 B씨에게 돈을 갚으라고 매일 지속적으로 요구하였다. 그러자 B씨는 2024년 8월 할 수 없이 A씨에게 "1억 원을 차용하였고, 매달 20일 50만 원씩 상환하며, 이를 2회 어길 경우 1억 5천만 원을 지급한다."는 차용증을 작성하여 교부하였다.

---

9 <대법원 2021. 9. 9. 선고 2020다269794 판결>을 바탕으로 작성한 것이다. 이 글은 <u>면책확정 후</u>에 한 상환약정(채무재승인약정)의 효력에 관한 것이고, 다음 <19.>칼럼 글은 <u>면책확정 전</u> 재승인채무에 면책의 효력이 미치는지에 관한 것이다.

B씨가 차용증에 기재된 금원을 지급하지 아니할 경우, 채권자인 A씨가 면책결정 후 채무자(B씨)와 사이에 파산채권의 상환을 약정하였음을 이유로 약정금의 지급을 구하는 소송을 제기할 수 있는가. 이는 면책결정이 확정된 후 파산채권을 변제하기로 하는 채무자와 파산채권자 사이의 합의의 효력이 인정되는지 여부에 달려 있다.

면책을 받은 개인채무자는 파산채권자에 대한 채무의 전부에 관하여 그 책임이 면제된다. 여기서 면책이라 함은 채무 자체는 존속하지만 파산채무자에 대하여 이행을 강제할 수 없다는 의미라는 것이 대법원의 일관된 입장이다. A씨의 대여금채권은 파산선고 전에 발생한 채권으로 파산채권이다. 따라서 법원의 면책결정에 의하여 대여금채무에 대하여 B씨는 책임을 면하고, A씨는 B씨를 상대로 이행을 강제할 수 없다.

문제는 면책결정이 확정된 후 채권자와 채무자가 면책된 채무를 변제하기로 약정한 경우 위 약정은 유효한가이다.

파산절차에서 개인채무자를 위한 면책제도를 둔 취지는 채권자들에 대하여 공평한 변제를 확보함과 아울러 지급불능 상태에 빠진 개인채무자에 대하여 경제적 재기와 회생의 기회를 부여하고자 하는 데에 있다. 이를 통하여 개인채무자는 파산채무로 인한 압박을 받거나 의지가 꺾이지 않은 채 앞으로 경제적 회생을 위한 노력을 할 수 있게 된다. 채무자의 재산을 환가, 배당함으로써 채권자들 사이의 적정하고 공평한 만족을 도모하는 개인파산절차에서도 채무자의 경제적 회생은 도모되어야 한다. 이는 채무자가 파산선고 이후에도 잔여 채무에 대한 무제한의 책임을 지게 되는 경우 오로지 채권자에 대한 채무변제를 위해서만 경제활동을 해야 하는 극단적 상황을 방지하여야 한다는 요청에 따른 것이다.

따라서 면책결정이 확정된 후 파산채권을 변제하기로 하는 채무자와 파산채권자 사이의 합의(채무재승인약정)가 면책제도의 취지에 반하거나 확정된 면책결정의 효력을 잠탈하는 결과를 가져온다면 그 효력을 인정하기 어렵다. 나아가 위 약정의 효력을 인정하여 판결을 통해 집행력을 부여할 것인지를 판단할 때에는 면책제도의 입법목적에 따라 위 약정이 채무자의 회생에 지장이 없는지가 충분히 고려되어야 한다. 즉, 위 약정은 채무자가 면책된 채무를 변제한다는 점에 대해 이를 충분히 인식하였음에도 자신의 자발적인 의사로 위 채무를 변제하기로 약정한 것일 뿐 아니라 위 약정으로 인해 채무자에게 과도한 부담이 발생하지 않는 경우에 한하여 그 효력을 인정할 수 있다. 채무자가 자발적으로 채무재승인약정을 체결한 것인지, 채무재승인약정의 내용이 채무자에게 과도한 부담을 초래하는지는 채무재승인약정을 체결하게 된 동기 또는 목적, 채무재승인약정을 체결한 시기와 경위, 당시의 채무자의 재산, 수입 등 경제적 상황을 종합적으로 고려하여 판단하여야 한다.

B씨는 지속적인 A씨의 변제 요구에 마지못해 차용증을 작성하였고, 면책이 확정된 후 불과 3개월 만에 차용증을 작성하였으며, 재산도 없는 실직 상태에서 채무변제가 쉽지 않았다는 점에

서 위 약정의 효력을 인정하기 어려울 것이다. 따라서 A씨는 차
용증에 근거하여 B씨를 상대로 금원의 지급을 구하는 소송을 제
기할 수 없다.

면책확정 전 재승인채무에 대해 면책효력이 미치는지[10]

A씨는 2020년 5월경 B씨에게 1억 원을 대여하였다. B씨는 2021년 3월경 서울회생법원으로부터 개인회생절차개시결정을 받고, 이어서 2021년 7월경 위 대여금채무 등 개인회생채무의 변제에 관한 변제계획을 인가받았다. B씨는 위 변제계획 수행 중인 2022년 4월경 A씨에게 위 대여금채무 중 8,000만 원을 변제하겠다는 내용의 '이행각서'를 작성하였다(이하 '재승인채무'라 한다). B씨는 위 변제계획을 모두 수행한 다음 2024년 8월경 서울회생법원으로부터 면책결정을 받았고, 위 면책결정은 그 무렵 그대로 확정되었다.

변제계획인가결정 확정 후 변제계획을 수행하던 중에 있는 B

---

10 <대법원 2021. 9. 9. 선고 2020다277184 판결>을 바탕으로 작성한 것이다.

씨가 채권자인 A씨와 사이에 개인회생채권을 별도로 변제하겠다는 이행각서를 작성하였음을 이유로 약정금의 지급을 구할 수 있는가. 이는 채무자가 면책결정 확정 전에 변제계획과 별도로 개인회생채무를 변제하겠다는 취지의 의사를 표시한 경우 위 채무에도 면책결정의 효력이 미치는지와 직결되는 문제이다.

면책을 받은 채무자는 변제계획에 따라 변제한 것을 제외하고 개인회생채권자에 대한 채무에 관하여 그 책임이 면제된다. 여기서 면책이라 함은 채무 자체는 존속하지만 채무자에 대하여 이행을 강제할 수 없다는 의미이다. 따라서 면책된 채권은 통상의 채권이 가지는 소제기 권능을 상실하게 된다. A씨의 B씨에 대한 대여금채권은 개인회생절차개시 전에 발생한 채권으로 개인회생채권이다. 따라서 B씨는 면책결정의 확정으로 변제계획에 따라 변제하고 남은 대여금채무에 대하여 책임이 면제되고, A씨는 나머지 대여금채무의 지급을 구하는 소를 제기할 수 없다.

문제는 위 대여금채권과 별개로 이행각서에 따른 재승인채무는 어떻게 되느냐이다. 재승인채무는 개인회생절차개시결정 이후에 발생한 것이라는 점에서 면책결정으로 인한 면책의 대상이 아니라고 볼 여지도 있다. 하지만 실질적인 측면에서 보면 원래의 대여금채무와 차이가 없고 그 성질을 그대로 가지고 있다. 이런 점에서 보면 면책결정의 효력이 미친다고 볼 수도 있다.

개인회생절차에서 채무자를 위한 면책제도를 둔 취지는 채권자들에 대하여 공평한 변제를 확보함과 아울러 지급불능 또는 그럴 염려가 있는 상황에 처한 채무자에 대하여 경제적 재기와 회생의 기회를 부여하고자 하는 데에 있다. 이를 통하여 채무자는 개인회생채무로 인한 압박을 받거나 의지가 꺾이지 않은 채 앞으로 경제적 회생을 위한 노력을 할 수 있게 된다.

만일 채무자가 개인회생절차가 개시된 후 면책결정 확정 전에 개인회생채권자에게 "변제계획과 별도로 개인회생채무를 변제하겠다."는 취지의 의사를 표시한 경우에 면책결정이 확정된 이후에도 채무자에게 개인회생채무 전부나 일부를 이행할 책임이 존속한다고 보게 되면, 이는 면책제도의 취지에 반한다. 따라서 채무자가 면책결정 확정 전에 변제계획과 별도로 개인회생채무를 변제하겠다는 취지의 의사를 표시한 경우, 이로 인한 채무가 실질적으로 개인회생채무와 동일성이 없는 완전히 새로운 별개 채무라고 볼 만한 특별한 사정이 없는 한, 원래의 개인회생채무와 동일하게 면책결정의 효력이 미친다고 보아야 한다.

B씨가 위 '이행각서'의 작성을 통해 부담하게 된 재승인채무는 위 변제계획과 별도로 개인회생채무인 위 대여금채무의 일부 변제를 목적으로 한 것으로 재승인채무가 실질적으로 개인회생채무와 동일성이 없는 완전히 새로운 별개 채무라고 보기 어렵다. 따라서 면책결정의 효력은 원래의 채무인 대여금채무뿐만 아니라 재승인채무에도 미친다고 할 것이다. 따라서 A씨는 B씨를 상대로 이미 면책된(면책의 효력이 미치는) 재승인채무의 이행을 구하는 소를 제기할 수 없다.

20

개인회생절차와 양육비

배드파더스(Bad Fathers)란 인터넷 사이트가 있었다. 양육비를 지급하여야 할 부모들(대부분이 아버지다)이 양육비를 지급하지 아니할 경우 신상정보(나이, 직업, 주소, 사진 등 상당히 구체적이다)를 무단으로 공개하는 사이트다. 자력구제가 인정되지 않는 문명사회에서 법적 근거도 없이 신상정보를 공개하는 것은 양육비가 아동의 생존권과 관련되고, 양육비 미지급은 아동 학대에 해당한다는 인식이 있기 때문일 것이다. 하지만 배드파더스의 신상정보 공개는 명백한 명예훼손이고 사이트 운영자는 수십 차례 고소당하여 현재 형사재판을 받고 있다(1심에서 무죄판결을 선고받았지만, 항소심에서 벌금형의 선고유예를 받아 현재 대법원에 계류 중이다).

배드파더스는 국가가 손 놓고 있는 양육비 문제를 공론화했다. 하지만 배드파더스는 2021년 10월 말 한때 운영을 중단했다. 「양육비 이행확보 및 지원에 관한 법률」(양육비이행법) 및 그 시행령이 시행됨으로써 정부가 그 업무를 담당할 수 있으리라는 기대 때문이었다.[11] 위 법률 등에 의하면 양육비 이행확보 방안으로 운전면허정지, 출국금지, 명단공개 등이 있다. 그 외 가사소송법에서 규정하고 있는 양육비 직접지급명령제도도 있다. 양육비 직접지급명령이란 이혼 시 미성년자인 자녀에 대한 양육비를 정기적으로 지급할 의무가 있는 사람(양육비채무자)이 정당한 사유 없이 2회 이상 양육비를 지급하지 아니한 경우에 정기금 양육비 채권에 관한 집행권원을 가진 채권자(양육비채권자)의 신청에 따라 양육비채무자에 대하여 정기적 급여채무를 부담하는 소득세원천징수의무자에게 양육비채무자의 급여에서 정기적으로 양육비를 공제하여 양육비채권자에게 직접 지급하도록 명하는 제도이다. 아직 이행일시가 도래하지 않은 장래의 정기금 양육비 채권을 집행권원으로 하여 양육비채무자의 장래의 정기금 급여 채권에 대하여 강제집행을 할 수 있도록 함으로써, 비교적 소액의 정기금채권인 양육비 채권을 실효적으로 확보할 수 있도록 한 것이다.

문제는 양육비 이행확보 방안에도 불구하고 양육비를 지급할

---

11 배드파더스를 운영하면서 고소와 협박에 시달렸던 운영자는 배드파더스가 문을 닫은 지 4개월 만에 다시 등장했다. 2021년 「양육비 이행확보 및 지원에 관한 법률」(양육비 이행법)이 시행되면서 목표를 이루고 역사 속으로 사라지는 줄만 알았던 배드파더스가 2022년 2월 '양육비 안 주는 사람들(양안들)'로 돌아온 것이다. 양육비 이행법에 따라 미지급자를 처벌하는 절차가 현실성이 떨어진다는 이유에서다. 현재는 간판을 '양육비 해결하는 사람들(양해들)'로 갈아 끼웠다. 배드파더스를 시즌2 이름(양육비 안 주는 사람들)으로 이어갈 경우, 활동 과정에서 오해를 불러올 수 있다는 우려에서다.

의무가 있는 자에 대하여 개인회생절차가 개시되면 필요한 때 양육비를 지급받지 못할 수도 있다는 것이다. 양육비청구권 중 개인회생절차개시결정 후 변제기가 도래한 부분은 개인회생재단채권으로 수시로 우선적으로 변제받을 수 있다. 하지만 개인회생절차개시결정시에 변제기가 도래한 부분은 개인회생채권으로 권리행사가 제한되어 그 이행 확보에 어려움이 있을 수 있다.

양육비 직접지급명령제도도 문제다. 개인회생절차가 개시되면 양육비 직접지급명령은 중지 또는 금지된다. 그래서 개인회생절차가 진행 중인 동안에는 자녀의 양육비가 충분히 확보될 수 없게 되어 자녀의 복리에 중대한 영향을 미칠 수 있다. 비록 자녀에 대한 양육비채권이 비면책채권이긴 하지만, 이는 개인회생절차종결 이후에 면책되지 않고 변제받을 수 있다는 의미에 불과하여, 개인회생절차 진행 중인 기간 동안 양육비를 확보할 수 있는 방법이 없다. 이 점을 고려하여 실무는 개인회생절차가 진행 중인 동안 자녀의 복리를 위하여 변제계획이 인가된 이후 양육비를 지급하게 하고 있다. 이런 실무 태도에도 불구하고 개인회생절차개시결정 이후 변제계획이 인가될 때까지 양육비의 확보방안은 없는 상태이다.

명단공개도 개인회생절차가 개시되면 효용성이 없다.[12] 여성

---

12 양육비이행법 제21조의5 단서, 같은 법 시행령 제17조의4 제3항 제3호는 "양육비 채무자가 「채무자 회생 및 파산에 관한 법률」에 따른 회생절차개시 결정을 받거나 파산선고를 받은 경우" 명단공개에서 제외하고 있다. '회생절차개시'라고 되어 있지만, 여기에는 개인회생절차개시도 포함된다고 보아야 할 것이다.

가족부장관은 양육비 채무자가 양육비 채무불이행으로 인하여 감치명령 결정을 받았음에도 불구하고 양육비 채무를 이행하지 아니하는 경우에는 양육비 채권자의 신청에 의하여 양육비이행 심의위원회의 심의·의결을 거쳐 양육비 채무자의 성명 등의 정보를 공개할 수 있다. 하지만 개인회생절차가 개시되면 양육비를 지급하지 않더라도 명단공개에서 제외된다.

양육비를 확보하기 위한 일부 방안은 개인회생절차로 인하여 무용지물이 될 수 있다는 점에서 빠른 시일 내에 입법적 보완이 필요해 보인다.

'오징어 게임' 유감

2021년 하반기 신종 코로나바이러스(코로나19)의 대유행 속에서 세계적으로 돌풍을 일으킨 한 편의 드라마가 있었다. 넷플릭스 오리지널 드라마 시리즈 '오징어 게임'이 그것이다. 오징어 게임은 빚더미에 앉아 인생의 막바지에 몰린 참가자들(456명)이 456억 원이라는 상금을 차지하기 위해 목숨을 걸고 하는 서바이벌 게임을 그린 9부작 드라마이다. 드라마를 즐겨 보지는 않지만, 한 시대의 이슈가 된 것이 궁금하여 9회분 전체를 보았다. '오징어 게임'의 세계적 흥행의 원인으로 언론들은 '절제된 표현', '처음부터 끝까지 긴장감을 유지하며 매우 자세하게 쓰인 점', '한국 영화 기생충에서 드러났던 완전히 분리된 두 계층의 등장'이라는 식으로 나름대로 분석을 하고 있다.

'오징어 게임'에서는 '무궁화 꽃이 피었습니다', '달고나 뽑기', '줄다리기', '구슬치기', '다리 건너기'를 거쳐 1970~80년대 골목

길 놀이였던 '오징어 게임'으로 마무리한다. 이러한 게임들은 우리나라 어린이들이 옛날부터 즐겨온 놀이로 40~50대 중장년층 이상에게는 익숙한 놀이이다. 게임의 과정에서 보기 드문 잔인함을 보여주기도 하지만, 게임에 등장하는 놀이 자체는 우리에게 깊은 공감과 친근한 추억을 끄집어낸다. 그러한 점에서 '오징어 게임'이 우리나라에서 흥행하는 것은 어느 정도 이해가 되는 바가 있다. 나아가 '오징어 게임'이 우리나라를 넘어 세계적인 흥행에 성공한 원인은 무엇일까. 앞에서 언론들이 분석한 여러 원인들도 있겠지만. 그것만으로는 설명하기 어려운 측면이 있다.

세계적인 흥행 요인이 게임 참가자들 속에서 자신의 현재 상황을 발견함으로써 참가자들과 일체감을 이룬 것에 있지는 않았을까. 코로나19의 팬데믹 속에서 세계 어느 곳 어떤 사람이든 어려움을 겪고 있다. 빚이 많은 사람들에겐 더욱 가혹하다. 참가자들은 대부분 엄청난 빚을 지고 게임에 참가하고 있다. 끝없는 빚에 시달려온 이들에게 상황은 죽음의 게임에 참가하는 것보다 나쁘다. 기훈(이정재 분)은 10년 전 구조조정으로 인해 실직한 후 제대로 된 직업도 얻지 못한 채 대리운전으로 살아간다. 급기야 이혼을 하고 아이마저 아내에게 맡겨지게 된다. 어머니는 당뇨로 발이 썩어가는 것도 감내하며 장사로 가정을 꾸려 나간다. 명문대를 나온 상우(박해수 분)는 선물거래에 손을 대 거액을 날리고 어머니는 이런 사정도 모른 채 장사로 근근이 생계를 유지해 간다. 이들 외에도 등장인물의 과거를 다룬 에피소드는 모두가 불운 끝에 빚을 지게 되었음을 알려준다. 이런 참가자들에게서 어쩌면 시청자 자신의 모습을 보고 있는 것은 아닐까.

벼랑 끝에서 과도한 빚을 진 자들이 선택할 수 있는 방법은 무엇일까. '오징어 게임'에서는 목숨을 건 서바이벌 게임에 참가하는 것으로 돌파구를 찾는다. 재미있게 드라마를 보았지만 유쾌하지만은 않았다. 약자를 다루는 표현방식 등도 찜찜하였지만, 빚 문제를 해결하는 방식도 수긍하기 어려웠기 때문이다. 오랜 동안 회생파산업무를 담당해온 필자로서는 드라마를 보는 내내 파산면책제도를 생각하게 되었다. 하지만 드라마에서는 현실적으로 실행되지는 못한다. 왜 그런 것일까. 물론 드라마는 재미를 추구하는 것이기 때문에 개인파산을 신청하는 것으로 이야기를 전개할 수는 없었을 것이다.

그렇다면 드라마가 아니고 현실이었다면 개인파산신청을 통한 해결이 가능했을까.

과다한 채무로부터 개인들을 구제하여 새로운 출발을 할 수 있도록 개인파산면책제도가 마련되어 있다. 하지만 모든 채무가 구제되는 것은 아니다. 선물거래로 큰 손실을 입은 상우의 경우는 면책이 허용되지 않을 가능성도 있다. 면책불허가사유 중 하나인 사행행위에 해당될 여지가 있기 때문이다. 다만 사행행위에 해당하더라도 법원에 의한 재량면책의 여지가 있으므로 죽음의 게임에 참가하기 전 개인파산을 신청해 보았으면 하는 아쉬움이 있다. 기훈의 경우 면책이 가능하더라도 직업을 구하지 못하는 한 새로운 출발은 요원하다.

사회안전망으로서 개인파산면책제도가 제대로 기능하려면 제도적 개선도 요구되고, 면책 이후의 삶이 보장되도록 일자리 창출 등 사회경제적 시스템의 구축도 필요하다. 개인파산제도 운용에 있어 법원과 정부의 협력이 절실한 이유다.

개인회생절차에서
부킹프라이스(booking price)

개인회생절차는 회생절차와 달리 채무자가 제출한 변제계획에 대하여 채권자들의 동의를 받을 필요가 없다. 신속한 절차 진행을 위한 정책적 결단이다. 그렇지만 채권자들의 변제계획에 대한 의견을 듣기 위하여 채권자집회는 개최한다.

필자가 법원에서 개인회생절차를 담당하던 시절, 가장 난감한 상황은 가용소득(소득에서 생계비를 뺀 것을 말한다)이 적은 관계로 변제계획에서 채권자들에게 변제하여야 하는 매월 금액이 극히 적은 경우이다. 예컨대 1,000만 원의 채권을 가진 채권자가 36개월 동안 매월 5,000원 정도를 변제받는 경우이다. 이런 상황에 직면하다 보면 채권자들의 분노는 극에 달한다. 적막한 법정은 일순간에 술렁이고, 잠시 후 거친 발언들이 쏟아진다.

"판사님, 이거 장난하는 겁니까. 5,000원씩 매월 변제받으라고

요. 차라리 안 받는 게 낫지요. 매월 5,000원씩 통장에 들어오는 것을 보면 받았다고 생각이 들겠습니까. 오히려 천불이 나지요."

부킹프라이스(booking price)란 사람들이 채무자로부터 변제받았다고 마음 속에 기록할 수 있는 금액을 말한다. 과연 채권자들이 받았다고 생각하는 금액은 얼마일까. 앞에서 본 상황에서 채권자는 변제를 받는다고 생각할까. 사람마다 다르겠지만 통상적인 경우라면 변제받고 있다고 생각하지 않을 것이다. 하지만 현실적으로 월 소득이 많지 않은 사람은 극히 적은 금액을 변제하는 것으로 변제계획을 작성할 수밖에 없다.

실무적으로 이러한 난감한 상황을 해결하기 위해 동원되는 방법이 생계비를 줄이는 것이다. 합법적으로 인정받을 수 있는 생계비를 인위적으로 줄이는 것이다. 그러면 변제재원이 되는 가용소득이 늘고, 변제금액이 자연스럽게 증가한다. 하지만 이러한 해결방식은 바람직하지 않다. 생계비라는 것이 최소한의 인간다운 삶을 보장해주기 위하여 인정되는 것인데, 이것을 줄이면 본질적으로 헌법상의 기본권을 침해하는 것으로 귀착된다.

채권자의 부킹프라이스에는 미치지 못하지만, 개인회생제도의 취지에서 보면 어쩔 수 없는 것 아닌가 생각된다. 필자는 이런 경우 생계비를 줄이지는 않았다. 나아가 가용소득이 극히 적은 경우에는 개인파산을 적극적으로 이용하라고 권유했다. 법원으로서는 고민되는 대목일 것이다. 개인회생제도가 존재하는 한 상존하는 현상일 것이고, 신속한 사회복귀라는 개인회생제도의 목적에서 보면 법원이 좀 더 적극적인 방법으로 문제를 해결할 필요가 있다.

확정판결 전 면책되었음에도 면책 주장을 하지 못한 경우 구제방법 – 변론종결 전 면책도 청구이의사유[13]

A는 경기침체로 인한 영업 부진으로 2억 원이 넘는 빚을 지게 되었다. 운영하던 식당도 폐업하고 건설 현장에서 일용직으로 일하면서 빚을 해결할 다른 방법이 없자, 2023. 12.경 서울회생법원에 개인파산을 신청하였다. 개인파산절차는 신속하게 진행되어 2024. 6.경 면책결정(확정)을 받았다. 채권자 중 한 명인 甲은 2024. 10.경 A를 상대로 대여금 5천만 원의 지급을 구하는 소를 제기하였다. A는 일용직 근로자로 여기저기를 전전하다 법원으로부터 온 소장 등을 송달받지 못하였고, 재판은 공시송달로 진행되었다. 법원은 2025. 2.경 甲 전부 승소판결을 선고하였고,

---

13 <대법원 2022. 7. 28. 선고 2017다286492 판결>을 바탕으로 작성한 것이다.

위 판결은 확정되었다. 甲은 위 판결에 근거하여 A에 대하여 강제집행을 하려고 하였고, 그때서야 A는 대여금청구소송이 제기된 사실을 알았다. A는 면책결정을 받았음에도 대여금을 지급하여야 하는가. 대응책은 없을까.

채무자회생법 제566조 본문은 면책을 받은 개인채무자는 파산절차에 의한 배당을 제외하고는 파산채권자에 대한 채무의 전부에 관하여 그 책임이 면제된다고 정하고 있다. 여기서 면책이란 채무 자체는 존속하지만 개인채무자에 대하여 이행을 강제할 수 없다는 뜻이다.

파산선고 후 면책결정이 확정되면 개인채무자의 파산채권자에 대한 채무는 그대로 존속하지만 책임은 소멸하므로, 개인채무자의 파산채권자에 대한 책임은 파산선고 당시에 개인채무자가 가진 재산 한도로 제한된다. 채무는 그대로 존속하지만 책임만이 위와 같은 범위로 제한되므로 개인채무자는 파산선고 이후에 취득하는 재산으로 변제할 책임은 지지 않는다. 이로써 개인채무자는 경제적 회생을 도모하여 파산채무로 인한 압박을 받거나 의지가 꺾이지 않은 채 경제적 회생을 위한 노력을 할 수 있게 된다.

파산채권자가 개인채무자를 상대로 채무 이행을 청구하는 소송에서 면책결정에 따라 발생한 책임 소멸은 소송물인 채무의 존부나 범위 확정과는 직접적인 관계가 없다. 개인채무자가 면책 사실을 주장하지 않는 경우에는 책임 범위나 집행력 문제가 현실적인 심판대상으로 등장하지도 않아 주문이나 이유에서 그에 관한 아무런 판단이 없게 된다. 이런 경우 면책결정으로 인한 책임 소멸에 관해서는 기판력이 미치지 않으므로, 개인채무자에 대한 면책결정이 확정되었는데도 파산채권자가 제기한 소송의 사실심 변론종결 시까지 그 사실을 주장하지 않는 바람에 면책된 채무 이행을 명하는 판결이 선고되어 확정된 경우에도 특별한 사정이 없는 한 개인채무자는 그 후 면책된 사실을 내세워 청구이의의 소를 제기할 수 있다.

면책결정이 확정되었는데도 면책된 채무 이행을 명하는 판결이 확정된 경우에 개인채무자가 확정판결에 관한 소송에서 단지 면책 주장을 하지 않았다는 이유만으로 청구이의의 소를 통해 면책된 채무에 관한 확정판결의 집행력을 배제하는 것을 허용하지 않는다면 부당한 결과를 초래한다. 이미 면책결정을 통해 강제집행 위험에서 벗어난 개인채무자로 하여금 그 집행을 다시 수인하도록 하는 것은 면책제도의 취지에 반하고 확정된 면책결정의 효력을 잠탈하는 결과를 가져올 수 있기 때문이다. 또한 확정판결에 관한 소송에서 개인채무자의 면책 주장 여부에 따라 개인채무자가 일부 파산채권자에 대해서만 파산절차에 의한 배당 외에 추가로 책임을 부담하게 된다면, 파산채권자들 사이의 형평을 해치게 되어 집단적·포괄적으로 채무를 처리하면서 개인채무자의 재기를 지원하는 개인파산 및 면책제도의 취지에 반하게 된다. 이와 같이 확정판결에 관한 소송에서 주장되지 않았던 면책 사실도 청구이의소송에서 이의사유가 될 수 있다고 봄이 타당하다.

대법원은 위와 같은 이유로 어떤 판결에 대해 강제집행을 해서는 안 된다고 청구하는 청구이의의 소는 그 사유가 변론종결 이후에 발생한 사유여야만 허용되는 게 원칙이지만, 예외적으로 청구이의사유가 면책결정인 경우에는 그 면책결정이 변론종결 전에 발생한 경우에도 청구이의가 허용된다고 판시하였다.

A는 선행판결의 변론종결 전에 개인파산절차에서 면책결정 (확정)을 받았음에도 선행소송이 공시송달로 진행되었기 때문에 면책을 주장하지 못하였다. A가 면책 사실을 주장하지 않아 책임 범위나 집행력 문제가 현실적인 심판대상으로 등장하지 않았고 주문이나 이유에서 그에 관한 아무런 판단이 없게 되었다. 따라서 면책결정으로 인한 책임소멸에 관해서는 기판력이 미치지 않는다. 한편 A가 법률관계의 조속한 안정을 저해하거나 분쟁의 해결을 현저하게 지연시킬 목적으로 선행소송에서 일부러 면책 주장을 하지 않았다고 볼만한 특별한 사정도 확인되지 않는다. 그러므로 A는 甲을 상대로 청구이의의 소를 제기할 수 있고, 청구이의소송에는 선행판결의 기판력이 미치지 않는다.

제 4 장

도산과 조세

도산절차에서 조세채권 취급의 중요성

    도산절차에서도 조세채권의 우월적 지위가 인정되어야 한다는 것은 부정할 수 없다. 다만 어느 정도 인정할 것인지, 모든 도산절차에서 동일하게 인정할 것인지가 문제이다.

    먼저 모든 도산절차에서 우월적 지위를 동일하게 인정할 수는 없고 각 도산절차의 제도적 취지나 차이를 두어야 하는 공익적 근거에 따라 조금씩 달라질 수 있다. 예컨대 회생절차보다는 파산절차에서 우월적 지위가 더 많이 인정될 수도 있을 것이다. 왜냐하면 파산절차는 채무자의 재산(파산재단)을 환가하여 채권자들에게 배당하는 것(이후 법인은 소멸)이 목적이지만, 회생절차는 채무자의 존속이 목적이기 때문에 조세채권자도 채무자의 회생을 위하여 어느 정도 양보가 요구되기 때문이다. 조세채권을 회생절차에서는 원칙적으로 회생채권으로 취급하고, 파산절차에서는 재단채권으로 취급하는 것도 이러한 요구를 반영한 것으로 볼 수 있다.

다음으로 도산절차에서 조세채권의 우월적 지위를 인정한다고 하더라도 우선권을 어느 정도 인정하느냐(조세채권을 도산절차에서 어떤 종류의 채권으로 분류할 것인지)에 따라 한정된 자원의 분배나 도산절차의 성패에 중대한 영향을 미친다. 공익채권이나 (개인회생)재단채권이 되는 조세채권의 범위가 지나치게 넓으면 도산절차의 폐지가 빈번하고 회생계획(변제계획)의 수행에 곤란한 점이 있다. 또한 조세채권이 어떠한 지위에서 얼마나 변제받는지는 채무자의 주주, 채권자 등 이해관계인들의 중요한 관심사가 된다. 조세채권을 과도하게 보호할 경우 도산절차개시신청을 꺼리거나 미룸으로써 종국적으로 자원분배의 왜곡을 초래한다. 반대로 통상적인 강제집행절차에서 인정되는 조세채권의 우선권을 폐지할 경우 채무자에게 나쁜 유인을 제공할 수 있는 부작용이 있을 수 있다.

국가나 지방자치단체의 재정적 원천으로서의 세금은 반드시 징수(납부)되어야 하고, 이는 도산상황에서도 마찬가지이다. 그렇다고 하더라도 조세채권의 우선주의는 도산제도가 적절하게 기능할 수 있도록 도산절차의 종류에 따라 정도의 차이는 있지만 양보가 필요하다. 이는 입법정책의 문제로 향후 채무자회생법 개정에 있어 결단이 필요한 대목이다.

도산절차가 조세채권에 미치는
영향을 알아야

도산절차(회생절차·파산절차·개인회생절차)의 개시(시작)로 조세채권은 권리의 존속(소멸)이나 징수(강제징수·체납처분)에 있어 많은 영향을 받는다. 그렇지만 대부분의 조세 담당 공무원들이나 관련 업무 종사자들(변호사, 세무사, 회계사 등)은 그 영향에 대하여 정확히 이해하고 있지 못하다. 다른 분야에 있는 사람들과 마찬가지로 이들에게도 도산은 낯선 것이다. 어쩌면 외계에서 온 특이한 괴물인지도 모른다.

도산절차가 신청되면 법원은 관할 세무서장이나 지방자치단체에 도산절차개시사실을 통보한다. 납세자가 도산의 위험에 처해 있으니 그에 대해 대비하라는 취지이다. 그러나 막상 통보를 받은 과세관청, 구체적으로는 조세 담당 공무원들은 이후 어떠한 조치를 취하여야 하는지(각 절차마다 각 단계마다 취하여야 할 조치가 다르다), 무엇을 어떻게 해야 하는지에 대해 알지 못한다. 조치를 제대로 취하지 않으면 경우에 따라 조세가 소멸(실권)되어 버릴 수도 있는데 말이다. 예컨대 회생절차가 개시된 채무자(납세자)에 대하여 조세(조세채권) 5억 원을 가지고 있다고 하더라도, 위 조세채권이 회생채권인 경우 지체 없이(늦어도 회생계획안 심리를 위한 관계인집회 전까지) 조세를 법원에 신고하지 않으면 조세채권은 없어져 버릴 수 있다. 회생절차는 파산절차나 개인회생절차와 달리 비면책채권이라는 개념이 존재하지 않기 때문이다(파산절차나 개인회생절차에서 조세채권은 비면책채권으로 면책결정이 있더라도 면책되지 않는다). 이러한 문제는 어느 순간 일어날 수 있음에도 그 심각성을 잘 모른다.

반대의 경우에도 마찬가지이다. 도산에 제법 익숙한 분들도 조세에 대하여는 잘 알지 못하는 경우가 많다. 그래서 도산절차 개시 이후에 조세를 납부하여야 하는 것인지, 과세처분에 대하여 다툴 경우 어떠한 방법으로 다투어야 하는지 등에 대하여 조언을 하기가 쉽지 않다.

도산절차가 조세에 미치는 영향에 관한 내용에 관하여 참고할 만한 자료를 발견하기기 쉽지 않은 것 같다. 조세에 관한 내용도 익숙하지 않은데 거기에 도산절차를 아울러 검토한다는 것이 쉽지 않는 것 때문일 것이다.

하지만 조세를 담당하는 공무원들은 물론 관련 업무 종사자들은 도산절차가 조세에 어떠한 영향을 미치는지, 도산절차가 신청 나아가 개시되면 조세 담당 공무원을 비롯하여 이해당사자들은 어떻게 대처하여야 하는지 등에 관하여 숙지할 필요가 있다. 그럼으로써 도산과 조세에 관하여 진정한 게임체인저(Game Changer)가 될 수 있을 것이다.

조세채권의 지위와 입법론적 비판

　도산절차에서 조세채권은 어떤 종류의 채권으로 분류하는 것이 타당한가. 납세자(채무자)에 대하여 도산절차가 개시된 경우 통상적인 조세채권의 우선권을 그대로 유지하거나 더 강화시켜야 하는가 아니면 후퇴시켜야 하는가. 이와 같이 조세채권을 도산절차에서 어떻게 취급할 것인지는 입법정책의 문제이다.

　채무자회생법은 조세채권의 취급에 있어 우선권을 인정하는 방법과 부인하는 방법을 취하고 있다. 전자의 경우에는 다시 조세채권에 최선순위의 공익적 절차비용과 같은 순위를 주는 방법과 통상의 강제집행절차에서 인정되는 우선변제권에 따른 우선적 지위를 부여하는 방법이 있다. 결과적으로 채무자회생법은 조세채권에 관하여 다음과 같이 규정하고 있다.[1]

---

1 이외에 회생절차에서는 개시후기타채권이, 파산절차에서는 파산채권도 아니고 재단채권도 아닌 비파산채권(기타채권)이, 개인회생절차에서는 개인회생채권도 아니고 개인회생재단채권도 아닌 조세채권이 있을 수 있다.

- **조세채권의 우선권을 인정하는 방법**
  - ▷ 최선순위의 공익적 절차비용과 같은 순위를 부여[수시로 우선적으로 변제]
    - 공익채권(회생절차)
    - 재단채권(파산절차)
    - 개인회생재단채권(개인회생절차)
  - ▷ 통상의 강제집행절차에서 인정되는 우선변제권에 따른 우선적 지위 인정
    - 일반의 우선권 있는 회생채권(회생절차)
    - 일반의 우선권 있는 개인회생채권(개인회생절차)
- **조세채권의 우선권을 부인하는 방법[후순위로 변제 –사실상 변제x]**
  - 후순위 파산채권(지연배상금 성격의 납부지연가산세)(파산절차)
  - 후순위 개인회생채권(지연배상금 성격의 납부지연가산세)(개인회생절차)

현재의 조세채권에 관한 규정이 타당한가. 도산절차가 개시되었다고 하여 통상의 강제집행절차에서 인정되는 우선변제권에서 더 나아가 최선순위의 우선적 지위를 인정하는 것은 합리적인 이유가 없다. 도산절차개시라는 우연한 사정에 의하여 통상적인 절차에서보다 지위가 강화되어 더 강력한 지위를 부여한다는 것은 다른 채권자들과의 관계에서 형평에 반한다. 결국 도산절차에서 조세채권은 통상의 강제집행절차에서 인정되는 우선변제권에 따른 우선적 지위를 인정하는 것으로 충분하다. 다만 일부 조세채권(지연배상금 성격의 납부지연가산세)에 대해서는 도산제도의

효율적 운용을 위해 우선권을 부인하는 것이 타당하다.

또한 산발적으로 규정된 조세채권의 취급에 관한 내용을 하나의 장(조세채권에 관한 특례)으로 묶어 규정하는 것이 바람직하다.

조세채권의 우선성은 정당한가

기업이나 개인은 신용거래나 대출거래를 통해 누군가와 채권 채무관계를 형성한다. 채권채무관계에서 모든 채권자는 평등하다. 예컨대 A(채무자)에 대하여 채권자 甲(갑)은 물품대금채권 1억 원, 채권자 乙(을)은 대여금채권 3억 원을 각 가지고 있었는데, 채무자 A 소유 부동산이 경매로 매각되었다. 이 경우 甲과 乙은 그들이 가지고 있는 채권액에 비례하여 변제(배당)받는다. 만약 채무자 A의 부동산이 1억 원에 매각되었다면 甲이 2,500만 원, 乙이 7,500만 원을 가져간다.

문제는 채무자 A가 조세를 체납하고 있는 경우다. 일반적으로 조세는 국가나 지방자치단체의 재정적 원천이라는 이유로 다른 일반채권보다 우선하여 징수하도록 하고 있다. 위에서 본 사례에서 채무자 A가 6,000만 원의 조세를 체납하고 있는 경우, 조세채권자인 국가 등이 6,000만 원을 먼저 가져간 후, 나머지

4,000만 원은 채권액에 비례하여 甲이 1,000만 원, 乙이 3,000만 원을 가져간다. 과연 이것이 정당한가. 왜 일반채권은 조세채권보다 나중에 변제받아야 하는가.

　채무자 A와 물품거래를 한 채권자 甲이나 돈을 빌려준 채권자 乙은 채무자 A가 조세를 체납한 사실을 알지 못한다. 조세채권은 등기나 등록에 의해 공시되는 것이 아니기 때문이다. 만약 채무자 A가 조세를 체납한 사실을 알았다면 甲, 乙은 물품거래를 중단하거나 돈을 빌려주지 않았을 것이다. 조세채권의 우선성은 거래안전을 해치고, 다른 일반채권자에게 예측하지 못한 손해를 줄 수도 있다. 이러한 문제점에도 불구하고 지금껏 조세채권은 일반채권보다 우선하여 변제를 받아왔고, 이를 당연하게 여겨왔다.

　조세채권이 다른 일반채권보다 우선하여야 하는가. 조세채권은 일반채권과 달리 납세자가 세금을 납부하지 않으면 집행권원이 없어도 바로 압류절차에 들어갈 수 있다. 이를 강제징수(국세) 또는 체납처분(지방세)이라 한다. 일반채권이 소송 등을 통해 집행권원을 얻은 후 압류할 수 있는 것과 비교하면, 국가나 지방자치단체에게는 신속하고 막강한 강제징수권한을 부여하고 있다. 또한 필요한 경우 세무조사도 할 수 있고, 상습고액체납자를 공개할 수도 있으며, 고발을 통해 형사처벌을 받게 할 수도 있다. 나아가 조세를 납부하지 않을 경우 30일 범위에서 체납된 세금을 납부할 때까지 감치도 할 수 있다. 이처럼 막강한 징수권한과 조사권한을 가지고 있음에도 국가나 지방자치단체가 일반채권자보다 우선하여 조세를 징수하여 가도록 하는 것이 맞는지 이제 고민을 해 보아야 할 시점이다. 조세채권이 일반채권보다 우선하도록 규정한 것은 입법정책의 문제이지 결코 절대적인 것은 아니기 때문이다.

한편 도산절차(회생절차, 파산절차, 개인회생절차)가 개시되면 조세채권은 더욱 강화된 보호를 받는다. 회생절차에서 조세채권은 원칙적으로 우선권 있는 회생채권이지만 일부 조세채권은 공익채권으로서 수시로 우선적으로 변제받는다. 파산절차에서는 원칙적으로 재단채권으로서 다른 채권보다 수시로 우선적으로 변제받는다. 개인회생절차의 경우 원칙적으로 우선권 있는 개인회생채권이지만 일부 조세채권은 개인회생재단채권으로서 수시로 우선적으로 변제받는다. 이처럼 도산절차가 개시되면 조세채권 중 일부는 공익채권, 재단채권 또는 개인회생재단채권으로서 실체법에서 인정되는 것 이상으로 보호를 받는다. 도산절차개시라는 우연한 사정에 의하여 조세채권이 실체법에서 인정되는 것 이상으로 보호되는 것은 합리성이 없다.

조세채권이 일반채권보다 우선한다는 것은 다시 생각해 보아야 한다. 국가나 지방자치단체의 재원 확보는 강력한 징수수단을 부여하는 것으로 충분하다. 사인간의 채권도 국가 등의 채권만큼이나 보호가치가 있다.

회생절차를 통한 세금 분할 납부

회생절차를 진행하다 보면 많은 문제들을 만나게 된다. 신청 단계에서는 부족한 운영자금이 어려움을 준다. 회생절차를 진행하려면 최소 6개월 정도의 운영자금을 보유하고 있어야 하는데, 대부분의 기업은 가지고 있는 자금을 거의 소진한 상태에서 회생절차를 신청하기 때문이다. 회생절차가 시작되면 당장 거래처에서 현금거래를 원하는데, 운영자금이 없으면 자재를 구입할 수 없어 사업 유지가 쉽지 않다. 새로운 금융상품 등의 등장과 사모펀드를 중심으로 한 자본시장이 발달하여 시중에 유동자금이 넘쳐나고 있지만, 회생기업이 돈을 빌리는 것은 쉽지 않다.

또한 알게 모르게 회생기업을 어렵게 하는 곳은 과세관청이다. 조세는 국가나 지방자치단체의 재정 수요에 충당하기 위한 공익적 목적으로 징수하는 것이므로 다른 채권에 비하여 우월적 지위를 인정되고 있다. 절차적으로는 납세의무자가 세금을 납부하지 아니한 경우 자력집행권이 인정되어 과세관청은 곧바로 압류할 수 있다. 실체적으로는 강제환가절차에서 다른 채권에 앞서 우선적으로 징수하는 권한이 있다. 이러한 조세의 특성으로 인해 회생절차에서도 다른 채권에 비하여 여러 가지 특칙을 인정하고 있다. 그럼으로써 사실상 회생절차에서도 조세채권의 우월적 지위가 인정되고 있다.

회생절차에서 조세채권은 원칙적으로 일반의 우선권 있는 회생채권이어서 채권신고를 하여야 하고 감면도 가능하다. 하지만 다른 회생채권과 달리 회생계획에서 조세채권에 관하여 3년 이하의 기간 동안 징수를 유예하거나 체납처분(강제징수)에 의한 재산의 환가를 유예하는 내용을 정한 때에는 징수의 권한을 가진 자의 의견을 들어야 하고, 3년을 초과하는 기간 동안 징수를 유예하거나 체납처분(강제징수)에 의한 재산의 환가를 유예하는 내용을 정하거나 또는 조세채무의 승계, 조세의 감면 또는 그 밖에 권리에 영향을 미치는 내용을 정하는 때에는 징수의 권한을 가진 자의 동의를 얻어야 한다.

간단히 말하면 납부하여야 할 세금을 3년 넘게 분할 납부하거나 1원이라도 감액하려면 과세관청의 동의를 받아야 한다는 것이다. 이로 인해 실무에서는 일반적으로 3년 이내에 세금을 전액 납부하는 형태로 회생계획을 작성한다(3년 분할납부가 대부분이다). 하지만 회생절차에 들어온 다수의 기업들은 상당한 정도의 세금을 체납하고 있는 것이 현실이다. 조세채권을 3년 이내에 전액 변제하는 것으로 회생계획을 작성하다 보니 운영자금의 부족은 물론, 다른 회생채권자들에게는 거의 변제할 수 없어 채권자들의 동의를 얻기가 어렵다. 이로 인해 회생절차폐지에 이를 수밖에 없다. 감액은 고사하고 3년을 넘어 납부하는 것으로 회생계획을 작성하면 과세관청은 거의 동의하지 않는다. 필자는 창원지방법원 파산부장 시절 1번, 수원지방법원 파산부장 시절 1번 정도 조세감액에 관한 과세관청의 동의를 받은 것으로 기억된다.

회생절차는 채권자들의 희생을 전제로 기업의 재기를 꾀하는 것이다. 다른 많은 채권자들은 채무자의 회생으로 인한 손실을 분담하는데, 아무리 조세채권의 공익성을 고려하더라도 전혀 손실을 분담하지 않는 것은 문제이다. 감액은 그렇다고 하더라도 3년을 넘는 분할납부는 어느 정도 동의해 주어야 하는 것이 아닐까. 회생절차가 폐지되고 기업이 파산에 이르면 장기적으로 중요한 세원이 없어져 국가나 지방자치단체에게도 손해다.

고무적인 것은 상황이 조금씩 변하고 있다는 것이다. 고금리 등으로 기업들의 어려움이 가중되고, 정부가 정책적으로 기업 지원에 나서서인지 회생절차에도 조금씩의 변화가 감지되고 있다. 그동안 꿈쩍도 하지 않던 과세관청의 태도가 부드러워진 것이다. 세금을 감액해주는 것에 동의하는 경우는 아직 찾아보기 어렵지만, 분할 납부에는 상당한 유연성을 가진 것 같다. 몇 해 전부터 서울회생법원에서는 과세관청이 세금에 대해 4년에 걸친 분할 납부(2019간회합100054), 6년에 걸친 분할 납부(2019간회합100076)에 동의한 것은 물론, 심지에 10년에 걸친 분할 납부(2020회합100018)에도 동의하였다.

과세관청의 이러한 전향적 자세 전환은 어려움에 처한 기업들이 회생하는 데 큰 도움이 될 것이다. 분할 납부를 연장해 줌으로써 그 기간 동안 납부지연가산세를 부담하지 않아도 되고, 연장된 납부기간 만큼 해당 자금을 생산 활동이나 근로자의 임금지급 등에 사용할 수 있을 것이기 때문이다. 과세관청의 이러한 기조가 일시적인 현상이 아니기를 진심으로 기원해본다.

세금, 호랑이보다 무섭다

창원지방법원 파산부장을 마치고 수원지방법원에서 근무하고 있던 때였다. 어느 날 사무실로 창원지방법원에서 회생절차를 진행했던 회사 대표 한 분이 전화를 하셨다. 수화기 저 편에서 "저…파…ㄴ…사…니…ㅁ…통…화…가…능…하…신…가…요" 하며 말이 계속 끊어졌다. 금방 누구신지 알 수 있었다. 작은 중소기업을 운영하고 계신 분이었는데, 긴장하거나 낯선 사람들과 말할 때는 심하게 말을 더듬으셨다.

전화를 한 요지는 이랬다. 회생절차를 종결하고 정상적으로 사업을 하고 있는데, 갑자기 세무서로부터 부가가치세 10억 원 가량을 납부하라고 하여 곤란하게 되었고, 그래서 나에게 어떻게 하면 좋을지 조언을 부탁한다는 취지였다. 회생절차를 진행할 때도 법적인 문제로 늘 문의를 하셨던 분이라 이번에도 내가 생각이 났던 모양이다. 그래서 관련 자료를 가지고 수원으로 오시라고 했다.

며칠 후 자료를 잔뜩 가지고 수원지방법원 사무실로 오셨다. 전체적인 사정은 이랬다. 사업을 하는 사람은 누구나 특별한 사정이 없는 한 매출(판매)액의 10%를 부가가치세로 낸다. 문제는 부가가치세를 권리의무 확정주의에 따라 납부한다는 것이다. 예를 들어 甲회사가 乙회사에 100억 원을 외상으로 판매한 경우(대부분의 거래가 신용거래다), 甲회사는 乙회사로부터 판매대금을 전혀 받지 못하였음에도 납품(판매)하는 때 10억 원(매출세액)의 부가가치세를 납부한다. 반면 乙회사는 납부할 부가가치세에서 10억 원(매입세액)을 공제한 후 납부한다(이는 기본적으로 乙회사가 甲회사에게 부가가치세를 포함한 물품대금 전부를 지급한다는 전제에서 설계된 것이다). 부가가치세 납부의 편의를 위한 것이다. 물품대금을 실제로 받았는지 여부와 상관없이 판매할 때 부가가치세를 납부한다. 이것이 권리의무 확정주의다. 그런데 나중에 乙회사가 부도나서 판매대금을 전혀 받지 못한 경우 국가는 甲회사에게 부가가치세 10억 원을 돌려준다. 반대로 국가는 乙회사로부터 부가가치세 10억 원을 징수한다.

찾아오신 분이 乙회사의 경우에 해당하는 상황이었다. 회생절차에서 채권자(甲회사)에 대한 채권 중 100억 원을 면제하고 나머지를 변제하기로 하였다. 그러자 채권자(甲회사)는 100억 원을 회수하지 못하였기 때문에 국가(세무서)로부터 10억 원을 돌려받았다. 이후 국가(세무서)는 사업자(乙회사)에게 10억 원의 부가가치세를 납부하라고 고지한 것이다. 회생절차에서 전혀 예상치도 못한 상황이었기 때문에 당황할 수밖에 없었다. 10억 원이 중소기업 입장에서는 적은 금액도 아니고 세금은 납부한 후에 싸워야 하는 것이므로 자칫하면 회사가 파산할 수밖에 없는 처지가 되었다.

세법이라는 것이 기업회생의 걸림돌이 된 상황이다. 몇 년 전 거래로 인해 발생한 부가가치세를 회생절차에서 채권자의 채권이 감액되었다는 이유로 다시 납부하라는 것이 말이 되는가. 국가가 채권자에게 돌려준 부가가치세는 혜택이지 그 상대방하고는 무관하다. 그것을 상대방에게 책임지라고 하는 것이 맞는가. 기업하는 사람들은 회생절차에 들어가 채무를 감액받을 수 있다는 것까지 예상하여 사업을 해야 하는 것인가. 사업가는 이미 그 거래로 인한 부가가치세 납세의무는 모두 마치지 않았는가. 많은 생각들이 머리를 스쳐지나갔다.

창원에 있을 때부터 부가가치세 추징으로 회생절차에 들어온 기업들의 어려움은 알고 있었다. 그래서 당시에 위와 같은 경우 사업자는 부가가치세를 납부하지 않아도 된다는 취지의 논문을 써둔 것이 있었다. 이야기를 다 듣고 논문을 건네주면서 세무서에 제출하고 사정 이야기를 해보라고 하였다. 당시 세무서에서는 부가가치세를 추징하는 경우가 많았지만, 경우에 따라 부가가치세를 추징하지 않기도 하였다.

문득 가정맹어호(苛政猛於虎)라는 고사성어가 떠올랐다. 가혹한 정치는 호랑이보다 무서운 것처럼, 가혹한 세금은 기업인들에게 재기의 의지를 꺾어버린다. 회생절차는 기본적으로 조세채권자를 포함한 채권자의 희생을 전제로 한다. 세금이 국가나 지방자치단체의 재정적 기본이 된다고는 하지만, 세금을 징수할 수 있는 세원이 없어지면 궁극적으로 국가나 경제에 도움이 되지 않는다. 회생절차를 진행하는 기업에게 숨 쉴 수 있는 공간 (breathing space)을 줄 수 있는 세법의 정비와 해석이 필요해 보인다. 대법원도 권리의무 확정주의에 대한 고민을 할 때가 아닐까 생각해본다.

□ **부가가치세법**

제45조(대손세액의 공제특례)

① 사업자는 부가가치세가 과세되는 재화 또는 용역을 공급하고 외상매출금이나 그 밖의 매출채권(부가가치세를 포함한 것을 말한다)의 전부 또는 일부가 공급을 받은 자의 파산·강제집행이나 그 밖에 대통령령으로 정하는 사유로 대손되어 회수할 수 없는 경우에는 다음의 계산식에 따라 계산한 금액(이하 "대손세액"이라 한다)을 그 대손이 확정된 날이 속하는 과세기간의 매출세액에서 뺄 수 있다. 다만, 그 사업자가 대손되어 회수할 수 없는 금액(이하 "대손금액"이라 한다)의 전부 또는 일부를 회수한 경우에는 회수한 대손금액에 관련된 대손세액을 회수한 날이 속하는 과세기간의 매출세액에 더한다.

대손세액 = 대손금액 × 110분의 10

③ 제1항 및 제2항을 적용할 때 재화 또는 용역을 공급받은 사업자가 대손세액에 해당하는 금액의 전부 또는 일부를 제38조에 따라 매입세액으로 공제받은 경우로서 그 사업자가 폐업하기 전에 재화 또는 용역을 공급하는 자가 제1항에 따른 대손세액 공제를 받은 경우에는 그 재화 또는 용역을 공급받은 사업자는 관련 대손세액에 해당하는 금액을 대손이 확정된 날이 속하는 과세기간에 자신의 매입세액에서 뺀다. 다만, 그 공급을 받은 사업자가 대손세액에 해당하는 금액을 빼지 아니한 경우에는 대통령령으로 정하는 바에 따라 그 사업자의 관할 세무서장이 빼야 할 매입세액을 결정 또는 경정(更正)하여야 한다.

회생절차에서 세금도 면책되는가

의류용품을 생산하여 대기업에 납품하던 A주식회사는 경기 불황을 이기지 못하고 회생절차개시신청을 고려하고 있다. 은행 대출금을 비롯하여 상거래채권도 많지만, A주식회사가 가장 고민하고 있는 것은 체납된 세금(법인세) 10억 원이다. 1년 매출액이 50억 원 정도의 기업이다 보니 체납된 세금은 감면되지 않는 한 큰 부담이 아닐 수 없다. 회생절차를 통해서 세금을 면책(감액)받을 수 있는 것일까.

회생절차를 신청하는 대부분의 채무자는 A주식회사와 마찬가지로 신청 당시 이미 상당한 금액의 세금을 체납하고 있는 경우가 많다. 세금은 국가나 지방자치단체의 재원이라는 점을 고려하여, 실체법에서 징수우선권을 부여하고 있는 것과 마찬가지로 회생절차에서도 특별한 취급을 하고 있다.

회생절차에서 조세채권(세금)은 크게 2가지 성질의 채권으로 취급하고 있다. 하나는 회생채권이다. 회생채권이란 회생절차가 개시되면 권리행사를 할 수 없고, 회생계획에서 정해진 바에 따라 변제받는 채권을 말한다. 조세채권은 원칙적으로 회생채권이다. 따라서 채무자가 세금을 체납하였다고 하더라도 회생절차가 개시되면 징수권자(국가, 지방자치단체)는 채무자의 재산에 대하여 체납처분(강제징수)을 할 수 없다. 둘은 공익채권이다. 공익채권이란 회생절차가 개시되더라도 권리행사에 아무런 제한이 없고 수시로 우선적으로 변제받을 수 있는 채권을 말한다. 조세채권이 회생채권인지 공익채권인지는 원칙적으로 납세의무가 회생절차 개시 전에 성립한 것인지 후에 성립한 것인지에 따라 구별된다. 회생절차개시 전에 납세의무가 성립한 것이면 회생채권, 회생절차개시 후에 납세의무가 성립한 것이면 공익채권이다. 다만 회생절차개시 전에 납세의무가 성립하였지만, 일정 요건을 갖춘 원천징수하는 조세 등과 같이 일부 조세채권은 공익채권이다.

회생절차에서 공익채권인 조세채권은 수시로 우선적으로 납부하여야 하고 면책도 인정되지 않는다. 결국 회생절차에서 면책의 여지가 있는 것은 회생채권인 조세채권이다. 그렇다면 회생채권인 조세채권은 면책될 수 있는가. 조세채권은 그 특수성으로 인해 다른 회생채권과 다른 취급을 하고 있다. 다른 회생채권의 경우 다수결의 원리에 따라 채권을 감면(면책)시킬 수 있다. 하지만 조세채권의 경우는 다르다. 세금을 3년 넘게 분할 납부하거나 조금이라도 감면을 받으려면 징수권자의 동의를 얻어야 한다. 반면 3년 이하로 분할 납부할 경우에는 징수권자의 의견만 들으면 된다. 실무적으로 징수권자가 체납된 세금에 대하여 3년을 넘어 분할 납부하거나 감면하는 것에 동의하는 경우는 흔하지 않다. 따라서 대부분 세금을 3년 분할 납부하는 것으로 회생계획을 작성한다(앞 <5.>칼럼에서 본 바와 같이 최근 3년을 넘어 분할 납부하는 것에 징수권자가 동의하는 사례가 늘고 있지만, 감면에 동의하는 경우는 찾아보기 어렵다).

결국 회생채권인 조세채권은 징수권자가 감면에 동의하면 감면부분에 대하여 면책이 되지만, 동의하지 않으면 면책되지 않는다. 이러한 이유로 과다하게 세금을 체납하고 있는 채무자는 회생절차를 통해서도 회생의 기회를 얻는 것이 쉽지 않다.

A주식회사의 체납된 세금 10억 원은 회생절차개시 전에 납세의무가 성립한 것이므로 회생채권이다. 따라서 징수권자가 어떠한 입장을 취하는지에 따라 면책 여부가 결정된다. 징수권자가 일부 세금의 감면에 동의하면 그 부분은 면책된다. 다만 현실적으로 감면에 동의를 받기는 쉽지 않다. 결국 A주식회사는 10억 원을 3년간 분할 납부하는 내용으로 회생계획을 작성할 수밖에 없다. 이러한 내용의 회생계획에 대하여는 징수권자의 동의를 받을 필요는 없다. 만약 체납된 세금이 공익채권이라면 면책의 여지는 없다.

조세채권의 면책과 형사책임

대형 프랜차이즈 음식점을 운영하는 A씨는 사업이 어려워지자 세금을 덜 내기 위해 매출 장부를 거짓으로 작성하였다. 식당 매출은 점점 더 떨어졌고, 결국 법원에 통상적인 회생절차를 신청하였다. 20억 원이 넘는 은행담보대출로 개인회생절차는 신청할 수 없었기 때문이다. 회생절차는 순조롭게 진행되어 회생계획이 인가되었다. 회생절차가 진행되던 중 A씨에 대해 세무조사가 이루어졌고, 3억 원의 세금을 탈루한 사실이 밝혀졌다. A씨의 행위는 조세포탈에 해당한다. 포탈된 조세(조세채권)도 회생계획인가결정으로 면책될 수 있는가. 조세채권이 면책될 경우 A씨는 조세포탈범으로 형사처벌은 받지 않는가.

회생절차에서 조세채권은 원칙적으로 면책 대상이 되는 채권(회생채권)이다. 조세채권이 회생채권인 경우 관리인(일반적으로 A씨가 관리인이 된다)이 제출하는 채권자목록에 기재되어 있지 않고, 국가나 지방자치단체가 조세채권을 신고하지 아니하면 회생계획인가결정으로 면책(실권)된다. 조세채권이 면책된 경우 납세자는 연체된 세금을 납부하지 않아도 된다.

회생절차가 진행되던 중 채무자(납세자)가 조세포탈 등의 의도를 가지고 있었다면 채권자목록에 조세채권을 기재하지 않을 것이다. 관리인이 된 A씨도 이러한 이유로 채권자목록에 탈루한 매출액과 관련된 조세채권(부가가치세, 소득세 등)을 기재하지 않았다. 과세관청은 납세자가 일부러 매출을 탈루한 경우 사후에 세무조사를 통하여 조세채권이 존재하는지를 알 수밖에 없다. 따라서 과세관청은 회생절차에서 조세채권을 신고할 수 없다. 이 경우 회생채권인 조세채권은 회생계획인가결정으로 실효된다. 위 사례에서도 채권자목록에도 기재되어 있지 않았고 조세채권의 신고도 없어 A씨의 조세채권은 비록 조세포탈의 의도가 있었지만 실효된다.[2]

조세채권은 국가나 지방자치단체에 있어 재정의 원천이기 때문에 반드시 징수가 확보되어야 한다. 그래서 세법은 조세채권을 확보하기 위해 국가 등에게 우선징수권은 물론 자력집행권까지 부여하고 있다. 나아가 납세자의 행위가 그 위법성과 반사회성이 중대할 경우 형사처벌을 하고 있다. 이를 조세범이라 한다. 조세범은 크게 조세포탈에 관련된 탈세범과 조세행정질서 위반에 관

---

2 채무자가 세금을 탈루할 의사가 없더라도, 신고납부를 원칙으로 하고 있어 과세관청 입장에서는 납세의무자가 신고납부를 하기 전에는 조세채권이 성립하였는지(납세의무가 성립하였는지) 알기는 쉽지 않다.

한 조세질서범으로 나뉜다. 국세의 경우는 조세범의 성립과 처벌에 관하여는 조세범 처벌법에, 그 조사 및 처벌절차에 관하여는 조세범 처벌절차법에서 각각 규정하고 있다. 지방세의 경우는 조세범의 성립 및 처벌과 절차 모두 지방세기본법에서 규정하고 있다.

조세채권이 실효된 경우 A씨는 조세범으로 처벌되지 않는 것일까. 먼저 조세범이 성립하는지가 문제다. 범죄의 성립은 행위를 한 때를 기준으로 판단하므로 조세채권이 실효되었다고 하여도 성립된 범죄가 소멸된다고 보기는 어렵다. 또한 민사책임이 없어졌다고 하여 형사처벌이 면제되는 것은 아니다. 따라서 비록 회생계획인가결정으로 조세채권이 실효되었다고 하더라도 조세범의 성립에는 지장이 없다. 다음으로 과세관청에 고발권이 있는지가 문제다. 조세범은 다른 형사사건과 달리 국세청장, 지방국세청장 또는 세무서장이나 지방자치단체의 장 또는 범칙사건조사공무원의 고발이 있어야 처벌할 수 있다. 조세채권이 회생계획인가결정으로 실효된다고 하더라도 조세범이 성립하는 것에는 문제가 없으므로 국세청장 등의 고발권은 유지된다고 할 것이다.

결국 A씨는 회생계획인가결정으로 세금 납부를 면할 수 있을지는 몰라도, 조세범으로서 형사처벌은 피할 수 없다. 물론 조세포탈행위에 대한 공소시효 경과 여부는 별도로 따져보아야 한다.

개인회생절차개시 후
상속이 발생한 경우 취득세 문제

A씨는 동네에서 작은 호프집을 운영하고 있다. 경기불황으로 매출이 줄어 거래은행대출로 영업을 계속하였지만, 결국 2022년 2월 4일 법원에 개인회생절차를 신청하였다. 개인회생절차는 순조롭게 진행되어 2022년 3월 4일 개인회생절차가 개시(시작)되었다. A씨는 3년간 채무를 나누어 갚는 것으로 변제계획을 작성하였고, 법원은 2022년 5월 3일 변제계획을 인가하였다. 이후 A씨는 변제계획에 따라 변제를 모두 마쳤고, 마침내 2025년 6월 4일 면책결정을 받았다.

면책결정을 받은 후 새로운 출발을 준비하던 A씨는 2025년 6월 7일 마포구청장으로부터 취득세 2,400만 원을 납부하라는 통지를 받았다. 사연은 이렇다. A씨 부친은 변제계획 인가결정을 받은 후인 2023년 9월 10일 사망하였고, 부친이 소유하고 있던 마포구 소재 아파트를 상속받았다. 상속은 취득세의 과세원인인 취득에 해당하기 때문에 A씨는 취득세를 납부하여야 했던 것이다. A씨는 예상하지 못한 과세통지에 황망할 따름이다. 더군다나 위 아파트는 부친의 채무로 상당한 금액에 해당하는 담보권이 설정되어 있어 A씨는 한정승인(상속재산의 한도에서 부친의 채무를 상속하는 것)을 한 상태이다. 한정승인을 하더라도 취득세를 납부하여야 하는 것에는 변함이 없다. A씨가 부담하게 되는 취득세는 법원의 면책결정에도 불구하고 납부하여야 하는 것일까.

개인회생절차개시결정 전에 납세의무가 성립한 세금은 개인회생절차에서 우선권 있는 개인회생채권으로 취급된다. 우선권 있는 개인회생채권은 개인회생절차에서 전액 변제하여야 한다. A씨의 부친이 개인회생절차개시결정 전에 사망하였다면 A씨가 부담하여야 할 취득세는 우선권 있는 개인회생채권으로 변제계획에 반영되어 전액 변제함으로써(물론 이로 인하여 다른 채권자들의 변제액은 감소한다) 면책결정으로 더 이상 세금 부담은 없었을 것이다. 하지만 A씨의 부친이 변제계획 인가결정 이후 사망함으로써 취득세를 변제계획에 반영할 수 없었다.

변제계획을 변경할 수 있는가. 변제계획변경이란 변제계획 인가결정 후 변제가 완료되기 전에 변제계획에서 정한 사항을 변경하는 것을 말한다. A씨의 경우도 변제계획 인가결정 이후 부친의 사망으로 세금(취득세) 부담이 생겼으므로 변제계획의 변경을 고려할 수 있다. 하지만 A씨는 변제계획변경을 통해 부담하게 될 취득세 문제를 해결할 수 없다. 변제계획의 변경은 변제계획에 따른 변제가 완료되기 전까지만 가능하기 때문이다. A씨의 변제계획에 따른 변제는 이미 완료되었고 나아가 면책결정까지 되었으므로 변제계획을 변경할 수는 없다.

면책결정이 되었으므로 A씨의 취득세 역시 면책되는 것은 아닐까. 유감스럽게도 면책되지 않는다. 개인회생절차에서 면책의 대상이 되는 것은 개인회생채권만이다. A씨가 부담하여야 할 취득세는 개인회생절차개시결정 후에 납세의무가 성립한 것이므로 개인회생채권이 아니다. 개인회생재단채권이거나 개인회생채권도 개인회생재단채권도 아닌 채권에 불과하다. 어떠한 채권에 해당하건 개인회생채권이 아닌 A씨의 취득세는 면책 대상이 아니다. 결국 A씨는 부친의 사망으로 인한 취득세를 전액 납부하여야 한다.

세금이 국가나 지방자치단체에게 재정의 원천이 된다는 점에서 반드시 징수되어야 한다고 하지만, 위 사례에서처럼 A씨는 예상치 못한 상황에 직면하게 되고, 그로 인해 새로운 출발에 대한 기대는 사라져버릴 수도 있다. 적어도 A씨가 설계한 일상으로의 회복은 다소 늦어질 것이다. 개인회생절차가 채무조정을 통한 신속한 사회복귀를 이념으로 한다는 측면에서 개인회생절차 개시 이후 발생한 세금에 대한 입법적 조치가 필요해 보인다.

회생기업에 대한 세무조사

오늘날 대부분의 세금은 국가나 지방자치단체가 부과한 후 납부하는 것이 아니라 납세자가 스스로 신고하고 납부한다. 납세의무를 성실하게 이행하는 납세자도 많지만, 일부 납세자는 합법적이든(절세) 불법적이든(탈세) 세금을 덜 내려고 한다. 이에 과세관청은 납세자가 성실하게 세금을 신고하였는지를 검증하여 적절한 과세권을 행사하거나, 과세표준과 세액을 확정하기 위하여 과세자료를 수집할 필요가 있다. 과세자료를 수집하기 위한 필요에서 과세관청에게 인정되는 것이 세무조사권이다. 세무조사는 조세의 부과 · 징수를 위하여 질문을 하거나 해당 장부 · 서류 또는 그 밖의 물건을 검사 · 조사하거나 그 제출을 명하는 활동을 말한다.

세무조사는 늘 논쟁의 중심에 있다. 세무조사에는 일정기간마다 신고의 적정성을 검증하기 위한 정기세무조사와 납세자에 대한 구체적인 탈세 제보가 있거나 신고내용에 탈루나 오류의 혐의를 인정할 만한 명백한 자료가 있는 경우 등에 하는 수시세무조사가 있다. 기업이든 개인이든 세무조사는 부담스럽다. 엄청난 세금 폭탄을 맞을 우려가 있을 뿐만 아니라 경우에 따라서는 형사적인 처벌을 각오해야 한다. 정기세무조사나 납세자의 잘못으로 세무조사가 시작되는 경우가 대부분이지만, 특정한 목적을 가진 선택적 세무조사가 아닌지 의심이 가는 경우도 있다. 세무조사에 대한 부정적 편견을 없애기 위해 최근에는 지방세심의위원회 등에서 세무조사 대상을 심의하도록 함으로써 공정성과 객관성을 확보하고 있다.

세무조사가 국가나 지방자치단체의 과세권을 실현하기 위한 행정조사의 일종으로서 과세자료의 수집 또는 신고내용의 정확성 검증 등을 위하여 필요불가결하며, 종국적으로는 조세의 탈루를 막고 납세자의 성실한 신고를 담보하는 중요한 기능을 수행하더라도 남용이나 오용을 막지 못한다면 납세자의 영업활동 및 사생활의 평온이나 재산권을 침해하고, 나아가 과세권의 중립성과 공공성 및 윤리성을 의심받는 결과가 발생할 것이기 때문에 세무조사는 필요 최소한으로 하되 남용하여서는 안 된다.

회생절차가 진행 중인 기업에 대하여도 예외 없이 세무조사가 진행되고 있다. 회생절차가 진행 중인 기업에 대한 세무조사는 타당한 것일까. 회생기업에 대해 세무조사를 하는 이유는 조세채권이 원칙적으로 회생채권이라는 점에 있다. 회생채권인 조세채권은 늦어도 회생계획안 심리를 위한 관계인집회 전까지 법원에 조세채권을 신고하여야 한다. 그렇지 않으면 회생계획인가로 조세채권이 실권될 수 있다. 과세관청 입장에서는 납세자인 회생기업이 성실하게 신고납부하지 않았을 경우 조세채권의 존재를 알 수 없어 미신고로 인한 실권의 염려가 있다. 그래서 세무조사를 통해 신고기간 내에 회생기업에 대한 조세채권을 명확히 할 필요가 있다.

회생기업에 대한 불신도 세무조사의 한 원인이다. 기업이 어려워지면 세금을 체납하는 것은 자연스럽다. 탈세를 통한 유동성을 확보하기 위해 장부를 조작하거나 매출 등을 누락하고자 하는 유혹도 많다. 현실적으로도 회생절차를 신청한 기업들은 대부분 회계장부가 부실하다. 그래서 과세관청은 회생절차를 신청하면 수시세무조사 사유가 있다고 판단한다.

세무조사는 회생기업 입장에서 적지 않은 부담이다. 세무조사 사실이 언론에 보도됨으로써 더욱 곤란한 처지에 놓이게 된다. 세무조사에 들어가면 상대방은 거래관계를 유지하려고 하지 않는다. 금전적인 면에서도 부담이다. 세무조사가 시작되면 회생기업 입장에서도 대응하여야 하는데, 세무사나 변호사 등 전문가의 도움을 받기 위해서는 많은 비용이 필요하다. 세무조사를 통한 세수는 전체 세수의 2~4%에 불과하다. 기업이 살아야 장래의 조세수입도 확보될 수 있으므로 회생기업에 대한 세무조사는 불가피한 측면도 있지만 신중할 필요가 있다.

상속재산파산, 세금으로부터
자유로울 수 없다

김모씨는 아버지가 사망하자 2023년 5월 6일 서울가정법원에 상속과 관련하여 한정승인을 신청하였다. 이후 2024년 2월 20일 서울회생법원에 상속재산파산신청을 하여 파산선고가 되었다. 강남구청장은 2025년 1월 10일 김모씨의 상속재산 중 강남구 소재 아파트가 있는 것을 확인하고, 김모씨에게 취득세 5,000만 원 상당을 부과하였다. 그러자 김모씨는 한정승인을 하였고 상속재산파산이 선고되었으므로 강남구청장의 취득세 부과처분은 위법하다며 이의신청을 하였다. 김모씨는 취득세를 납부하여야 하는가.

필자는 2020년부터 서울특별시 지방세심의위원회 위원장을 맡은 적이 있었다. 지방자치단체가 부과처분하거나 납세자가 신고납부한 지방세에 대하여 이의신청이 있는 경우와 과세 전 적부심사를 매달 2회 진행하였다. 세금이 우리 생활과 밀접한 관련이 있지만, 기업을 경영하는 분들이나 개인들은 실제로 부과되기 전까지는 별로 관심이 없다. 위원장으로서 이의신청이나 과세 전 적부심사를 심의하면서도 여전히 그러한 느낌을 지울 수 없었다. 세법을 잘 활용하면 합법적으로 절세를 할 수 있는데도 말이다. 이의신청으로 다양한 사건들이 들어왔지만, 당시 들어 눈에 띄는 사건 중 상속재산파산을 선고받았음을 이유로 취득세나 자동차세 등을 취소해 달라는 이의신청이 더러 있었다.

한정승인이란 피상속인이 사망한 때, 피상속인의 재산이 많은지 채무가 많은지 알 수 없는 경우, 상속인이 피상속인의 재산을 한도로 책임을 질 것을 전제로 상속하는 것을 말한다. 피상속인이 사망하면 상속인이 당연히 상속하는 당연상속주의를 취하고 있음으로 인해, 상속인이 피상속인의 과다한 채무로 인한 불의타를 막기 위하여 마련한 제도이다. 예컨대 아버지가 사망하였고 아버지에게 10억 원의 부동산이 있는 반면 채무가 15억 원이면 상속인은 10억 원의 범위에서 채무를 상속하는 것이다. 반대로 10억 원의 부동산이 있고 채무가 5억 원이면 5억 원의 범위에서 채무를 상속한다. 물론 재산은 전부 상속한다.

취득세는 납세자가 부동산 등을 취득하는 경우 납부하는 세금이다. 여기서 취득이란 매매, 교환, 상속, 증여, 기부, 법인에 대한 현물출자, 건축, 개수(改修), 공유수면의 매립, 간척에 의한 토지의 조성 등과 그 밖에 이와 유사한 취득으로서 원시취득, 승계취득 또는 유상·무상의 모든 취득을 말한다. 한정승인도 상속에 해당하므로 한정승인을 하였다고 하더라도 취득세를 납부하여야 한다. 그렇다면 상속재산파산을 선고받은 경우에는 어떠한가.

상속재산파산이란 상속재산으로 상속채권자 및 유증을 받은 자에 대한 채무를 완제할 수 없을 때, 상속채권자 및 유증을 받은 자와 상속인의 채권자의 이익을 조정할 목적으로 상속재산과 상속인의 고유재산을 분리하여 상속재산에 대해 청산을 하는 파산절차를 말한다. 한정승인도 상속채권자를 위한 책임재산을 상속재산으로 한정하는 역할을 하지만, 상속재산을 관리하고 상속채무를 변제하는 것은 상속인이며 파산관재인과 같이 공평하고 중립적인 제3자가 아니다. 또한 한정승인에는 채권조사절차가 존재하지 않으며, 부인이나 상계제한제도도 없기 때문에 실체와 괴리된 변제, 편파적인 만족 또는 상속재산의 부당한 감소를 강제적으로 시정할 방법이 없다. 그래서 「채무자 회생 및 파산에 관한 법률」은 상속채권자나 유증을 받은 자가 그 권리에 따라 공평하고 평등한 변제를 받을 수 있도록 상속재산 그 자체에 대한 엄격한 파산절차를 둔 것이다. 상속재산파산은 상속재산을 상속인의 고유재산에서 따로 떼어내어 한정승인보다도 엄격한 절차로 공평하게 청산하는 제도이다.

상속재산파산이 있는 경우 상속인은 취득세와 같은 납세의무를 부담하지 않는가. 상속재산파산이 있으면 상속인은 한정승인을 한 것으로 본다. 한정승인도 상속에 포함됨은 앞에서 본 바와 같다. 또한 상속재산파산으로 파산재단이 성립하더라도, 파산재단에 대한 관리처분권이 파산관재인에게 귀속될 뿐 상속이라는 효과가 없어지는 것은 아니다. 따라서 상속재산파산이 있더라도 상속인은 상속재산과 관련된 조세(취득세, 자동차세 등)의 납세의무를 부담한다. 결국 김모씨는 상속과 관련하여 한정승인을 하거나 상속재산파산을 선고받더라도 취득세를 납부하여야 한다.[3] 김모씨가 취득세를 납부하지 않으려면 상속포기를 할 수밖에 없다.

---

3 한편 한정승인을 하였거나 한정승인을 한 것으로 보므로 상속인은 피상속인의 재산 범위 내에서 책임을 지는 것이다. 따라서 실질적으로는 취득세를 납부하지 않을 수 있다는 견해가 있을 수도 있다. 그러나 현행 민법은 당연상속주의를 취하고 있고, 상속의 경우는 상속개시일에 납세의무가 성립하며, 상속으로 인한 납세의무자는 피상속인이 아니라 상속인이므로{피상속인의 조세채무(납세의무)에 대한 승계(상속) 문제가 아니다} 위 견해는 받아들이기 어렵다. 다만 입법론적으로는 문제가 있어 보인다.
　　상속포기의 경우 포기자는 처음부터 상속인이 아니었던 것으로 된다(민법 제1042조).

회생채권 저가 양수에 따른
증여세 과세 여부

금융감독원에 따르면 2024년 6월말 기준으로 국내은행의 부실채권 규모는 약 14.4조 원(부실채권비율 0.53%)이다. 기업여신이 11.6조 원으로 전체 부실채권의 대부분을 차지하고 있다. 부실채권은 대손상각 등이나 시장에 매각을 통하여 정리되고 있다. 기업여신의 부실채권 중 일부는 회생절차가 개시된 기업의 채권일 것이다. 자본시장이 활성화됨에 따라, 다른 한편으론 은행들의 BIS비율 관리차원에서 회생절차가 진행 중인 기업의 회생채권(부실채권, NPL)의 거래가 늘고 있다.

일반적으로 회생절차에서 회생채권의 변제율은 대부분 낮기 때문에 회생채권의 가격은 시가(또는 액면)보다 현저하게 낮은 것이 현실이다. 계약자유의 원칙상 회생채권의 양도가액은 당사자 간에 자유롭게 정할 수 있다. 하지만 실질과세를 기본으로 조세

평등주의를 실현하여야 한다는 측면에서 상속세 및 증여세법은 특수관계 여부를 불문하고 시가보다 낮은 가액으로 재산을 양수한 경우 이로 인하여 이익을 받은 자는 그 대가와 시가와의 차액이 기준금액 이상이면 그 대가와 시가와의 차액에서 기준금액을 뺀 금액을 증여재산가액으로 한다고 규정하고 있다(상속세 및 증여세법 제35조 제1항, 제2항). 바꾸어 말하면 재산을 저가로 양도 양수한 경우에는 이익을 받은 자에게 증여세를 과세한다는 것이다.

부실채권인 회생채권의 양수도와 관련하여 문제가 되는 것은 특수관계인이 아닌 자 사이의 거래이다. 특수관계인이 아닌 자 간에 거래의 관행상 정당한 사유 없이 재산을 시가보다 현저히 낮은 가액으로 양수한 경우로서 그 대가와 시가의 차액이 기준금액(상속세 및 증여세법 시행령 제26조 제2항에 규정되어 있다) 이상인 경우에는 해당 재산의 양수일을 증여일로 하여 그 대가와 시가의 차액에서 대통령령으로 정하는 금액을 뺀 금액을 그 이익을 얻은 자의 증여재산가액으로 한다(상속세 및 증여세법 제35조 제2항). 문제는 부실채권인 회생채권을 저가에 양수한 경우 '관행상 정당한 사유'가 있었는지를 제외하고, 나머지 요건을 갖추었을 가능성이 많다는 것이다. 회생채권의 저가 양수에 있어 '관행상 정당한 사유'가 있다고 볼 수 있는가.

상속세 및 증여세법 제35조 제2항의 입법 취지는 거래 상대방의 이익을 위하여 거래가격을 조작하는 비정상적인 방법으로 대가와 시가의 차액에 상당하는 이익을 사실상 무상으로 이전하는 경우에 거래 상대방이 얻은 이익에 대하여 증여세를 과세함으로써 변칙적인 증여행위에 대처하고 과세의 공평을 도모하려는 데 있다. 그런데 특수관계가 없는 자 사이의 거래에서는 서로 이해관계가 일치하지 않는 것이 일반적이어서 대가와 시가 사이에 차이가 있다는 사정만으로 그 차액을 거래 상대방에게 증여하였다고 보기 어렵다. 그래서 위 제35조 제2항은 특수관계자 사이의 거래와는 달리 특수관계가 없는 자 사이의 거래에 대하여는 '거래의 관행상 정당한 사유가 없을 것'이라는 과세요건을 추가하고 있다. 이러한 점들을 종합하여 보면, 재산을 저가로 양도·양수한 거래 당사자들이 거래가격을 객관적 교환가치가 적절하게 반영된 정상적인 가격으로 믿을 만한 합리적인 사유가 있었던 경우는 물론, 그와 같은 사유는 없더라도 양도인이 그 거래가격으로 재산을 양도하는 것이 합리적인 경제인의 관점에서 비정상적이었다고 볼 수 없는 객관적인 사유가 있었던 경우에도 위 제35조 제2항에서 말하는 '거래의 관행상 정당한 사유'가 있다고 봄이 타당하다. 따라서 위 규정들을 근거로 증여세를 과세할 수 없다. 또한 위 제35조 제2항에 따른 과세처분이 적법하기 위해서는 양수자가 특수관계인이 아닌 자로부터 시가보다 현저히 낮은 가액으로 재산을 양수하였다는 점뿐만 아니라 거래의 관행상 정당한 사유가 없다는 점도 과세관청이 증명하여야 한다. 이는 대법원의 일관된 입장이다.

이러한 대법원의 법리에 회생채권의 회수율은 현저히 낮은 것이 일반적인 점, 양수인의 입장에서도 회수불능이라는 위험을 감수하고 있는 점, 거래상대방의 회생절차개시로 유동성에 문제가 생길 수 있는 채권자들도 보호할 필요가 있는 점, 구조조정은 자본시장 중심으로 진행되는 것이 세계적인 흐름으로 자본시장을 육성할 필요가 있는 점 및 회생절차가 구조조정의 일환으로 국가경제적인 측면에서 장려할 필요가 있는 점(회생절차를 비롯하여 도산제도가 잘 작동하면 부족한 자원이 합리적으로 배부되는 역할을 한다) 등에 비추어 보면, 회생절차가 진행 중인 기업(채무자)에 대한 회생채권의 저가 양수에 대하여 거래의 관행상 정당한 사유를 부정하고, 증여세를 과세하는 것은 쉽지도 않고 바람직하지도 않다.

회생절차에서 조세채권 신고의 딜레마

세금(조세)은 국가나 지방자치단체의 중요한 재원이 되기 때문에 세법(국세기본법·지방세기본법)에서 부과·징수의 확실성을 담보하기 위한 제도를 두고 있다. 조세우선권을 인정하는 것이 대표적이다. 조세를 체납한 납세자(채무자)의 재산을 압류하여 매각한 대금에서 조세는 다른 일반채권자에 앞서 우선적으로 변제받을 수 있다. 납세자(채무자)에 대하여 회생절차가 개시된 경우 체납처분(강제징수)은 중지 또는 금지되지만, 채무자회생법은 조세채권에 대하여 여러 가지 특례를 인정하여 조세의 우선권이 실질적으로 보장될 수 있도록 하고 있다.

회생절차에서 회생절차개시결정 전에 납세의무가 성립한 조세채권은 파산절차와 달리 일반채권과 마찬가지로 회생채권으로 취급하고 있다. 회생채권이기 때문에 채권신고를 하여야 하고, 신고하지 아니할 경우(채권자목록에도 기재되어 있지 않아야 한다)

실권된다. 채권신고와 관련하여 조세채권에 대하여 특칙이 있다. 일반채권은 법원이 정한 신고기간 내에 신고하여야 하지만, 조세채권은 지체 없이 신고하면 된다. 여기서 '지체 없이'는 회생계획안 심리를 위한 관계인집회가 끝나기 전까지를 의미한다. 결국 조세채권이라도 회생계획안 심리를 위한 관계인집회가 끝나기 전까지 신고하지 않으면 실권되어 부과·징수를 할 수 없게 된다.

문제는 대부분의 조세는 그 확정에 있어 신고납부(납세)방식을 채택하고 있다는 점이다. 그래서 과세관청 입장에서는 납세의무가 성립하고 있더라고 특별한 부과절차를 취하지 않기 때문에 납세자(채무자)가 조세를 신고납부하기 전에는 조세채권이 성립하였는지 파악하기 쉽지 않다. 그래서 실무적으로 과세관청이 납세자(채무자)에 대하여 회생절차가 개시되었음에도 조세채권을 신고하지 않아 실권되는 현상이 자주 발생하고 있다. 과세관청 입장에서는 난감한 상황이 아닐 수 없다. 현실적으로 신고납부 전에는 납세의무 성립 여부를 판단하기 어렵다고 하더라도, 현행법 아래서는 과세관청이 스스로 납세의무 성립 여부를 확인하여 신고하는 수밖에 달리 방법이 없다. 따라서 납세자(채무자)에 대하여 회생절차가 개시되었다는 통보를 받거나 알게 된 경우, 과세관청은 반드시 가능한 방법을 동원하여 납세자(채무자)에 대하여 회생절차개시결정일 기준으로 납세의무가 성립한 조세가 있는지 여부를 확인하여야 한다.

과세관청이 지체 없이 조세채권의 신고를 하지 못해 실권된 경우 구제할 방법은 없는 것일까. 대법원은 "조세채권자가 회생절차의 개시사실 및 조세채권의 신고기간 등에 관하여 개별적인 통지를 받지 못하는 등으로 회생절차에 관하여 알지 못함으로써 회생계획안 심리를 위한 관계인집회가 끝날 때까지 채권신고를 하지 못하고, 관리인이 그 조세채권의 존재 또는 그러한 조세채권이 주장되는 사실을 알고 있거나 이를 쉽게 알 수 있었음에도 회생채권자 목록에 기재하지 아니한 경우, 헌법상의 적법절차 원리에 비추어 회생계획이 인가되더라도 그 조세채권은 실권되지 않는다"고 하고 있다. 따라서 과세관청이 회생절차개시사실을 알지 못한 경우나 관리인이 조세채권의 존재사실을 알았음에도 채권자목록에 기재하지 아니한 경우에는 조세채권이 실권되지 않는다. 이 경우 과세관청은 회생절차가 종결한 후 특별한 사정이 없는 한 새로 체납처분을 하거나 중지된 체납처분을 속행할 수 있다. 하지만 주의할 점이 있다. 주식회사의 경우 회생절차개시 신청이 있으면 법원은 과세관청에게 통지를 하고 있으므로 과세관청이 납세자(채무자)에 대하여 회생절차가 개시된 사실을 모른다고 하기 어렵다. 다만 개인에 대하여는 통지에 관한 규정이 없으므로 과세관청은 위와 같은 법리에 따라 구제받을 수 있다. 나아가 대법원은 조세채권이 아닌 일반채권에 대하여 ① 관리인의 잘못 등으로 회생채권이 회생계획의 권리변경 및 변제대상에서 누락되거나 제외된 경우, ② 관리인이 회생채권의 존재를 알고서도 회생채권자목록에 누락한 경우, ③ 회생채권자가 채권신고를 하고 회생절차에 참가할 것을 기대할 수 없는 등 특별한 사정이 있는 경우에는 실권되지 않는다고 하고 있다. 이러한 법리는 회생채권인 조세채권에도 그대로 적용된다고 볼 것이다.

　요컨대 대법원은 조세채권에 대한 신고를 하지 않아 실권된 경우에도 구제를 넓혀가는 추세이지만, 과세관청은 납세자(채무자)에 대하여 회생절차가 개시된 경우 개시결정일을 기준으로 납세의무가 성립한 조세채권이 있는지를 반드시 확인하여 회생계획안 심리를 위한 관계인집회가 끝나기 전까지 신고를 하여야 할 것이다. 신고납부에 해당하는 조세로 납세자(채무자)가 신고납부를 하지 않아 납세의무가 성립된 사실을 알 수 없었다는 것만으로는 대법원의 구제 범위에 포함된다고 보기 어렵기 때문이다.

📖 [보론 6] 도산절차와 강제징수(체납처분)[4]

□ 회생절차와 체납처분

회생절차에서 조세채권은 원칙적으로 회생채권이다. 이는 채무자나 그 사업의 효율적인 회생을 위하여 공익채권의 범위를 제한할 필요가 있다는 점을 고려한 것이다. 채무자의 회생을 수월하게 하고 조세채권의 특수성을 고려하여, 채무자회생법은 조세채권과 관련하여 몇 조치를 규정하고 있다.

첫째 회생절차개시신청이 된 경우, 법원은 필요하다고 인정하는 때에는 징수의 권한을 가진 자의 의견을 들어 진행 중인 체납처분에 대하여 중지명령을 할 수 있다. 중지명령이란 체납처분을 현재 상태로 그대로 정지시키는 것을 말한다. 또한 회생절차개시신청이 있으면 법원은 과세관청에게 그 취지를 통지하여야 한다.

둘째 회생절차개시결정이 된 때에는 일정 기간 동안 체납처분은 할 수 없으며, 이미 행한 체납처분은 중지된다.

셋째 회생계획에서 징수의 권한이 있는 자의 의견을 들어 3년 이하의 기간 동안 징수를 유예하거나 체납처분에 의한 재산의 환가를 유예할 수 있다. 징수의 권한을 가진 자의 동의를 받을 필요는 없다. 한편 징수의 권한이 있는 자의 동의를 얻어 3년이 넘는 기간 동안 징수를 유예하거나 체납처분에 의한 재산의 환가를 유예할 수 있음은 물론, 조세채무의 승계, 조세의 감면 또는 그 밖에 권리에 영향을 미치는 내용을 정할 수 있다. 다시 말하면 3년을 넘는 기간 동안 체납처분을 유예하거나 세금 감면 등을 하려고 할 경우 징수권한을 가진 자의 동의를 얻어야 한다. 동의를 얻지 못하면 이러한 내용을 회생계획에 규정할 수 없다.

---

4 국세에서는 '강제징수', 지방세에서는 '체납처분'이라는 용어를 사용하고 있다. 채무자회생법을 비롯한 대부분의 법률이 '체납처분'이라는 용어를 사용하고 있으므로 이하에서는 '체납처분'이라는 용어를 사용하기로 한다.

조세채권 중 회생절차개시 당시 납부기한이 도래하지 아니한 원천징수하여 납부하여야 하는 조세는 공익채권이다. 이러한 조세를 공익채권으로 한 것은, 원천징수는 징수의 편의를 위한 제도일 뿐 원래 원천징수한 금액은 과세관청에 전액 귀속되어야 하는 것이라는 점을 고려한 것이다.

채무자회생법은 회생채권인 조세채권에 대하여 일정 기간 제한을 두되 그 기간이 지나면 체납처분을 인정하고 있다(다만 실무적으로 회생계획에 납부기한의 연장 등이 규정되기 때문에 일정 기간이 지나더라도 곧바로 체납처분이 되는 경우는 많지 않다). 공익채권인 조세채권의 경우 원칙적으로 아무런 제한을 받지 않는다. 그러나 채무자의 재산이 공익채권의 총액을 변제하기에 부족한 경우가 명백하게 된 때에는 공익채권은 법령에 따른 우선권에도 불구하고, 비율적 변제를 받을 수밖에 없다. 이 때문에 그 경우에는 공익채권인 조세채권을 위한 새로운 체납처분은 할 수 없고, 진행 중인 체납처분은 취소하여야 한다. 또한 공익채권은 회생채권에 우선하기 때문에, 채무자의 재산이 공익채권의 총액을 변제하기에 충분하지 않은 경우, 회생채권인 조세채권을 위한 체납처분은 새로이 할 수 없고, 진행 중인 체납처분은 취소하지 않으면 안 된다.

□ 파산절차와 체납처분

파산절차에서 조세채권은 재단채권으로서 파산절차에 의하지 아니하고 파산채권보다 우선하여 변제(납부)받을 수 있다. 이는 조세가 공공서비스를 위해 사용되는 자금으로 강한 공익성을 갖는다는 것을 입법자가 중시하였기 때문이다. 다만 파산선고 후에 납세의무가 성립한 조세채권은 '파산재단에 관하여 생긴 것'에 한하여 재단채권으로 된다.

'파산재단에 관하여' 생긴 조세채권의 의미에 관하여는 다툼이 있다. 채무자회생법이 일정한 채권을 재단채권으로 하여 우선변제를 인정하는 것은, 이것이 파산재단의 관리를 위하여 필요한 경비로서 파산채권자가 공동으로 부담하여야 할 공익적인 지출의 성질을 갖고 있기 때문이다. 따라서 '파산재단에 관하여' 생긴 조세란 파산재단의 부담에 속하는 것일 뿐만 아니라 경비의 성질을 갖는 조세여야 한다고 해석하여야 할 것이다. 그러므로 재산세, 등록면허세 등은 파산재단의 관리를 위하여 필요한 경비로서, '파산재단에 관하여' 생긴 조세이지만, 소득에 대하여 과세되는 조세(법인세, 소득세, 지방소득세 등)는 경비의 성질이 아니므로 여기에 해당되지 않는다고 볼 것이다.

파산재단에 속한 재산이 재단채권을 변제하기에 부족한 경우에는 원칙적으로 다른 법령이 규정하는 우선권에 불구하고 변제하지 아니한 채권액의 비율에 따라 변제한다. 그럼에도 성질이 다른 채권들을 재단채권으로 규정한 정책적인 이유가 서로 달라 공익비용으로서의 성질에도 차이가 있으므로 각 재단채권 사이에 우열관계가 있다고 보는 것이 일반적이다. 이 경우 조세채권과 다른 재단채권의 우열관계에 관하여는 다툼이 있지만, 파산관재인의 보수는 재단채권 중에서도 공익성이 가장 강하기 때문에 조세채권보다 우선하여 변제받을 수 있다고 할 것이다.

파산재단에 속한 재산에 대한 체납처분에 대하여, 채무자회생법은 파산선고 전에 체납처분을 한 때에는 파산선고 후에도 그대로 속행할 수 있다고 규정하고 있다. 즉 파산선고 전에 체납처분을 하였다면 파산선고와 무관하게 체납처분을 계속 진행할 수 있다. 반면 파산선고 이후에는 체납처분을 할 수 없다. 파산절차는 포괄적 집행으로서 법원의 감독 아래 파산관재인의 판단과 책임으로 통일적으로 진행하여야 하는 것이라는 점을 고려한 것이다. 따라서 이 경우에는 파산관재인에 대한 교부청구에 의하여 조세채권의 만족을 도모할 수밖에 없다.

□ 개인회생절차와 체납처분

개인회생절차에서 조세채권은 원칙적으로 우선권 있는 개인회생채권이다. 우선권 있는 개인회생채권도 개인회생채권이므로 원칙적으로 변제계획에 의하여만 변제가 허용된다. 우선권 있는 개인회생채권은 일반 개인회생채권에 우선하여 전액 변제하여야 하므로, 변제계획에는 우선권 있는 조세채권의 전액 변제에 관한 사항을 정하여야 한다.

개인회생절차개시결정 전에 성립한 조세채권이라도 개인회생절차개시 당시 아직 납부기한이 도래하지 아니한 것으로 원천징수하여 납부하여야 하는 조세 등은 개인회생재단채권이다. 위와 같은 조세는 실질적인 담세자가 따로 있고, 원천징수의무자 등은 납부할 세금의 징수기관으로서 실질적인 담세자로부터 징수한 후 국가나 지방자치단체를 위하여 보관하고 있는 것에 불과하므로 개인회생재단채권으로 규정한 것이다.

개인채무자의 신속한 경제적 회생을 위하여 조세채권에 관한 몇 가지 조치가 규정되어 있다.

첫째 조세채권에 기한 체납처분은 중지·금지명령의 대상이 된다. 법원은 개인회생절차개시신청이 있는 경우 필요하다고 인정하는 때에는 체납처분에 대하여 중지 또는 금지를 명할 수 있다. 다만 중지 또는 금지명령을 하기 전에 징수권한이 있는 자의 의견을 들어야 한다.

둘째 개인회생절차개시결정이 있는 경우 체납처분은 중지되고, 새로이 체납처분을 하는 것은 금지된다. 중지 또는 금지되는 체납처분은 개인회생채권자목록에 기재된 개인회생채권에 의한 경우에 한정된다. 따라서 개인회생채권자목록에 기재되지 않은 개인회생채권인 조세채권이나 개인회생재단채권인 조세채권에 기한 체납처분은 중지 또는 금지되지 않는다.

인 터 뷰

□ 2022년 3월 21일 파이낸셜뉴스(이환주 기자)

[fn 이사람] "기업회생 전문 법관, 건설사서 인생 2막 엽니다"

전대규 전 회생법원 부장판사
미주제강 회생 44일만에 종결
쌍용차 회생 주심 맡았던 판사
법원 나와 호반건설서 새 둥지

기업회생 분야 국내 최고 전문가로 평가받는 전대규 전 부장
판사(사법연수원 28기・사진)는 최근 호반건설 법무실 대표(부사장)
로 인생 2막을 열었다.

그는 최근 파이낸셜뉴스와 인터뷰에서 일반적 로펌행이 아닌
일반기업을 선택한 것에 대해 "창조적인 업무에 대한 열망 때문"
이라고 말했다.

전 부사장은 23년의 법관 생활을 마감하며 후배 법관들에게
당부하고 싶은 말로 "한 분야에 전문성을 갖춘 연구하는 판사가

되면 좋겠다"며 "판사라는 직업 특성상 사람 만나는 것을 자제 하게 되지만 법원 밖 세상 일에도 관심을 갖고 시야를 넓히길 바란다"고 말했다.

부장판사 출신으로 로펌행이 아닌 기업을 택한 것도 이런 이유다. 법원에서 법과 원칙에 따라 판결을 하는 것도 의미 있지만 '사후적 업무'가 아닌 '새로운 시도'가 가능하기 때문이다.

전 부사장은 광주 진흥고를 거쳐 서울대 경영학과를 졸업했다. 대학 4학년 때 공인회계사시험에 합격해 삼일회계법인에서 근무하다 1996년 사법시험에 합격했다. 이후 서울지법 서부지원 판사를 시작으로 서울행정법원, 서울고등법원, 사법연수원 교수 등을 거쳤다.

법복을 입고는 판사로서 정해진 업무 외에도 외부 강연, 저술 활동 등을 꾸준히 이어갔다. 그의 대표 저서인 '채무자회생법'은 회생, 파산과 관련해 바이블로 통한다.

전 부사장은 "당시 회생, 파산 관련 국내에 별다른 자료가 없어 미국, 독일, 일본 등 외국 서적을 참고하며 3년에 걸쳐 썼다"며 "창원 파산 부장판사 때 외부 강의 등을 모아 작업했다"고 말했다.

전 부사장은 서울회생법원 후배 판사는 물론 서초동 변호사들에게도 평판이 좋다. 서초동의 한 변호사는 서울지방변회 무료 강연 뒤 변호사들 질문에 판례까지 찾아 일일이 조언해주는 사람으로 그를 기억했다.

그는 직전까지 쌍용차 회생사건에서 주심 판사를 담당했다.

과거 미주제강 회생을 국내 최단 기간(44일)에 졸업시키며 화제가 되기도 했다. 보통 일반적인 기업회생 사건은 빨라도 수년 이상 소요된다.

그가 새 둥지를 튼 호반건설은 동향 출신인 김상열 회장이 1989년 광주에서 창업했다. 지난 2017년 자산규모 5조 원 이상인 대기업집단으로 성장했다. 현재는 사업다각화를 통해 리조트, 금거래소, 청과, 벤처투자, 언론사 등 계열사도 보유 중이다. 전 부사장의 역할도 단순 법률자문을 넘어 인수합병(M&A), 공정거래, 조세 등 다방면이 될 예정이다.

전 부사장은 최근 공정거래위원회가 계열사 신고를 누락한 것과 관련해 김상열 호반건설 회장을 검찰에 고발한 것과 관련해서도 언급했다. 공정위 조사와 심의 과정에서 지정자료 제출이 누락된 것은 고의가 아닌 업무 담당자의 단순 실수로 거리가 먼 친족의 계열사 주식 현황까지 모두 파악하는 것은 어렵다는 것이다.

그는 "신고 누락된 회사의 지분은 김상열 회장이 1주도 갖고 있지 않은 회사로, 친인척이 가지고 있는 모든 회사의 지분 관계를 파악하는 것은 어렵다"며 "공정거래법상 지정자료 제출 건은 헌법상으로나 법률적으로 논란의 여지가 있다"고 말했다.

1. "부장님의 약력 및 자기소개를 부탁드립니다."

회생파산과 인연을 맺은 것은 2003년 광주지방법원 수석부에 근무할 때입니다. 당시에는 회생법원이 존재하지 않았고 본원 수석부에서 회생파산업무를 담당하였습니다. 2004년에 처음 개인회생절차가 생겼고, 2005년 채무자회생법이 제정되었으니 채무자회생법과는 인연이 깊습니다. 그로부터 10년 후 2014년 사법연수원 교수를 마치고 창원지방법원 파산부장으로 가면서 다시 채무자회생법과 인연을 맺었습니다. 이후 2017년 수원지방법원 파산부장을 거쳐 2019년 2월 서울회생법원 부장판사로 부임하게 되었습니다. 벌써 7년째 회생파산업무를 맡고 있습니다.

개인적으로는 서울대학교에서 경영학을 전공하였고, 공인회계사(CPA) 자격을 가지고 있어 업무에 큰 어려움은 없으며 나름 전문분야에서 일하고 있다는 생각입니다.

2. 파산회생분야에 관한 소개를 부탁드립니다.

자본주의 시장경제 사회에서 개인이나 기업은 재정적 어려움으로 실패할 수밖에 없습니다. 어떠한 이유에서건 빚을 갚지 못하는 것은 어쩌면 당연하다는 것이지요. 그렇다면 실패한 개인이나 기업을 어떻게 처리할 것이냐, 이는 개인이나 기업에게 있어서는 물론 국가경제적으로도 매우 중요합니다. 예전에는 빚을 갚지 못한 경우 감옥에 보내거나 노예로 삼기로 했죠.

개인의 경우 열심히 살았지만 운이 없어 빚의 구렁텅이에서 벗어나지 못한 경우도 있습니다. 이런 경우 평생 빚을 갚게 하는 것이 맞느냐에 대한 의문이 생긴 겁니다. 여러분들에게 100억 원의 빚이 있다고, 그것도 보증으로 인한 빚이 있다고 생각해 보십시오. 평생 갚을 수 있을까요. 불가능할 겁니다. 그렇다면 합리적인 사람이라면 도망가든지 일을 하지 않겠죠. 일해도 수입은 빚 갚는데 모두 사용될 거니까요. 그러면 전체적인 사회경제적으로 문제가 발생하겠죠. 소득이 줄어 소비가 줄고, 그러면 생산이 줄어 경제성장은 더딜 수밖에 없습니다. 그래서 등장한 것이 개인파산면책제도입니다. 개인이 가지고 있는 재산을 환가하여 채권자들에게 변제하고 나머지 채무는 면책시켜 줌으로써 새로운 출발을 할 수 있게 해주자는 것이죠.

그럼 기업의 경우는 어떨까요. 원래 기업(법인)은 유한책임이기 때문에 민법이나 상법에 따른 청산으로 충분합니다. 가진 재산을 청산하여 변제하고 기업은 소멸하면 되니까요. 그렇지만 모든 채권자들에게 공평하게 공정하게 배당하는 것이 문제로 이를 해결하기 위해 기업(법인)파산이 등장한 것입니다. 그러다가 기업(법인)의 경우 청산을 하지 않고 계속 사업을 하게 하고 장래 벌어들이는 수입으로 채무를 변제하게 하는 것도 바람직하다는 인식이 있었고, 그래서 등장한 것이 기업(법인)회생입니다.

개인의 경우에도 바로 면책시키지 말고 일정하고 계속적인 수입이 있는 경우 일부 채무를 변제하게 하고 나머지를 면책시키는 방식이 등장하였고, 그것이 개인회생입니다.

결국 파산회생분야는 개인파산, 개인회생, 법인파산, 기업(법인)회생 이렇게 4가지 업무가 있고, 이를 담당하는 재판부가 파산부입니다.

3. 파산회생 업무를 주로 하시면서 직업적으로 가장 보람 있거나 즐거운 부분은 어떤 점이신지요.

법원의 업무는 민사든 형사든 판사가 아무리 잘해도 절반 이상으로부터는 불만이 있을 수밖에 없습니다. 하지만 파산회생은 면책과 채무조정을 통해 나름 사회안전망을 구축하는 역할을 하고, 예산이 없이 사회복지정책을 구현하는 것이기도 합니다. 일부 채권자를 제외하고 대부분의 당사자들이 만족을 할 수밖에 없는 사건들이죠.

개인들에 대하여 면책선고를 할 때 그동안의 불안감에서 벗어났다는 알 수 없는 안도감의 표정을 볼 때, 길을 찾아 헤매다가 회생계획안이 통과되어 채무조정을 하고 새로운 재도약의 기회를 얻었다는 기업인들의 기대에 찬 얼굴들을 볼 때 파산회생업무를 맡고 있는 판사로서 보람을 느끼는 부분이죠. 그리고 경영학을 전공하고 조세, 회계분야에 전문성을 갖추었기에 그들의 고충과 문제점을 쉽게 공감할 수 있고, 그들의 입장에서 시장친화적으로 파산회생사건을 처리할 수 있다는 것이 즐거움이기도 합니다.

4. 부장님께서 다룬 사건 중 변호사들이 가장 흥미 있어 할 만한 사건 하나만 소개 부탁드립니다.

회생사건 중 신청부터 종결까지 44일만에 끝낸 사건이 있었습니다. 접수 전에 변호사님이 미리 연락을 하여 기업의 사정을 이야기 하고 사건을 신속하게 진행해 줄 수 있는지를 문의하였습니다. 사전면담을 통해 기업의 사정도 있고 전체적인 사건 정리가 잘 되어서 빠르게 사건을 진행할 수 있을 것으로 판단되었습니다. 그래서 변호사님과 법원이 해야 할 일, 변호사님이 밖에서 해야 할 일을 상의하고, 전체적인 스케줄을 정한 후 회생절차를 진행했습니다. 다행히 재판부도 변호사님도 잘 준비가 되어서 회생절차개시신청부터 종결까지 44일만에 사건처리가 완료되었습니다.

파산회생사건은 재판부가 어떤 생각을 가지고 있느냐에 따라 사건처리의 방향이 많이 좌우되는 것 같습니다. 물론 변호사님들의 의지도 상당히 중요하고요. 재판부와 신청대리인인 변호사가 잘 소통하고 사건을 장악할 수 있다면 개인이든 기업이든 신속하게 채무조정을 하고 새로운 시작을 할 수 있다고 봅니다. 그런 측면에서 파산회생 전문변호사의 역할이 중요하다고 생각됩니다.

5. **부장님의 관점에서 채무자회생법을 전문분야로 삼고자 하는 변호사들에게 미래 전망에 대해 한 말씀 부탁드립니다** (개인 사건과 법인 사건을 나누어 말씀 부탁드립니다).

개인이나 기업이 도산하게 되면 민사, 형사, 조세 등 각종 사건이 한꺼번에 발생합니다. 그래서 도산은 사건의 도가니라고 합니다. 지금 경제가 어렵다고 하지만 혹자는 우리나라 경제는 늘 어려웠다고 합니다. 파산회생사건은 경기불황기에 급증합니다.

가계부채가 1,556조 원(2021년 2분기 기준으로는 1,805조 원)에 육박하여 이른바 우리 경제에 R의 공포라거나 회색코뿔소가 달려오고 있다고 이야기하는 경제학자들이 늘고 있습니다. 이는 개인파산이나 개인회생을 신청해야 할 잠재적인 개인들이 많다는 것을 의미합니다.

기업의 경우도 마찬가지입니다. 대내외적인 불안정성과 압박으로 기업들도 경영사정이 여의치 못한 것이 현실입니다. 서울회생법원의 최근 법인파산사건이 급증하고 있는 것은 이를 잘 말해주고 있습니다.

변호사시장이 어렵다고 하지만 아직 보지 못하고 있는 곳도 많습니다. 파산회생분야도 그중 하나죠. 특히 법원이나 검찰 경력이 없는 신규변호사들은 관심을 갖고 공부를 해볼만한 전문분야라고 생각합니다.

6. 채무자회생법을 전문분야로 삼고자 하는 변호사들에 대하여 도움될 만한 실질적인 조언 부탁드립니다.

파산회생사건은 신청만으로 끝나는 것이 아닙니다. 예를 들면 회생사건을 신청하였다고 하여 신청이 전부는 아닙니다. 시작일뿐이죠. 일반적으로 회생사건은 단계별로 사건을 수임합니다. 신청단계, 개시결정단계, 인가단계마다 사건을 수임한다는 것이죠. 그리고 하나의 사건에 내재되어 있는 관련 사건이 무수히 많습니다. 채권조사확정재판, 그에 대한 이의의 소, 부인의 소, 청구이의의 소 등 수많은 사건들이 잠복되어 있습니다. 채권자들이 많은 골프장 사건이나 리조트 사건의 경우 조사확정재판만 1,000건이 넘습니다. 실제 제가 맡았던 골프장 사건 중에 조사확정재판이 1,200건, 인원으로는 2,000명이 넘었던 사건이 있었습니다. 나아가 관련 사건의 소송물 가액은 일반사건하고는 비교가 되지 않을 정도로 거액입니다. 경우에 따라서는 기업의 운명을 좌우할 수 있는 금액이죠.

그리고 통상 파산회생사건은 당사자가 진행하는 사건이 거의 없습니다. 법리가 어려워서이기도 하고 잘 모르는 분야라서 당사자가 진행하기는 어렵기 때문입니다. 제가 서울회생법원에서 전

속관할인 민사사건재판을 담당하고 있는데, 지금껏 당사자가 나와서 직접 재판을 하는 경우는 손에 꼽을 정도로 적습니다. 파산회생사건의 신청은 당연하고, 관련 사건의 대부분은 변호사를 선임하여 진행하고 있습니다.

7. "채무자회생법 분야는 어렵고 방대한 것으로 보이는데, 『채무자회생법』을 저술하게 된 동기 및 그 과정은 어떠하였는지요."

아시다시피 채무자회생법은 어려운 분야입니다. 그런데 대학이든 사법연수원이든, 현재 로스쿨이건 어느 곳도 가르쳐주지 않는다는 것입니다. 창원지방법원 파산부장 시절 대학에서나 지방변호사회, 법무사회에서 강의요청이 있었습니다. 당시 실무서는 있었지만 강의용으로는 적절하지 않았습니다. 그래서 PPT를 만들고 틈나는대로 강의안을 만들어서 제공했습니다. 물론 모든 것을 무료로 제공하고 공개했습니다.

창원 근무를 마치고 수원에서도 강의요청이 있어 강의를 하다 이전에 강의를 들었던 분들이 강의안을 모아 책으로 출판하면 어떻겠느냐는 말씀이 있었습니다. 그래서 용기를 내어 『채무자회생법』이라는 책을 출판하게 되었습니다. 출간 이후 많은 분들이 책을 찾아주셨고 매년 개정판을 낼 수 있을 정도로 과분한 사랑을 받게 되었습니다. 이렇게까지 오기까지는 많은 변호사님들의 응원과 지지가 있었습니다. 다시 한번 진심으로 감사드립니다.

8. 위 서적을 학습이나 실무에서 어떻게 활용하면 좋을까요.

제 책『채무자회생법』은 기본적으로 이론서입니다. 실무적인 내용도 많이 들어있지만 채무자회생법에 대한 해석론 위주로 썼습니다. 그래서 상대적으로 실무서보다 처음 읽는 분들에게는 쉽게 접근할 수 있을 것입니다. 채무자회생법의 내용이 한 권에 모두 포함되어 있어 각 절차별로 차이점을 이해하는데 편리할 것입니다. 분권을 하지 않는 이유는 여러 절차를 동시에 이해해야 전반적인 이해가 가능하기 때문입니다. 그래서 책을 씀에 있어서도 각 절차별로 어떠한 차이가 있는지에 관하여 많은 부분에서 서술을 하였습니다.

그리고『채무자회생법』을 기본으로 한 PPT가 공개되어 있으므로 PPT와『채무자회생법』을 같이 보면 입체적인 이해가 가능할 것으로 생각됩니다. 또한 주기적으로 서울지방변호사회에서 채무자회생법 전체적인 내용에 관하여 특강을 하고 있기 때문에 강의를 자주 들으시면 되지 않을까 싶습니다. 한번 들어가지고는 잘 이해가 되지 않을 것이므로 반복하여 듣는 것도 좋은 방법입니다.

그리고 도산사건을 직접 취급하지 않는다고 하더라도 민사, 형사, 조세 등 사건에서도 채무자회생법의 내용이 필요합니다. 제가 그 동안 전국에 계신 강의를 들었던 분들로부터 들어온 질문을『채무자회생법』에 모두 반영해 놓았기 때문에 실무적으로 문제되는 쟁점들은 제 책에 모두 들어있을 것입니다. 그리고 혹시 없는 내용이나 궁금하신 내용이 있으시면 언제든지 저힌데 메일(hamsanjdg@naver.com)로 연락을 주시면 성심껏 답변을 해드리도록 하겠습니다.

9. 대한민국 채무자회생법의 미흡한 점이나 반드시 개선되어야 할 점이 있다면 어떤 점이 있을까요.

채무자회생법은 참 어려운 법입니다. 어디에서 가르쳐 주는 곳도 없고 혼자 하기에는 실무적인 내용이 많아 접근하기가 쉽지 않습니다. 제가 3년 전부터 서울지방변호사회에서 주기적으로 채무자회생법을 무료로 강의하는 이유 중 하나입니다. 많은 분들이 파산회생사건을 맡아야 하는데, 관련 법리가 숙지되지 않아 사건을 수임하는 것이 여의치가 않다는 것입니다.

채무자회생법이 어려운 것은 그 자체적인 원인도 있지만, 법 자체에도 문제가 있습니다. 도산은 파산절차가 원칙적인 모습입니다. 그래서 미국이나 일본 등 선진입법들은 파산절차를 원칙으로 하여 규정하고 있습니다. 그런데 우리나라는 회생을 위한 법이라는 시그널을 준다는 이유로 회생절차가 파산절차보다 먼저 규정되어 있습니다. 그러다 보니 회생이 원칙인 것처럼 인식되고, 법이 더 어렵게 되어버렸으며, 조문이 중복되어 혼란을 초래하고 있습니다. 각 절차별로 입법이 되다 보니 각 절차마다 동일한 내용임에도 용어도 다르고 표현 방식에도 차이가 있습니다. 심지어 누락된 조문이나 불필요한 조문들도 많습니다. 더군다나

최근에는 전체적인 체계나 우리 법 체계를 무시한 채 미국 연방
도산법의 내용을 그대로 추가하는 사태까지 빈번하게 일어나고
있습니다. 채무자회생법이 세법처럼 되어 버렸습니다. 전면적인
개정작업이 이루어져야 한다고 봅니다.

또한 면책 후 사후관리에 관한 부분이 미흡합니다. 개인의
경우 면책취소제도가 부실하고 기업의 경우 회생계획취소제도는
존재하지도 않습니다. 나아가 2019년 6월말 기준으로 주택담보
대출 잔액이 421조 원에 이르는데, 이에 대한 특례 규정이 없어
개인회생절차를 진행하는 개인들은 주거를 상실할 위험에 노출
되어 있습니다. 대책이 필요한 부분입니다.

10. 앞으로의 꿈이나 인생의 목표가 있으신지요.

파산회생업무를 7년째 맡고 있다는 것은 개인적으로 큰 행운
인 것 같습니다. 파산회생업무를 맡고 있는 한 많은 분들에게 새
로운 출발을 할 수 있게 해주는 것이 꿈이자 목표입니다.

그리고 많은 변호사님들이 채무자회생법에 접근할 수 있었으
면 합니다. 제가 네이버에 <채무자회생법 강독>이라는 카페를
만들었던 이유는 채무자회생법 관련 자료를 공개하기 위함입니
다. 제가 연구한 내용들을 공유함으로써 많은 분들이 채무자회생
법에로의 첫발을 내딛거나 진일보하는 데 도움이 되었으면 하는
마음에서죠. 연장선상에서 파산회생분야의 전문가가 아닌 일반
인들이나 초보자에게도 쉽게 읽힐 수 있는 글을 써보는 것이 꿈

이기도 합니다. 시간은 좀 걸릴지 모르겠지만 한번 시도해보려고
합니다.

11. 마지막으로 채무자회생법에 관심 있는 변호사님께 전하고 싶은 말씀 부탁드립니다.

채무자회생법은 구조조정 시장에서 한 부분에 불과합니다.
지금은 사모펀드를 비롯한 자본시장이 구조조정을 주도하고 있
습니다. 채무자회생법을 공부한다고 하여 법원에서 담당하고 있
는 파산회생업무만을 염두에 두시면 안되고 이를 바탕으로 더
넓은 구조조정 시장으로 진출하시기 바랍니다.

다년간 파산회생업무를 담당하면서 늘 아쉬움이 있었던 것은
넓은 구조조정 시장에서 변호사는 별로 보이지 않더라는 것입니
다. 대부분 회계사들이 시장을 장악하고 변호사는 단순히 법률자
문하는 수준에 머물러 있습니다. 채무자회생법에 대한 이론적 무
장을 바탕으로 자본시장이 주도하는 구조조정 시장에 눈을 돌리
시기 바랍니다.

□ 2018년 3월 27일 더벨(진현우 기자)

"회생절차는 신속하게, 채권자 보호는 세심하게"

"지연된 정의는 정의가 아니다. 회생절차의 생명은 신속한 진행이다. 법원은 채무자뿐 아니라 채권자 권리 보호에 적극적으로 나서야 한다"

전대규 수원지방법원 파산부 부장판사는 26일 더벨 기자와 만나 6년 동안 기업회생과 파산업무를 담당하며 느낀 본인의 생각을 막힘없이 풀어냈다. 전 판사는 신속하고 공정한 회생절차를 진행해 기업이 효율적으로 회생을 도모할 수 있도록 지원을 아끼지 않는 게 법원의 역할이자 의무임을 강조했다.

한국은 국가 경제를 지탱해오던 조선업, 자동차, 철강업 등 주력산업의 경쟁력이 급속히 떨어지고 있는 상황이다. 관련 기업뿐만 아니라 협력업체도 기업회생절차(옛 법정관리) 신청을 위해 줄지어 대기하고 있다. 법원이 최근 사전회생계획안(P-플랜)을 적극 활용하며 회생절차의 패러다임을 변화시키고 있는 근본적인 이유다.

전 판사는 "기업은 회생절차에 들어오는 그 순간부터 신용도가 추락해 금융기관의 대출을 받지 못한다. 결국 거래관계가 중단되고 영업망이 망가져 회생에 어려움이 많아진다."고 밝혔다.

회생절차에 머무는 시간이 길어질수록 기업가치의 손실이 눈덩이처럼 커진다는 문제점을 지적한 대목이다.

사전회생계획안(P-플랜)은 패스트트랙(Fast Track)의 일환으로, 회생절차 기간을 줄이려는 법원의 확고한 의지가 담긴 제도다. P-플랜은 회생계획안 인가 전에는 '신속한 절차진행', 회생계획안 인가 후에는 '조기 종결'을 특징으로 한다.

지난 달 44일 만에 기업회생절차를 종결한 미주제강도 전 판사의 주도 하에 채무조정을 통한 회생절차가 일사천리로 진행됐다. 사전상담제도를 적극 활용해 채권자들과 충분히 교감하며 사전 동의를 이끌어낸 전략이 주효했다.

이어 전 판사는 "한국의 기업회생절차는 채무자 중심으로 진행되고 있다. 일례로 통합도산법의 기존경영자관리인(DIP) 제도는 경영권을 보호하는 순기능보다 경영진의 부실책임 회피와 채무면탈 수단으로 악용되는 사례가 많아지고 있다."며 우려감을 드러냈다.

2006년 제정된 통합도산법이 채무자 보호에 방점을 찍은 나머지, 채권자 권리는 상대적으로 줄어들었다는 게 전 판사의 생각. 전 판사는 "채권자협의회에 조사위원 추천권과 제3자 관리인 선임시 관리인 추천권, 구조조정담당임원(CRO) 추천권을 부여하는 사례가 많아져야 한다."고 강조했다. 또한 "채무조정 능력이 불충분하고 부실 책임이 있는 기존 경영자를 관리인으로 선임하지는 않는지 항상 신중하게 고민하고 결정해야 한다."고 덧붙였다.

전 판사는 "법원이 채권자들의 손실 규모를 조금이라도 보전

해줄 수 있는 방향을 고민할 때, 채권자들은 자연스레 회생절차의 공정성을 인식하며 흔쾌히 회생계획안에 동의할 것이다"라고 밝혔다. 작년에 결제대금을 받지 못해 회생절차에 들어온 서비전자 사례를 예시로 들었다.

서비전자 회생계획안에는 "출자전환에 따른 신주발행의 효력 발생일을 회생계획기간의 마지막 연도로 하고, 그 이전에 다툼이 있는 거액의 매출채권이 회수될 경우 출자전환예정채권을 우선 변제한다."는 항목이 들어 있다. 서비전자가 소송에서 승소해 매출채권을 회수할 경우, 돌려받은 대금으로 채권자들의 채무액을 갚는다는 내용이다. 서비전자는 채권자들은 높은 동의률에 힘입어 회생절차를 신속하게 졸업했다.

또한 출자전환으로 발생할 수 있는 사소한 세금 문제도 꼼꼼하게 처리해야 한다는 게 전 판사의 생각. 이는 채권자들이 출자전환에 따른 금전적 손해를 최소화할 수 있도록 법원의 세심한 역할이 필요하다는 말이다. 가령 채권자가 출자전환을 통해 지분 51% 이상을 보유하게 되면 과점 주주가 된다. 이때 주주가 된 채권자는 회생기업이 보유 중인 부동산을 새롭게 취득한 것으로 간주돼 취득세를 내야 한다.

전 판사는 "대법원 판례에 따르면 회생절차 중에는 간주취득세를 부과하지 않는다. 따라서 법원은 채권자가 출자전환으로 과점주주가 된 경우, 회생절차 종결 결정을 내리기 전에 주식을 매각하거나 처분할 수 있도록 지원해야 한다."고 말했다. 이와 함께 채권자들이 세무서에서 부가가치세를 환급받을 수 있는 사실도 매번 공지하고 있다.

전 판사는 인터뷰 말미에 "성공적인 회생절차의 조건은 신속한 절차 진행과 채권자 권리 보호"라며 "앞으로도 경영난에 빠진 기업들이 회생절차를 통해 재기할 수 있도록 끊임없이 연구하고 회생 관련 데이터를 축적해 나가겠다."는 포부를 내비쳤다.

□ 2018년 2월 23일 이투데이(정다운 기자)

워크아웃과 법정관리 각각 역할 있어 … 기촉법 상시화 해야

　▲ 전대규 수원지법 부장판사는 지난해 연합자산관리(유암코), KB자산운용, 미래에셋자산운용 등 부실채권(NPL) 운용사들을 모아 업계의 이야기를 들었다. 회생 중인 기업의 예납금 부담을 낮춰 주기 위해 중소기업진흥공단과 손잡고 14개 기업에 자금을 지원하기도 했다. 전 판사가 인터뷰 중 반복해서 말한 '법원의 의지'가 읽히는 대목이다.

　　"한진해운의 채권자 정리를 보다 신속하고 책임감 있게 했다면 파산까지 가지는 않았을 겁니다."

　전대규 수원지법 부장판사는 본인이 몸담고 있는 법원의 안일함에 대해 지적하는 데 거리낌이 없었다. 이미 법상 근거가 있었던 사전회생계획안(프리패키지플랜·P플랜)을 한진해운에 적용했다면 아까운 기업을 살릴 수 있었을 것이라는 판단에서다. 그는 한진해운 사례에서만이 아니라, 법원이 기업을 직접 구조조정하고 경영하려 하거나, 책임을 지지 않으려 뒷짐 지는 태도를 버려야 한다고 지적했다. 법원의 임무는 채권을 강제로 조정하는 데 있을 뿐, 기업의 사활은 시장에서 자율적으로 결정돼야 한다

는 것이다.

21일 전 판사를 수원지법 사무실에서 만났다. 그는 지난달 회생신청이 들어온 기업에 대해 3일 만에 개시결정을 내리며 '초단기' 회생절차를 진행 중이다. 강관 제조업체 미주제강은 전 판사의 지원 덕분에 21일 회생계획 인가를 받았다. 이달 중 변제를 끝내면 지난달 15일 회생신청일부터 약 44일 만에 법정관리를 끝내는 기록을 세우게 된다.

- 사전회생계획안의 위력이 대단하다. 회생절차를 한 달 만에 끝낼 수 있다는 신뢰가 생긴다면 부실기업들이 알아서 조기 구조조정을 신청할 것 같은데

"이번 개인회생 변제기간이 5년에서 3년으로 줄어든 것은 물론이고, 사전회생계획을 통한 단기 회생절차 진행도 이미 법 개정 전에 가능한 내용들이었다. 법원이 의지를 가졌다면 사전회생계획을 한진해운 등 부실기업에 적용해서 채권을 과감히 정리하고 빠르게 정상 거래가 가능하도록 할 수 있었다. 회생·파산 절차에서 판사들이 바꿀 수 있는 것들이 아주 많다. 특히 채권 조정과 관련해서 법원이 더 적극적인 역할을 해야 한다. 10년 전 회생 사건에서는 대체로 법원이 회생기업의 채무를 면제하는 방향으로 회생계획을 인가했다. 그러나 금융기관들이 휴지조각이라도 쥐고 있기 위해 자꾸 출자전환을 요구한다. 기업에는 채무면제 시 이익에 따른 과세를 피하기 위한 차원이라고 설득한다. 하지만 조세법상 특례가 다 있기 때문에 이는 전혀 사실이 아니

다. 오히려 출자전환으로 경영권이 바뀌는 사례가 많으니, 기업들이 회생절차에 빨리 들어오려 하지 않는다. 이러한 점을 판사가 바로잡아 주고 제대로 안내하는 절차가 필요하다고 본다."

- '법원의 역할'에 대한 생각이 남달라 보인다. 서울회생법원은 최근 기업구조조정 촉진법 관련 공청회에서 기촉법 시한을 연장하거나 상시화하기보다는 P플랜 등으로 구조조정 선택지를 일원화해야 한다고 주장했는데

"정반대로 생각한다. 워크아웃 등 시장 중심의 구조조정이 세계적인 시류이다. 기촉법을 상시화해 기업 사활의 칼을 시장에 넘겨야 한다. 법원의 역할은 그러한 구조조정과 기업의 정상화가 빠르게 이뤄질 수 있도록 회생절차를 최대한 신속히 끝내는 것이다. 그리고 회생절차 중 기업 정상화에 방해가 되는 채무를 모두 쳐내는 역할이 가장 중요하다. 금융기관이 부실기업 구조조정에 관심이 없는 이유는 법원 회생절차를 밟게 되면 본인들이 할 수 있는 일이 거의 없기 때문이다. 그저 부지와 자산매각을 통해 이미 손실처리한 채권 일부를 회수하는 데만 골몰하게 된다. 법원이 주도권을 쥐고 있으면 금융기관이 워크아웃도 적극적으로 하지 못한다는 말이다. 회생계획의 수행 가능성 등을 법원이 봐야 한다고 하는데 사실 회생계획을 인가할 때는 이미 그 가능성을 인정한 것과 같다. 회생계획 인가 후 기업이 첫 변제를 성공했다면 바로 종결해서 시장으로 돌려보내는 게 맞다고 본다. 법원이 감독하려 해서는 안 된다."

- 사실상 정부의 결단이었던 한진해운 파산은 국내 해운·조
 선업에 엄청난 상처를 남겼다. 법원에서 어떤 역할을 했어
 야 하나

"법원이 강력한 건 채권을 강제로 조정할 수 있다는 점이다. 자산이나 부지 매각으로 자금을 조달하라고 할 것이 아니라 법원이 총대를 메고 과감히 한진해운 채무를 정리해 줬어야 한다. 기업이 파산하면 어차피 채권자들은 빈손이 된다. 채권자들을 불러 모아 의견을 조율하고 기업 정상화에 유리한 방향으로 빠르게 의견수렴을 돕는 것이 법원의 역할이다. 지난달 미주제강이 회생신청을 하기 1주일 전에 회사 경영진과 채권자 등을 만나 조율했다. '사전상담(면담)'이다. 어떻게 회생계획을 짤 것인지, 투자자를 구해 놓았는지 등을 회생신청 전에 미리 재판부와 조율하는 것이다. 법원에 신청이 접수되면 신속하게 절차를 진행해 최대한 빨리 종결할 수 있다. '법정관리'라는 낙인 때문에 기업 활동에 차질이 생기는 부작용을 없앨 수 있다. 법원의 부담이 있는 것은 사실이다. 법원의 프로세스는 사건이 접수된 다음에 시작되는 것이 원칙이지만, 사전상담은 말 그대로 접수되기 전에 판사가 사안을 조율하는 것이다. 형식적인 원칙에 얽매이지 말고 제도적으로 이 절차를 도입할 수 있는 방안을 연구해야 한다고 생각한다. 미주제강은 회생신청부터 종결까지 한 달 보름 정도밖에 안 걸렸다. STX조선해양과 성동조선해양 등 채무 조정이 필요한 부실기업들이 이렇게 단기간 회생절차를 끝낼 수 있다면 수주 절벽 우려를 하지 않아도 된다. 법원이 기업구조조정에서

해야 하는 역할은 이런 부분이다."

- 최근 문제가 되고 있는 한국GM 구조조정도 사전회생계획
  이 더 효과적이라고 보나

"한국GM은 법원이 할 수 있는 역할이 많지 않다고 본다. 채권 정리보다는 신규자금 투입이 관건이기 때문이다. 법원은 자금을 조달할 방법이 없다. 미국GM 구조조정 사례나 한진해운처럼 부채만 해결되면 흑자도산을 막을 수 있는 상황일 경우 법원이 큰 역할을 할 수 있다. 그래서 법원은 법원대로 역할을 하고, 금융기관 주도의 워크아웃도 존속해야 한다."

- 지난해 수원지법의 기업회생 종결 실적은 어떤가

"지난해 47건을 종결했다. 수원지법에 부임하기 전인 2016년에는 17건이었다. 작년 접수된 기업 회생 건수는 90건인데, 회생계획 인가도 받지 못한 사례를 제외하고 일단 인가를 받은 사건들은 모두 종결했다고 보면 된다. 2014년 창원지법 파산부 부장판사로 근무할 때 첫해 사건이 60건이었는데, 두 번째 해에는 사건 접수가 96건으로 늘었다. 회생종결이 빠르다는 소문이 나면서 부산지역 부실기업이 창원으로 온 사례도 있었다. 다른 곳에서 진행하던 회생절차를 일부러 폐지하고 법원을 옮기면 비난을 받는다. 그러나 채무자들도 법원을 선택할 권리가 있다고 생각한다. 또 가능한 많은 법원의 조력을 받아야 한다. 지난해 상·하

반기 두 번씩 맡은 사건의 채권자들과 관리인들을 모아 면담하
는 시간을 가졌다. '법원과의 소통이 부족하다' '더 신속한 절차
를 원한다' '무리한 회생계획이다' 등 다양한 의견을 수렴했고,
향후 절차 진행에 반영했다. 앞으로 더 많은 재판부가 현장의 목
소리에 적극적으로 귀 기울여야 한다."

◆ 국내 유일 회생법 강의 … 모든 소송에서 중점될 것

전대규(48) 판사의 사무실 책상 한편에 놓인 저서 '채무자회
생법'에는 노란 포스트잇과 A4용지를 오린 메모들이 빼곡히 붙
어 있었다. 지난해 12월 출간된 개정판이라 마지막 수정을 본 지
채 두 달이 지나지 않은 새 책이지만, 계속 수정하고 보완할 점
을 찾은 흔적이었다. 2016년 출간한 전 판사의 저서는 회생·파
산과 관련해 국내에서 거의 유일한 학술서다. 1000여 페이지에
달하는 책에는 도산제도의 개요부터 회생과 파산의 절차, 법률해
석과 대법원 판례, 실무 쟁점들이 꼼꼼히 수록됐다. 모두 전 판
사가 2003년 광주지법 수석부에서 처음 채무자 회생·파산사건
을 맡은 후로 직접 경험하고 고민한 내용들이다.

기업은 물론 개인 회생과 파산이 보편화되는 상황에서 책은
출간 이후 폭발적인 인기를 끌었다. 전 판사의 책 내용을 400쪽
분량 책자로 요약한 채무자회생법 강의자료를 서울지방변호사회
가 무료로 배포하던 날엔 200여 명의 변호사가 몰려 줄을 서는
진풍경도 벌어졌다. 지난달 강의 신청은 온라인에서 오픈되자마
자 5분 만에 마감됐다. 폭발적인 수요에 비해 국내에서 회생법을

전문적으로 교육할 만한 인력과 기회는 전무한 상황이다. 일본에서는 사법시험 선택과목에 회생법이 포함돼 있지만, 한국의 경우 사법시험은커녕 사법연수원에서도 이 과목이 없다.

전 판사는 "기업과 개인의 부실을 조기에 정리할 수 있는 시스템이 안착하려면 법관들의 교육 현실부터 바뀔 필요가 있다"며 "단순히 회생·파산 사건뿐만이 아니라 민·형사 소송에서도 회생·파산 관련 법리가 소송 전체를 흔들 만큼 중요해지고 있다"고 말했다.

◆ 전대규 판사 누구인가?

서울대 경영학과 출신으로 사법시험(제38회)과 공인회계사시험(제25회) 합격 후 삼일회계법인에서 사회생활을 시작한 독특한 경력의 소유자다. 1999년 서울지방법원 서부지원 예비판사로 법복을 입었다. 2003년 광주지방법원 근무 당시 파산사건을 맡게 되면서 이 분야에 관심을 갖게 됐다. 이후 2014년 창원지방법원 부장판사로 근무하며 국내에서 거의 유일하게 수석부로부터 파산부가 독립한 시스템을 이끌었다.

■ **전대규**

㈜투데이아트 대표이사
변호사(법률사무소 푸른동행) | 공인회계사

서울대학교 경영대학 경영학과를 졸업했으며 공인회계사시험(제25회)과 사법시험(제38회)을 합격하였다. 사법연수원(제28기)을 수료한 후 서울지방법원, 서울행정법원, 서울고등법원 등에서 판사로 근무하였고, 사법연수원 교수도 역임하였다. 중국 최고 명문 칭화대학에 장기해외연수를 다녀왔고, 『중국민사소송법』, 『중국민법』 및 『중국세법』을 저술하였다. 2003년 광주지방법원에서 도산업무와 인연을 맺은 후 창원지방법원 파산부장(2014년), 수원지방법원 파산부장(2017년)을 거쳐 2019년부터 2022년까지 서울회생법원 부장판사로 근무하였다. 또한 서울특별시 지방세심의위원회 위원장으로서 각종 지방세사건을 심의하기도 하였다. 2022년 2월 23년간의 법관 생활을 마무리한 후, ㈜호반건설 준법경영실 대표 겸 부사장으로 근무하기도 하였다. 법원에서 9년에 걸친 도산재판과 퇴직 후 변호사(공인회계사)로서 도산업무를 처리한 수년간의 경험을 바탕으로 도산실무의 아카이브(Archive)라 할 수 있는 『채무자회생법』(제9판, 법문사), 『도산과 지방세』(개정증보판, 삼일인포마인)를 출간하였다. 현재는 ㈜투데이아트 대표이사로서 상장업무(IPO)를 추진하고 있고, 임윤석 변호사와 함께 도산업무를 전문으로 하는 법률사무소 푸른동행을 운영하고 있다.

도산, 일상으로의 회복 [제3판]

2021년 12월 2일 초판 발행
2023년 1월 10일 제2판 발행
2025년 1월 10일 제3판 1쇄 발행

저 자 전   대   규
발행인 배   효   선

발행처 도서
       출판 法 文 社

주 소 10881 경기도 파주시 회동길 37-29
등 록 1957년 12월 12일/제2-76호(윤)
전 화 (031)955-6500~6 FAX (031)955-6525
E-mail (영업) bms@bobmunsa.co.kr
       (편집) edit66@bobmunsa.co.kr
홈페이지 http://www.bobmunsa.co.kr
조 판 법 문 사 전 산 실

정가 27,000원   ISBN 978-89-18-91570-8